HEINRICH VOGELER

REISEBILDER AUS DER SOWJETUNION

1923–1940

HERAUSGEGEBEN
VON PETER ELZE
WORPSWEDER VERLAG

ISBN 3-922516-69-6
Herausgegeben und ausgestattet
von Peter Elze
Gesamtherstellung
Worpsweder Verlag

INHALT

VORWORT DES HERAUSGEBERS
mit Texten und Berichten
von Heinrich Vogeler, Alexander A. Labas
George W. Hirschfeld
und Prof. Jan Vogeler, Moskau

Aus einer Bremer Kaufmannsfamilie entstammend, geboren am 12. Dezember 1872, ging ich nach Düsseldorf auf die Akademie. Das akademische Getriebe sagte mir wenig zu, so daß ich mich immer mehr freiarbeitete in Holland, Italien, Paris. Dann landete ich in Worpswede und lernte viel unter den älteren Worpsweder Malern. Ein träumerisches, etwas weltfernes, romantisches Dasein wurde durch innere Familienschicksale plötzlich, nach zwölf Jahre langer Ehe, jeder Basis beraubt, auf der dies arbeitsreiche, aber doch genießerische Künstlerleben gewachsen war. – Kein Ausweg, irgendwie beim Alten anzuknüpfen. Vielleicht letzte Romantik, vielleicht Todessehnsucht führte mich, als Kriegsfreiwilligen, mit 42 Jahren in den Krieg – ich fand das Leben, wie es wirklich war. Ich erkannte bald, daß es sich nicht um einen Volkskrieg, sondern um das Werk einer rücksichtslosen Ausbeuterklasse handelte, die die politische Dummheit der Werktätigen benutzte, um aus ihrer Überproduktion heraus neue Märkte und neue menschliche Ausbeuterkräfte zu erobern. Immer klarer wurde das Bild bis zum Brest-Litowsker Gewaltfrieden. Dafür konnte ich nicht ins Feld gezogen sein! – Völlig unpolitisch, wie ich gewesen war, protestierte ich gegen den Brest-Litowsker Frieden durch ein religiöses Märchen vom „Lieben Gott", der, mit Flugblättern auf dem Arm, die zehn Gebote verteilte, und nun alle Konsequenzen der Militärdiktatur zu fühlen bekam. – Die Folge für mich war die Unterbringung in die Beobachtungsabteilung für Geisteskranke in Bremen. – Dann entlassen. Polizeiaufsicht. Revolution immer an Seite des Proletariats. Dann vier Jahre eines utopischen kommunistischen Siedelungsversuches. – Es folgt die marxistische Erkenntnis der Unmöglichkeit derartiger Experimente innerhalb der kapitalistischen Ordnung – vor allem der Unmöglichkeit mit Elementen aus intellektuellen Kreisen, die bei jeder neuen Konjunktur die Gesinnung wechselten und zu keiner restlosen Hingabe fähig waren. Die letzten Jahre größte Entbehrungen in einem großen leeren Hause – und in den Großstädten hungerten und darbten die Kinder der politischen Gefangenen, jener Kämpfer, die um die Errichtung der klassenlosen Gesellschaft alles hingegeben hatten. Der nächste Schritt: Übergabe des Hofes, der errichteten Arbeitsschule an die Kinder des Proletariats. Lebendiges frohes neues Leben. Ich selber ging nach Rußland, um an Hand der Wirklichkeit meinen Blick für das Neuwerden zu schulen. Mein Buch „Reise durch Rußland" bedeutet die Festlegung meiner Arbeit und meiner Erfahrungen in Rußland.

Heinrich Vogeler:
„Literarisches Selbstbildnis"
für den Almanach des
Verlages Carl Reißner, 1925

Bildnis Sonja Marchlewska, 1923

Vogeler lernte ich zu Beginn der zwanziger Jahre kennen. Ich war gut bekannt mit der Familie Marchlewski, auch mit der Tochter Sonja, die wir Sossi nannten. Sie hat sich sehr für Kunst interessiert und war oft bei mir. Sie kannte sich gut in der Malerei aus, interessierte sich dafür. Sie fuhr manchmal ins Ausland und einmal kehrte sie zurück, mit ihrem Mann, mit Heinrich Vogeler.

Schon damals, fast in den ersten Tagen lernten wir uns kennen. Sie kam einfach zu mir und wollte, daß er mich kennenlernen und meine Bilder ansehen sollte, die sie ja oft gesehen hatte und die so im Laufe der Zeit entstanden waren. Mit Vogeler hatte ich sofort ein herzliches Verhältnis. Er hat mit Interesse meine Arbeiten betrachtet und schlug mir gleich vor, das anzusehen, was er mitgebracht hatte und so erzählte er mir von seinen ersten Moskauer Eindrücken, von seinen Reisen. Es war für mich sehr interessant, was er erzählte und ich sah sofort, daß er ein großer echter Künstler ist, mit seiner ganz eigenen Sicht, eigener Wahrnehmung, von hohem künstlerischem Stand, einem zeitgenössischen Verständnis, mit neuen Problemen, die für mich in dieser Zeit sehr lehrreich waren, mich interessierten.

So begann eine Freundschaft, ungeachtet dessen, daß er viel älter war. Er zeigte mir, was er gemacht hatte und ich war immer daran interessiert, ihm meine Arbeiten zu zeigen und – es war immer interessant, mit ihm über das Leben und alles andere zu sprechen.

In der folgenden Zeit sind wir sogar oft zusammen herumgefahren, durch Moskau, haben uns die Stadt angesehen, ich habe sie ihm gezeigt. Wir waren zusammen in Ausstellungen, in Museen, zuerst im „Museum der westlichen Kunst", alles was in Moskau zu sehen war. Wir sind immer zusammen in der Straßenbahn gefahren und ich sah Vogeler vor dem Hintergrund Moskaus. Er saß so, daß man hinter ihm die Straßen, Häuser, Bewegung sah. Ich habe mich besonders mit dem Problem der Bewegung beschäftigt. Blickpunkte dabei usw.

Es entstand in mir der Wunsch, ein Porträt von Heinrich Vogeler in der Straßenbahn zu malen: ich habe es sofort vor mir gesehen und sagte das Vogeler, daß dies für mich interessant wäre. Er hat sofort meine Idee verstanden und war auch sogleich einverstanden. Ich habe ziemlich lange daran gemalt. Er war sehr genau, kam immer pünktlich zur Sitzung und so entstand ein großes Porträt von Vogeler in der Straßenbahn. Im Hintergrund die Straßen, Autos, Pferdewagen, damals gab es noch eine Menge davon in Moskau, das alles gehörte zur Komposition. Vogeler war ein sehr schöner Mensch, mit einem sehr ausgeprägten Gesicht, mit schönen Augen, hatte ein markantes Äußeres, das die Aufmerksamkeit anderer Menschen auf sich zog, wenn wir durch die Stadt gingen. Ich habe versucht, sein Wesen in diesem Porträt wiederzugeben, einen sehr weisen talentierten Menschen mit ganz eigenem Charakter, ein Künstler, deutlich spürbar ein schöpferischer Mensch – dies wollte ich auf das Bild übertragen.

Vogeler hat sehr viel nach der Natur gearbeitet. Rasch und mit großer Sorgfältigkeit hat er seine Wunder vollbracht. Ich habe ihn oft bei seiner Arbeit in Moskau beobachtet. An ein Ereignis kann ich mich gut erinnern. Ich ging auf die Straße, plötzlich sah ich Vogeler, er stand neben unserem Haus, gegenüber dem Postamt. Es war starker Frost. Er stand da auf der Straße und zeichnete.

Auf der Straße fuhren Autos, Pferdewagen, es war Verkehr, Menschen; er stand inmitten von Menschen – es hatte sich Publikum angesammelt – und zeichnete. Er zeichnete mit Farbstiften und fror schrecklich. Es war sehr kalt an den Füßen, er stapfte hin und her, aber er hörte erst zu zeichnen auf, als die Arbeit beendet war. Dann nahm ich ihn mit zu mir herauf zum Aufwärmen. Das ist typisch für Vogeler. Er war ein Mensch, ganz zielbewußt, sehr zielstrebig gerade in dieser Zeit, da er nach der Natur malte und zeichnete.

Während seiner Reisen in die verschiedensten Teile unseres Landes wurde eine neue Idee geboren, die Idee von der komplexen Wiedergabe der Ereignisse, verschiedene Momentaufnahmen zusammengenommen. Er hatte den Wunsch, die verschiedensten Eindrücke, die er gewonnen hatte, in einem Bild wiederzugeben – sie in einer einheitlichen Komposition zu vereinigen. Das war eine neue, schwere Aufgabe. Es haben sich einige Künstler damit beschäftigt, es gab in dieser Periode einige Versuche, in verschiedenen Ländern, aber für Vogeler war es wichtig, für sich einen eigenen, einen anderen Weg zu finden, einen sehr interessanten Weg. Er mußte manchmal eine große Erfindungsgabe aufweisen, um alles unter einen Hut zu bringen – das machte er manchmal direkt glänzend und ich war erstaunt, wie er es schaffte, in einer fast aussichtslosen Lage. Denn, wie kann man Tag und Nacht miteinander vereinen, Industrie, Landwirtschaft, Interieur in einem Bild gleichzeitig darstellen? Für die Malerei in einem Bild ist das gar nicht so einfach, glaube ich. Man muß es spüren und andererseits braucht man auch bestimmte Erfahrungen, um das alles einer Lösung unterzuordnen. Und Vogeler arbeitete sehr beharrlich in diese Richtung und vervollkommnete sie, ich bemerkte Erfolge von ihm.

In der folgenden Zeit war er in Baku, Karelien, er zeigte mir Studien, Skizzen, Kompositionen und danach sah ich dies als abgeschlossen an.

Mir war alles verständlich bei Vogeler, meine Freunde verstanden ihn wunderbar. Aber es gab auch andere, denen das alles auch sonderbar erschien und abweichend von üblichen, traditionellen Methoden. Er verstieß dagegen, aber er kannte sich wunderbar aus. In dieser Hinsicht konnte man Vogeler keine Unkenntnis vorwerfen. Er war ein sehr Wissender und Könnender, der eine ausgezeichnete Schule der Kunst hinter sich hatte und wenn er abwich, dann wußte er in welchem Maße man abweichen konnte und verstieß niemals gegen die Normen echter Kunst. Das war ihm gegeben, das fühlte er immer.

In der Mitte der dreißiger Jahre, 1935, habe ich noch ein Porträt von Vogeler gemalt, auch in Öl. An diesem Bild habe ich auch lange gemalt und mit der gleichen Genauigkeit kam Vogeler zu den Sitzungen. Er hatte den Wunsch, daß ich ihn im russischen Hemd male, mit offenem Halsbund. Mir schien, daß es ein großer Kontrast wäre durch die Kleidung, es schien mir, daß es besonders interessant wäre, weil es besonders seinen Charakter zum Ausdruck brachte. Ich malte mit großer Hingabe und versuchte sehr aufmerksam in ihn hineinzuschauen während ich malte. Sehr ausdrucksvolle Augen, eine schöngeformte Stirn, im ganzen spürte man einen Menschen, der von seinen Überzeugungen besessen war, daß irgend etwas Ritterliches in diesem Menschen war, das sah man ihm an, und ich wollte dies ausdrücken.

Er war wirklich ein Ritter, das war in seinem Charakter drin, in allem, in seinem Verhalten – so gradlinig, zielstrebig und ein besonders schöpferischer

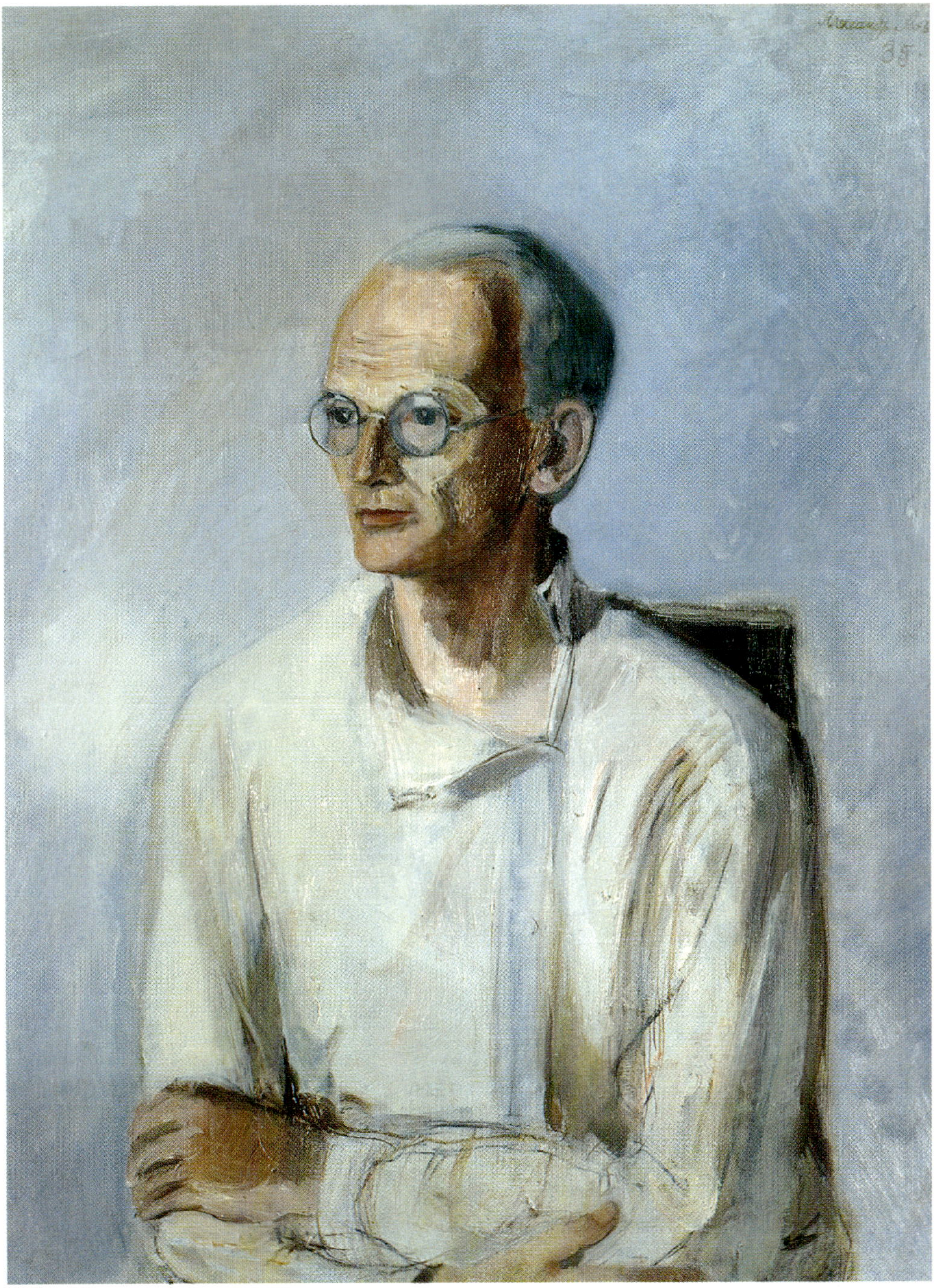

Alexander A. Labas:
Bildnis Heinrich Vogeler, 1935

Mensch. Er gab sich nicht zufrieden, er suchte immer und er war für Neues begeisterungsfähig. Er wollte einen neuen Ausdruck für das, was er hier gesehen und verspürt hat. Er wollte sehr starke und wirksame Mittel finden und in dieser Richtung hat er viel gearbeitet – war aber nicht mit sich zufrieden. Er hat oftmals ein Bild umgemalt, um im Prozeß eine noch größere Ausdrucksfähigkeit zu erreichen. Er zeigte mir manchmal seine Arbeiten in den verschiedenen Stadien.

Ich habe bemerkt, daß im Verlaufe von vielen Jahren viele dieses Porträt mit Interesse aufnahmen und als ich 1976 am Kusnetzkij Most eine eigene Ausstellung hatte, wurde es von der Tretjakow-Galerie erworben. Ich bin darüber natürlich sehr froh, daß gerade in eine solche Galerie ein Porträt von Heinrich Vogeler gekommen ist. Das war für mich ein außerordentlich erfreuliches Ereignis.

Nach fünf Jahren, es war schon 1940, habe ich das letzte Porträt von Heinrich Vogeler gemalt.

In diesen fünf Jahren hatte er sich sehr verändert, es war nicht zu übersehen, seine Züge waren irgendwie schärfer geworden, er war abgemagert, sein Charakter hatte sich irgendwie verändert.

Ich malte ein großes Aquarell von ihm. Ich wollte mit seinem Porträt etwas mehr Dramatisches ausdrücken, anders als die anderen Bilder, die ich von ihm gemalt hatte. Irgendwie zeigte dies mir seinen Zustand an, es kam wohl offensichtlich schon das Alter zum Ausdruck. Dabei war er gleichzeitig außerordentlich interessant – aber eben nicht mehr jung. In Farbe und Form wollte ich dies zum Ausdruck bringen. Nun, Aquarell hat eigene Gesetze und Methoden und ich habe sie in der Arbeit streng eingehalten. Das ist mein letztes Porträt von Vogeler und ich möchte sagen, daß mir Vogeler im Gedächtnis geblieben ist so, wie wenige Menschen im Gedächtnis verbleiben. Die Begegnung mit ihm war für mich ein großes Erlebnis und Ereignis im Laufe jener Jahre und das Zusammensein mit ihm hat mir viel gegeben.

Alexander A. Labas
(1900–1983)
Maler in Moskau,
aus einem Interview, 1980

Kultur- und Erholungspark, 1933

Heinrich Vogeler wohnt in dem „Haus der Regierung", Eingang 24, Quartier 480 (ca. VII. Etage).

Der Künstler wohnt in einer kleinen Etage dieser riesigen Mietskaserne, in der etwa 3000 Menschen wohnen. Dieses riesige Gebäude hat eine ganze Reihe von Innenhöfen ohne Grün und sehr viele Eingänge, die zu den Lifts führen, welche die einzelnen Wohnungen verbinden. Es meldete uns ein Pförtner bei Heinrich Vogeler an, und erst nach einem gewissen Zögern ließ er uns heraufkommen. Seine Etage ist kein Atelier. Er benutzt als Atelier nur einen Notbehelf in Form eines langen, aber nur etwa 2½m breiten Zimmers. Einige Bilder von ihm hängen an der Wand und zwar gute ernste Bilder, die den Typus des heutigen russischen Arbeiters und seine Lebensverhältnisse und Arbeitsplätze darstellen, so z. B. Bilder von Holzfällern in den Urwäldern Kareliens, von Traktoren, welche mit Holz beladene Schlitten ziehen, von einer großen Sandgrube, in welcher verschiedene Eisenbahnschienen und viele Arbeiter sind, und dergleichen. Auf einem kleinen Bücherbord stehen außer wenig anderen Büchern die gesammelten rot eingebundenen Werke Lenins.

Vogeler ist Ende der Sechziger, hat ein verwittertes fahles Gesicht, das von Kampf und Einsamkeit spricht. Der Künstler erzählt von seiner jetzigen Tätigkeit. Moskau schätzt er nicht sehr, hält sich dort im Sommer meistens nicht auf. – Jetzt wird in Moskau ein großes Künstler-Etagenhaus gebaut, worin alle Künstler wohnen werden und welches auch entsprechende Ateliers enthalten wird. Dahin wird Vogeler dann umziehen.

Vogeler war 1923 zum ersten Mal in Rußland und endgültig 1931. Er war 1931 als Architekt für landwirtschaftliche Gebäude berufen. Da ihm diese Tätigkeit nicht sehr lag, nahm er das Malen wieder auf, und er bekam Aufträge, die Typen der heutigen Sowjetmenschen und deren Lebensbedingungen darzustellen. Die Ergebnisse seiner Arbeiten werden für landwirtschaftliche Ausstellungen und dergleichen verwertet. Solche Ausstellungen enthalten stets verschiedene Dekorationen und Wandmalereien. Für diese Zwecke macht der Künstler Fahrten in die Provinzen. So ist er in den Urwäldern Kareliens, in den Steppen und Gebirgen Asiens und in den Baumwollgebieten Usbekestans gewesen, hat mit den Holzfällern im Walde, den Hirten im waldlosen Gebirge und den Kolchosen-Bauern der Steppe gelebt. Er unternahm auf diesen Reisen häufig täglich achtstündige Ritte, um in den asiatischen Berggegenden die bis zu 3000 m hoch lebenden Hirten aufzusuchen und unter ihnen zu leben. Die hohen Gebirge dort sind ganz kahl, früher einmal restlos abgeholzt und erleiden jeden Tag große Stürme. In den verschneiten Urwäldern Kareliens arbeitete Vogeler hauptsächlich im Winter zur Zeit der Holzfällerarbeit und hat unter ihnen gelebt und bei 30 Grad Kälte im Freien gemalt, was, wie er sagte, ihm kein anderer Maler und auch kein jüngerer nachmachte.

Für seine Tätigkeit macht er Verträge mit der UdSSR, also dem Staat. Wenn er einen Auftrag bekommt, in Asien die Hirten darzustellen, der auf vier Monate eingeschätzt wird, dann bekommt er dafür beispielsweise 7000 Rubel plus große Reisekosten, also Eisenbahn und dergleichen. Braucht der Künstler dann aber statt dessen mehr Zeit, also sagen wir 7 Monate, weil er höher in die Gebirge hinauf mußte, dann hat man ihm nachher auch freiwillig den Betrag auf etwa

Moskau mit Kreml, 1939

12 000 Rbl. erhöht und einen Monat Ferien dazu gegeben. Die Leistung des Künstlers wird von einem Volkskommissariat genormt und zwar vor Beginn der Arbeitsperiode bzw. vor Unterschreiben des Arbeitsvertrages. Es gibt zwei Sorten Verträge, und zwar eine Sorte, wonach der Künstler bestimmte Arbeiten abzuliefern hat, und eine andere Sorte – die Vogeler meistens benutzte –, wonach der Künstler alles, was er in dieser Vertragsepoche produziert, abzuliefern hat. Vogeler selbst hat meistens mehr abgeliefert, als ursprünglich gerechnet war. Die Künstler arbeiten also in der UdSSR im Akkord, basiert auf gewissen von dem zuständigen Volkskommissariat festgesetzten Normen, was auch in anderen Berufen bekanntlich üblich ist.

Zur Zeit beschäftigt sich Vogeler damit, Puppen herzustellen, und zwar werden diese Puppen dazu verwandt, in kleinen Aufführungen der Jugend die Geschichte (durchaus nicht etwa nur die russische Geschichte) lebendig vor Augen zu führen. Beispielsweise werden einige Puppen gekleidet wie die Menschen zur Zeit Ludwigs XIV. Dann muß alles, was diese Puppen betrifft und mit der Aufführung zusammenhängt, sehr genau und zeitgetreu dargestellt werden, und zu diesem Zweck muß sich der Künstler in die betreffende Kulturepoche einarbeiten durch Studium von Büchern und anderen Kulturdokumenten, die jener bestimmten Zeit entstammen. Dies erfordert viel Zeit und Arbeit. Es ist geplant, diese Geschichtsdarstellung mit Hilfe der Vorführung von Puppen weiter auszubauen. Der Gedanke dazu stammt von Vogeler persönlich. Er erwähnte, daß er ja immer sehr ideenreich gewesen sei und diese guten Ideen ihn auch heute nicht verließen.

Die Arbeit der Künstler in Sowjet-Rußland soll hauptsächlich der Gemeinschaft in irgendeiner Form zugute kommen; ihre Werke gehören daher auch mehr oder weniger dem Volke. Nun gibt es, wie Vogeler sagte, z. Zt. in Rußland noch zu wenig Künstler, denn das Niveau des russischen Volkes sei heute noch zu wenig gehoben. Es sei noch zu viel aufzuholen. Aber im Volke seien viele Kräfte vorhanden, die nur geweckt zu werden brauchten. Deshalb suche man jetzt aus dem Volke die kunstbegabten jungen Leute heraus und bilde sie auf Fachgebieten aus. So wirkte auch Vogeler beispielsweise mit, aus den Arbeitern der Baumwoll-Kolchosen die für Malerei begabten jungen Männer herauszusuchen, damit sie im Malen ausgebildet werden.

Unsere Frage, ob es ihm in Rußland nun so gut gefiele, daß er dableiben wolle, bejahte er. Es seien in Rußland große Aufgaben für Künstler vorhanden. Ausländische Künstler seien kaum noch da, viele seien im Laufe der Jahre wieder verschwunden, von deutschen Malern sei er jetzt wohl der einzige. – Mit Deutschland hat Vogeler kaum noch Verbindung. Von seiner Familie und seiner Frau, von der er geschieden ist, hatte er kürzlich eine Postkarte. In den letzten Jahren hat er ängstlich vermieden, irgendeine Beziehung mit Deutschland zu unterhalten oder zu dokumentieren, wegen der vielen furchtbaren Prozesse und der damit verbundenen Lebensgefahr. Bekanntlich dienten diese Prozesse der „Reinigung" von Elementen, die, wie es hieß, den faschistischen oder nationalistischen Kreisen nahe standen. Unser Besuch vor zwei Jahren hätte Vogeler leicht das Leben kosten können. Deswegen schien ihm unser Besuch auch heute in Erinnerung an diese Prozesse noch nicht sehr angenehm zu sein, trotzdem die inzwischen mit Deutschland gepflegte politische Freundschaft die Verhältnisse in Rußland seitdem grundlegend geändert hat. Es ist aber zu empfehlen, daß man auch weiterhin in der Beziehung die erforderliche Vorsicht ausübt. Mit der Deutschen Botschaft in Moskau hat V. niemals in Verbindung gestanden und beabsichtigt auch nicht, die Verbindung aufzunehmen.

Wir sprachen kurz über Deutschland. Er erinnerte sich seines Schulkameraden Müller-Pearse. Er erkundigte sich nach Ludwig Roselius, der ihm früher viele seiner Bilder abgekauft habe. Er kam auf seine alte Kunsttischlerei kurz zu sprechen. Er entschuldigte sich, daß er uns, die wir in guter Kleidung seien, nur in seiner einfachen viel geflickten Kleidung gegenübertreten könne, weil in Rußland Wolle so außerordentlich knapp sei, besonders seit dem finnischen Kriege.

George W. Hirschfeld
(1901–1986)
Baumwollkaufmann aus Bremen,
Besuchsbericht vom 17. 3. 1940

Mein Vater war eigentlich ein großer Idealist, nicht im philosophischen, aber im menschlichen Sinne des Wortes. Er hat immer unterstrichen, auch seinem Sohn gegenüber, daß er davon träumt, daß die Kunst, auch seine Kunst, aufhört Ware zu sein für den Verkauf, die dann vielleicht als Bilder in den Gemächern von irgendwelchen reichen Leuten hängen. Daß die Kunst wirklich – das hat er versucht zum Beispiel in den Komplexbildern zu verwirklichen – zur Wandmalerei wird, zur Gestaltung der Säle, in denen Menschen, arbeitende Menschen ihre Versammlungen abhalten, ihre Freizeit gestalten, Fresken, wie sie vielleicht im Barkenhoff damals entstanden sind, aber dann Fresken, die er sich gedacht hat als Wandmalerei in Sowjetklubs, der „Erdölarbeiter in Baku", der „Baumwollpflücker in Zentralsien".

Es waren schwere Zeiten, die 20iger/30iger Jahre. Der Aufbau des Sozialismus in der Sowjetunion war ein sehr widerspruchsvoller Prozeß. Es gab auch Fehler, es gab große Schwierigkeiten. Auch die Kunst von Vogeler wurde nicht ohne weiteres anerkannt. Er hat schwere Diskussionen um die Komplexbilder durchgemacht und trotzdem war er irgendwie erfüllt von dem festen Glauben, von der Zuversicht, daß das, was er macht mit seiner Kunst, aber auch als Mensch, ein Beitrag ist in der Gestaltung des neuen Lebens, einer neuen sozialistischen Gesellschaft und eines neuen Kunstanfangs. Den er nicht überbewertete, aber in dem er doch auch hoffte, einen Anfang zu sehen, der eine Fortsetzung haben wird. Heinrich Vogeler hat auch mir, seinem Sohn, gegenüber unterstrichen, daß die Bremer Arbeiterschaft schon 1919 in der Revolution ihm geholfen hat, die enge Welt eines Kleinbürgers zu überwinden, den Weg zur Arbeiterklasse, zu den werktätigen Menschen zu finden und sich als Mensch, als Künstler ganz in den Dienst einer großen Idee, die Idee der Erschaffung einer sozialistischen Gesellschaft zu stellen . . . Ich glaube schon, daß er trotz aller Schwierigkeiten, trotz aller Widersprüche, die er erleben mußte, auch glücklich war in und mit seiner Kunst, in und mit seiner gesellschaftlichen und menschlichen Tätigkeit in den letzten zwei Jahrzehnten, die er in der Sowjetunion gelebt hat.

In den letzten zehn Jahren seines Lebens hat Heinrich Vogeler auf seiner „Datscha", einem Holzhaus 25 km in der Nähe von Moskau im Sommer gelebt und auch gearbeitet. Ich war damals noch ein kleiner Junge, erinnere mich natürlich an diese Zeit.

Ich freute mich immer, im Sommer, in den Schulferien, hier mit Vater zu leben. Allerdings war es manchmal auch so, daß Vater gerade im Sommer weit weg fuhr nach Karelien, in den Kaukasus, nach Zentralasien. Er machte dort Studien, kam zurück und erzählte mir dann mit Begeisterung davon, beschrieb seine Erlebnisse auch in der deutschsprachigen „Internationalen Literatur", in Moskau wurde das zum Teil veröffentlicht. Besonders erinnere ich mich an Berichte und Erzählungen des Vaters über Bekanntschaften, die er gemacht hat. Er traf sehr interessante Menschen. Zum Beispiel im Nordkaukasus einen Bauern, der sich für Astronomie interessierte, der eine eigene kleine Sternwarte gebaut hatte, ein großes Fernrohr, irgendsoein Holzgerüst. Vater hat das natürlich gezeichnet und ich als kleiner Junge hab Feuer gefangen und wollte unbedingt auch in den Kaukasus fahren. Überhaupt war für Heinrich Vogeler typisch, daß er auf diesen Reisen nicht nur viele Bilder malte, Studien, Skizzen, anhand derer er dann größere

Jan als Pionier, um 1930

Teleskop, gebaut von dem Dorftischler
Fjodor Fjodorowitsch Bek

Arbeiten im Winter in Moskau malte, dann weiter das Material verarbeitete, sondern auch, daß er unerhört interessante Menschen kennenlernte. Manchmal waren das so irgendwelche komische Menschen, die hatten auch irgendwelche Ideen für die sie begeistert waren, sie waren auch Idealisten, die sich mit irgendwelchen Problemen in ihrem Dorf im Kaukasus oder in Karelien herumschlugen.

Jan Vogeler,
Professor in Moskau,
aus einem Interview,
1980

Der deutsche Maler Heinrich Vogeler reist zum erstenmal im Jahr 1923 in die Sowjetunion. In Worpswede läßt er sein Haus zurück – seinen Barkenhoff, für den er nach dem Scheitern der Arbeitsschule auf Rettung durch die Rote Hilfe hofft, und seine Familie, von der er sich getrennt hat und die im „Haus im Schluh" eine neue, eigene Existenz gefunden hat.

Ein Jahr später beschreibt Vogeler in dem Buch „Reise durch Rußland/Die Geburt des Neuen Menschen" seine Erfahrungen. Neben anderen bekannten Schriftstellern ist er einer der ersten Künstler, der den jungen Sowjetstaat besucht und in Wort und Bild seine Eindrücke schildert.

Aus den vorangestellten Berichten von Zeitgenossen wird deutlich, daß es nicht bei dieser einen Reise geblieben ist: 1925 besucht er Karelien, gelangt dabei bis ans nördliche Eismeer. 1926 bereist er gemeinsam mit seiner zweiten Frau Sonja Zentralasien. 1931 hält er sich wieder in Moskau auf, fährt im August/September in den Süden Rußlands und kehrt nicht wieder nach Deutschland zurück.

Der nun Sechzigjährige hat bereits viel von der Welt gesehen: In seiner Jugend lernte er alle deutschen Nachbarländer und Italien kennen, hielt sich 1906 in Ceylon auf, besuchte 1909 England. Als Soldat im Ersten Weltkrieg kam er nach Rumänien, Bulgarien und Frankreich.

Jetzt sind es Regierungsaufträge, die ihn als Künstler fortan in die entlegensten Gebiete der Sowjetunion entsenden. Obwohl diese ständigen Ortswechsel seinem Reisetrieb entsprechen – und ihm eine Möglichkeit bieten, den beengten Wohnverhältnissen Moskaus zu entkommen – ist heute kaum mehr vorstellbar, was Vogeler an Strapazen auf sich genommen und an körperlicher Leistung erbracht hat: tagelange Fahrten auf offener Ladefläche eines LKW bei 30 Grad Kälte auf miserablen Straßen, Klimawechsel, Höhenunterschiede, Fußmärsche mit schwerem Gepäck – und dabei hat er immer gemalt und gezeichnet.

Die auf Reisen entstandenen Skizzen und Zeichnungen sind seine „Notizen" für spätere Textbeschreibungen. So ist es für diese Publikation recht einfach, die Bilder den Schriften zuzufügen, sie im nachhinein damit zu illustrieren und zu bestätigen. Die entsprechend der damaligen Reproduktionstechnik eigens für die Zeitschriftenbeiträge angefertigten Strichzeichnungen erleichtern ebenfalls die Zuordnung. In diesem Buch sind zu Vogelers Berichten anstelle der Schwarz-Weiß-Abbildungen in den Erstveröffentlichungen – soweit noch vorhanden und zugänglich – die ursprünglicheren Farbstiftzeichnungen und Aquarelle oder das später im Atelier gemalte Ölbild verwendet worden. Ausgehend von ersten Bewegungs- und Situationsstudien ist hierbei die mehrfache Verwendung eines Motivs zu erkennen:

1. Zeichnungen (Buntstift/Feder) und Aquarelle vor der Natur,
2. in Schwarz-Weiß umgesetzte Bilder für die Strichätzung in Zeitschriftenbeiträgen,
3. Ausführung als Ölbild, meistens später im Atelier,
4. Einbringen des Sujets in die Komplexbilder.

Hier sind nur die zu Lebzeiten Vogelers in Büchern und Zeitschriften erschienenen Reiseberichte wiedergegeben. Darüber hinaus gibt es Fahrten Vogelers innerhalb der Sowjetunion, die durch Briefe und Zeitzeugen bekannt sind, aber unberücksichtigt bleiben, so die Exkursionen in den Süden, nach Taschkent und die Erholungsreisen.

Heinrich Vogeler erhält im Sommer 1932 als Prämie einen vierwöchentlichen Erholungsaufenthalt im Kaukasus, 1935 einen weiteren, 1941 fährt er für vier Wochen ans Schwarze Meer. Bei einem dieser Aufenthalte ist wohl das Porträt des deutschen Stachanowarbeiters in Sotschi entstanden. In den späten Reiseberichten wird häufig das Stachanowsystem erwähnt: ein Akkordsystem zur Steigerung der Arbeitsnormen, benannt nach dem Grubenarbeiter Aleksej G. Stachanow, der 1935 eine vorgeschriebene Tagesleistung um das 15fache überschritten hatte.

Mit der ersten Rußlandreise hat Vogeler seine Signatur auffallend geändert. Das bekannte Markenzeichen HVW mit Wappen wird so gut wie nicht mehr verwendet. Die erste Zeichnung von der Fahrt in die Sowjetunion, die Ansicht von Reval, enthält bemerkenswerterweise zwei Signaturen: HV mit Wappen – und etwas darunter, als wolle er sich korrigieren – H. V.

Die meisten Bilder tragen ab jetzt den vollen Namenszug H. Vogeler. Bezeichnungen in kyrillischer Schrift gibt es schon auf Blättern von der ersten Reise, ab den dreißiger Jahren schreibt Vogeler dann auch seinen Namen in kyrillisch.

Vogelers Reisebilder haben einen hohen dokumentarischen und ästhetischen Wert. Seine Texte gewinnen erst allmählich literarische Qualität: der früheste Bericht von 1923/24 mit den klischeehaften Vergleichen zwischen der Sowjetunion und dem kapitalistischen Deutschland verblaßt gegenüber den späteren Darstellungen. Aus der Sicht eines Betroffenen und Beteiligten braucht Vogeler nun nicht mehr von Fortschritten und Erfolgen in Gesellschaft, Erziehung und Wirtschaft zu schwärmen. Auch im Erzählstil erreicht er Spannung und Farbe, besonders bei dem Bericht über die Zentralasienreise. Wortfetzen und Telegrammstil zeichnen die wechselnden Eindrücke einer raschen Bahnfahrt auf, entgegen den anschaulich formulierten Bildern der Verweilpunkte.

Nicht weniger als für uns kann es für die Menschen in der heutigen Sowjetunion von Wert sein, Heinrich Vogelers gemalten und geschriebenen Beobachtungen im nachrevolutionären Rußland neue Beachtung zu schenken. Vogeler wurde – wie auch andere Exilanten – vor den deutschen Truppen des Zweiten Weltkrieges aus Moskau evakuiert. Von diesem Aufenthalt im fernen Kasachstan kam er nicht zurück, er starb am 14. 6. 1942 im Krankenhaus von Woroschilowsk. Nach seinen letzten Äußerungen hat er unter schwierigsten Bedingungen auch dort noch gemalt und gezeichnet:

„Ich habe eine ganze Reihe von Aquarellen gemacht, aber nun bei dem Frost kann ich nicht mehr, da sich nach langem Stehen im Eiswind ein neuer Schmerz eingestellt hat unterhalb des Herzens, den ich mir noch nicht erklären kann und manchmal auf Stunden verschwindet. Zum erstenmal in meinem Leben habe ich das Gefühl, daß der Tod schon in mir spazieren geht und einen Ausweg sucht."

Peter Elze,
Herausgeber

Deutscher Stachanowarbeiter
im Erholungsheim in Sotschi, 1936

1923–1924

MOSKAU WALDAI-HÖHEN KRIM

Veröffentlicht als Buch
unter dem Titel „Reise durch Rußland/
Die Geburt des Neuen Menschen"
Carl Reißner Verlag, Dresden
1925

Abreise von Worpswede im Mai 1923. Zwischenstation in Berlin, Weiterfahrt mit seiner späteren Ehefrau Sonja Marchlewska auf dem Seeweg über Reval, Leningrad nach Moskau. Dort im Oktober die Geburt des gemeinsamen Sohnes Jan. Mai/Juni 1924 Aufenthalt in einem Universitätsgut im Gouvernement Twer auf den Waldai-Höhen. Juli 1924 Reise zur Krim. Rückkehr nach Deutschland im Sommer 1924.

Die Geburt des Neuen Menschen, 1923

VORWORT

Ein Künstler, ein unpolitischer, kommunistischer Philosoph kommt nach Rußland als Suchender. Er ist nicht einer jener vorübergehenden Spaziergänger, dem die Dinge gezeigt werden, sondern er geht in einen Betrieb, um als verantwortlicher Mitarbeiter an der Gestaltung der neuen Gesellschaft zu wirken. Das Philosophieren über die Dinge hört auf. Die völlige Unsentimentalität, die Einspannung der ganzen Kraft für die angenommene Aufgabe erfüllt sein Leben in Rußland. – Als Gestalter steht er mitten im Kristallisationsprozeß, er sieht den klaren, zukunftssicheren Aufbau der Union der Räterepubliken, er erkennt den lebendigen Organismus der Gesellschaft der Arbeitenden.

Nach Deutschland zurückgekehrt, finde ich nur die Entwicklung von Zuständen vor, die in ihrer Korruption, ihrem sittlichen Verfall mit dem dazugehörigen Polizeiknüppelregiment, der alten verrotteten Zarenherrschaft in nichts mehr nachstehen. Die Verwesung hat alle Kreise ergriffen und das Leben mit Parasiten und Spitzeln durchsetzt. Zusammenbruch auf Zusammenbruch erfolgt. Die Klassenjustiz hat die größten Erfolge in diesem Chaos und untergräbt das Rechtsgefühl aller Kreise. Die Ordnungsbestie triumphiert auf dem Krampf dieser sterbenden Gesellschaft. Geistlose Impotenz trägt sie und wird von ihr getragen.

Es ist Not, daß sich die geistig höher organisierten Menschen zusammenfinden, sie, die nächsten Opfer dieser Pest. Jeder muß erkennen, daß vom Bürgertum keine tragende, gestaltende Idee kommen kann, daß dieses nur noch an den alten modernden äußeren Formen herumtastet. Alle müssen wissen, daß die schöpferische Idee der Neugestaltung der menschlichen Gesellschaft schon im Proletariat geboren ist. Jeder Wissenschaftler, jeder Erzieher und Forscher sollte angewidert sein von den Krisenerscheinungen des Unterganges. Sein reinlicher Sinn für das Organische „muß ihn loslösen aus der alten Klassengesellschaft und ihn als Kämpfer an die Seite des Proletariats bringen!"

Das vorliegende Buch ist kein politisches Buch. Es soll zeigen, wie sich die neue Welt kristallisiert, wie die neuen Formen der Organisation der Gesellschaft unter der Diktatur des Proletariats Raum bieten für jene schöpferische Initiative, die das gesamte Schicksal der werktätigen Menschheit im Auge behält.

Mich konnte in Rußland nur die Loslösung gestaltender Kräfte für den Aufbau erfüllen. Das Suchen nach dem Unrat im Brackwasser der zusammenbrechenden bürgerlichen Kultur überließ ich den anarchistischen, den sozialdemokratischen und den bürgerlichen Kritikastern; sie werden in dieser Sphäre ihren eigenen Maßstab finden, der ihr Urteil über Rußland bestimmt. Das Buch ist auch jenen geistreichen, journalistischen Überradikalen gewidmet, die mit dem kritischen revolutionären Bleistift immer neben der Bewegung stehen und selbst den Marxismus noch in historischem Idealismus landen lassen möchten. Diese Hinderer der einheitlichen proletarischen Aktion haben am wenigsten ein Recht, über russische Kompromisse und Konzessionen zu schulmeistern. Das unbeirrte Wachstum der kommunistischen Gesellschaft in Rußland auf der Grundlage der Diktatur des Proletariats ist Sache des Proletariats. – Von diesem Wachstum zu vermitteln, war meine Aufgabe.

Die Dampfer der Ostsee, die die Verbindung Deutschlands mit den hochkapitalistischen Randstaaten Lettland, Estland, Litauen – Finnland, mit den neuen Kolonien des englischen Kapitals vollziehen, lassen die ganze Genießerlust der bürgerlichen Welt noch einmal spüren. Das Publikum der Schiffe setzt sich aus allen europäischen Nationen zusammen. Mit ungeheurem Stolz fühlt sich der Estländer und Finne als Bewahrer der guten bürgerlichen Kultur, sieht mitleidig auf das verfallende Deutschland herab und nährt und verbreitet eine phantastische Märchenwelt des Grauens über den russischen Nachbar; er wiegt sich selbst beruhigend in einem brutalen Machtgefühl der eigenen Arbeiter- und Bauernschaft gegenüber, die in seinem Lande der grenzenlosesten Ausbeutung ausgesetzt ist. – Doch man wird das Gefühl des Krampfes nicht los. Der lettische Spekulant, der estnische Kaufmann weiß zu gut, daß viele Tausende von seinen Proleten, die er mit Hilfe der weißgardistischen Truppen und deutschen Hakenkreuzler zum Lande herausjagte, in Rußland einen mächtig vorwärtsdrängenden Kampfkern bilden und daß der weiße Terror gegen die kommunistischen Arbeiter seines Landes über kurz oder lang einer furchtbaren Abrechnung gegenübersteht. Manchmal verbirgt sich hinter diesen Randstaatenbürgern ein russischer Emigrant, dem es gelang, seine Werte über die Grenze zu schieben. Weiter sind Deutsche auf dem Schiff, vielfach Ingenieure, die neue Verbindungen mit den Randstaaten anknüpfen wollen. Aus ihnen spricht schon eher ein Zweifel an der alten Ordnung. Sie fühlen eine ohnmächtige Abhängigkeit von fremdem Geld, von fremder Ausbeutung, ohne den Mut zum konsequenten Kampf aufbringen zu können. Den Untergang des Systems, die Zersetzung, Korruption und das folgenschwere Hintreiben zu gewaltigen Ausbeuterkriegen, dies erkennen sie wohl. Sie fühlen auch, daß das System immer mehr unproduktive Beamte und ein riesig anwachsendes Erwerbslosenheer gebären muß und daß es alle neuschöpferischen Kräfte lahmlegt oder vernichtet. Das Gespräch landet bei der Erziehung zum neuen Menschen. – Doch nirgends ein Weg, die schöpferischen Kräfte der arbeitenden Massen innerhalb des Klassenstaates zu befreien! Überall Rückbildung zum alten System, ein völliger geistiger Bankerott aller jener Elemente des Bürgertums und der Sozialdemokratie, die daran glauben, daß Sozialismus und daß Demokratie innerhalb der kapitalistischen Ordnung möglich sei. Wir sprachen über russische Schulformen und mußten erkennen, daß alle die Dinge, die moderne deutsche Pädagogen innerlich theoretisch bewegen, sich in Rußland auf der Wirklichkeit des Lebens lebendig gestalten und daß in Deutschland, unter der Diktatur des Kapitals, jedes Aufblühen des Neuen zerstört wird. Tausende von fortschrittlichen Junglehrern werden in das Heer der Erwerbslosen gestoßen. Es ist eine Lebensnotwendigkeit, daß das Kapital eine Schule stärkt, die nicht auf den Erkenntnissen und Erfahrungen von heute, aus der Wirklichkeit des ungeheuren Arbeiterelends, aus den Krisen, aus den Korruptionen, aus der unorganischen Verteilung von Produktion und Konsum seine Erkenntnisschlüsse zieht und den geistigen und sozialen Bedürfnissen des Volkes gerecht werden will, sondern die Schule muß nach wie vor williges Menschenmaterial liefern, das den ideologischen Überbau der kapilistischen Gesellschaft vertritt und die Ausbeutung der Arbeitskraft der Besitzlosen als Naturnotwendigkeit anerkennt und garantiert. Nur so ist das Statische des Aufbaus der bürgerlichen Gesellschaft zu erhalten; nur so kann der Gesellschaftskörper trotz seiner zersetzenden Krankheiten das Parasitentum der Herrschenden tragen und ernähren. Mit Recht weist der Ingenieur darauf hin, daß ja gerade die deutschen Sozialdemokraten die besten Pfleger dieses Systems geworden seien und daß die Schule zum Sozialismus doch wohl nur in einem Staatswesen möglich sei, in dem die Arbeiterschaft die Mittel zu den kulturellen Aufgaben in der Hand habe. – Gut, sagten wir, so erkennen Sie also die außerordentlichen Aufgaben der kommunistischen Partei und können begreifen, mit welcher sicheren Ruhe tausende und abertausende von Arbeitern immer wieder das Martyrium der Kommunisten auf sich nehmen, um aus der Erde einen Wirtschaftsorganismus zu machen, der aus innerer organischer Kraft aus den gesunden Wechselbeziehungen aller Glieder der Ökonomie untereinander jene Krankheit des Raubbaues, der Ausbeutung und des Wirtschaftskrieges überwinden will und muß.

REVAL

Ein kühler silbriger Frühsommermorgen. Hellgrau und weiß mit roten Dächern steigen Kirchen und Kuppeln, auf einem Burgberg geschachtelt, aus dem blinkenden, hellbauen Meeresspiegel auf. Ein typischer nordischer Charakter spricht uns an, nur durch eine russische Kuppelkirche fremdartig bereichert. Schwere gotische, steinerne Stadtmauertore, schindelrote Dächer mit kalkweißen Rändern und unzähligen dicken weißen Schornsteinen aller Formate! Schmale hohe Straßen biegen sich über den Berg. Mitte Juni. Aber Flieder und Kastanien blühen noch nicht. Neues lichtes Grün wie im Mai bei uns. Wälle, mit alten Linden bestanden, umziehen die Altstadt. Goldgelb leuchtende Teppiche von Löwenzahn breiten sich über die welligen Flächen hin. Immer wieder sieht man das Meer.

Die obere Burgstadt besteht aus alten Adelshöfen mit geräumigen Stallungen. Kurze Sackgassen führen auf breite, ummauerte Einfahrtstore zu. Eine abgeschlossene feudale Welt, die die Aussicht auf das Meer für sich nimmt. Jetzt meistens Büros und Verwaltung. Von oben sehen wir in die engen Straßen der Stadt. Ein eigentümlicher Geruch von Buchenholzbrand zieht über die Dächer hinauf.

Man hört viel hartes estländisches Deutsch neben Russisch und Estländisch. Schulkinder kommen. Damen zeigen ihnen die historischen Gebäude. Man hört die Bezeichnungen der Türme: den langen Heinrich, den „Kiek-in-de-Kök" usw. Die Straßen der Altstadt fallen herunter durch schwere graue Spitzbogen zum Meer. Lichtblau glänzt es über den frühlingsgrünen Bäumen. Unten breite sonnige Plätze, trabende Droschkenpferde unter hölzernen Bügeln. – Die Menschen meist nordischen Typs. Der Eskimo-Kalmücken-Typ, wie er uns, schweren Alkohol vertilgend, in einem eleganten Finnländer auf dem Dampfer gegenüber saß, war hier nicht ausgeprägt – meist gutbürgerliche Eleganz nordischer Kleinstädte, graue Arbeiter und Seeleute. Militär im englischen erbsengelben Tuch. Reval –

freies Reval? Oder eine Ententeprovinz? Ruhe und Ordnung der kapitalistischen Polizeigesalt auf einer gepumpten Valuta? Wer auf dich angewiesen ist, auch für wenige Stunden, fühlt sehr bald, wie es an seinem Geldbeutel nagt. Bald wird es ihm wie eine Raubburg erscheinen, die ihren Wucherzins nimmt von denen, die es an seine Gestade verschlug.

Wie eine Heimat wirkt da die russische Botschaft mit ihren einfachen schlichten Räumen. Die riesige rote Wanddekoration mit ihren Photos der Revolutionäre wirkt wie eine Phantasie kindlicher Primitivität. Die Aufnahme, das einfache gute Essen, der billige Preis in dieser wucherischen Umwelt und die sympathische, aktive Gesellschaft der jungen russischen und ausländischen Genossen ist uns wie ein Stück Neuland.

Im Eisenbahnzug Leningrad zu. Reval schwindet. Steil fallen nach Westen die hohen Festungsmauern in die Ebene. Blockhäuser, schwarze Erde, Wiesen mit Findlingsblöcken, aufgerichtete Steinmauern aus Blöcken bei strohbedachten Bauernhütten. Kühe und Pferde weiden zwischen Baumstümpfen. Überall Raubbau an Holz. Sumpfige Flächen. Birken, dann Tannenwälder halbausgehauen, verwahrlost.

Im Wagenabteil: Sehnige junge Soldaten und Matrosen, gesunde Fräuleins, rundliche Bürger mit Zeitungen. Fast alles verläßt uns vor der russischen Grenze. Weites Flachland. Ein Uhr nach Mitternacht. Der Zug hält auf der Strecke. Ein Wachthaus von Birken umstanden. Irgendwo ein einsamer Schimmel. Der rote Grenzpfahl leuchtet tief in heller Dämmerung. Es ist so hell, daß man die Buchstaben und Zeichen bequem lesen kann. Posten der roten Armee haben den Zug umstellt, während die Paßrevision sich in guten sympathischen Formen vollzieht. Die Truppen machen einen vorzüglichen Eindruck, es entspinnt sich mit dem unten im Grase liegenden Reiter ein lebendiges Gespräch über deutsche Zustände, über die Einsamkeit des Nordens und über die Heimat im Süden, im Kaukasus. Man möchte gern mehr Bücher haben, vor allem von Lenin. – Der Zug setzt sich in Bewegung. Die Insassen, Franzosen, Deutsche und Engländer singen die Internationale. Herzliche Abschiedsworte begleiten uns, verklingen in der kalten Nachtluft.

LENINGRAD

Wieviel schöner und ruhiger sind hier die Menschen, denen man ins Antlitz sieht, im Vergleich zu den Menschen des Westens. Man sieht nicht diesen äußeren Glanz und dies verzweifelte Leid, aber viele, viele Hoffnungen. Freie Menschen, die das Schlimmste getragen haben, um ihren Kindern den Zukunftsweg zu sichern. Leningrad. Die Schönheiten der Gärten aus der vergangenen Welt, die man sich früher nur diesseits der Gitter ansehen durfte, sind in den Stürmen der ersten Sehnsüchte stark verbraucht – aber ein neuer Lebensrhythmus wächst: Die Arbeitermutter und der Säugling, sie haben sich dies Reich, diese Inseln im Großstadttaumel erobert. Kein Park, kein Garten ist ohne dieses Mutter- und Kinderleben in Rußland zu denken. Die Breite der Plätze, die Farbigkeit der Paläste, die weite Spannung der Brücken und die tiefen Schatten der Gärten, alles

Reval, 1923

belebt durch eine gut gekleidete Arbeiterschaft, deren einfaches Hemd sich auch die mitarbeitende Bourgeoisie angewöhnt hat, schaffen ein Straßenbild, das, ähnlich wie Paris, mit weiten Perspektiven auf Monumentalbauten seinen Abschluß findet. – Auf dem Riesenplatz des roten Winterpalastes übt eine Gruppe Soldaten der roten Armee. Die Griffe klappen wie bei den Preußen, trotzdem die Körper nicht wie Maschinen ausgedrillt sind und jeder seinen besonderen Körperrhythmus auf die richtige Ausführung der Waffentechnik konzentriert. Braungraue Kavalleristen traben über den Platz auf ihren Doppelponys, neben ihnen laufen die Fohlen. – Das Volk sieht vor allem gesund und lebensfroh aus. Es fehlt das fette Schiebergesicht mit den Etagenfalten im Genick, dieser Typ, der in Deutschland die herrschende Klasse besonders auszeichnet. Autos mit Arbeiterkommissionen, viele, viele kleine Droschken mit flinken Pferdchen, fett wie die Schnecken, manchmal rassige weitausholende Traber mit langem Schweif und flatternder Mähne durchkreuzen die Plätze. Auf den Straßen, in den Restaurants merkt man, daß hier das sogenannte Volk gut gemischt ist. Da sitzt am Tisch der Arbeiter, der Beamte und der Gelehrte, der Offizier, der schwarzlederne Chauffeur und der Soldat, Männer und Frauen vom Lande, weiße Mehlfuhrleute, blauleinene Monteure; ein buntes Bild von Farben! Eine Sammlung von Charakteren glaubt man zu sehen.

Auf der Bahn nach Moskau. Sehr bald merkt man, wie die der neuen Ordnung günstig Gesinnten sich gegenseitig helfen und welch chaotische Zustände der immer überreizte Bürger durch sein Bestehen auf irgendeine eingebildete alte Rechtsordnung hervorruft. Lächelnd, ohne Erregung halten die Studenten, die Soldaten und Kommunisten an der Wirklichkeit von heute fest, und der Bürger zieht sich schimpfend aus der Situation zurück, in der es für ihn keine Lösung mehr gibt. – Ruhige bewußte Kraft unter den neuen Menschen. Alle sind froh, daß es endlich nach Riesenopfern, nach Krieg, Hunger und Elend durch unendliche Hingabe aller besten Kräfte vorwärts geht.

MOSKAU

Über strahlenförmig in die Weite ziehende bewegte Großstadtstraßen, über breite Plätze und über die blanken Windungen der Moskwa erhebt sich der kuppelreiche Kreml, von massigen roten Backsteinmauern umschlossen.

Um die siebente Stunde des Sommermorgens erwacht die Stadt. Das Klopfen, Gongen und Klimpern der Glocken ist übertönt von dem langanhaltenden Tuten der Fabriksirenen, von den Pfiffen der Lokomotiven in den Vorstädten. Das eintönige Knattern der Lastwagen rollt den ruhigen Grundton in die aufrüttelnden Fanfaren der Arbeit.

Von den weit außen liegenden Bahnhöfen und Vorstädten ziehen die Bauern und Straßenhändler in die Stadt. Den Lebensmittelhandel hatte man wieder freigeben müssen, bevor nicht die Lebensmitteltruste und die Kooperativen durchorganisiert waren. Allmählich brachte man den Straßenhandel unter strenge Kontrolle und unter Abgabepflicht. Später baute man stabile Holzbuden an der alten Moskauer Stadtmauer, die die Chinesenstadt umschließt, verpachtete die Buden

Der Kreml, 1923

Ansicht auf den Kreml, 1923

Palast der III. Internationale, 1923

und belieferte die Händler. Inzwischen waren auch die großen Lebensmittelgeschäfte eröffnet, der Brotvertrieb war von vornherein ganz in den Händen der Regierung, die Sowjetgüter hatten in allen Straßen ihre Milchhallen, wo man frisch sterilisierte Milch, Butter und alle Käsesorten bekommen konnte. Die Sowjetgeschäfte fallen dem Fremden durch die peinliche Sauberkeit, durch die große Auswahl und Qualität der Ware auf. Die musterhafte Bedienung und die Korrektheit des Kassenbetriebes bei modernster Abfertigungsmethode erwecken eine Organisationskraft, wie man sie vielleicht von den Amerikanern gelernt haben mag. – Der Teil der alten sogenannten Chinesenstadt unterhalb des Kremls zeigt den Charakter der mannigfaltigsten Warenlager, der Truste und Syndikate und der Kooperativen. Dort liegen auch die Sowjet-Banken. Ein lebendiges Bild der neuen Wirtschaft wirkt sich hier aus.

Bei der Beurteilung Sowjet-Rußlands müssen wir immer davon ausgehen, daß die Langsamkeit des Aufbaues der Sozialisierung seinen Grund darin hat, daß Rußland den Hochkapitalismus in westlichen Formen nur an ganz wenig Stellen kannte. In Rußland waren die Verhältnisse absolut nicht in der Weise vorgereift zur Sozialisierung wie in Deutschland. Als die gegenrevolutionären Feinde endgültig abgeschlagen waren, mußte erst der Staat jene Konzentration der Produktion vornehmen, die zur Erfassung und Verteilung der Ware notwendig ist für ein kommunistisches Gemeinwesen. In Deutschland, wo die Organisationsformen der Truste und Syndikate, der Verbände, Konsumvereine und Genossenschaften die ganze, nur durch brutalstes Eingreifen verhinderte Sozialisierungsreife zeigen, würde der Aufbau der Gemeinwirtschaft des Kommunismus einen bedeutend schnelleren Weg nehmen können. Doch haben auch wir in Deutschland immer damit zu rechnen, daß die kapitalistisch eingestellten Bürger das Nationalvermögen des Volkes, die Fabriken, Bergwerke, die technischen Einrichtungen des Verkehrs, die Bahnen usw. unbedingt bis auf den Grund zerstören würden, ehe sie ihren Besitz, ihr Bankkonto, die deutsche Scholle an die Volksgemeinschaft der Werktätigen hingeben. Rußland hat dasselbe in der erschreckendsten Weise während des Bürgerkrieges kennengelernt. Alle gegenrevolutionären Elemente, nationale wie Menschewiki haben sich an dieser sinnlosen Zerstörung beteiligt. – Und trotz aller dieser Trümmer, trotz der gesundheitlichen Verelendung der Massen durch den nie endenden Bürgerkrieg, den England, Frankreich und Amerika finanzierten, erlebt der aufmerksame Beobachter, der längere Zeit in Rußland verweilt, wie schnell sich das Bild ändert, wie bald aus den Trümmern das Neue wächst, Wirtschaftszelle an Wirtschaftszelle, und sich miteinander verbindet. Sichtbar wird dann die Gesundung der Massen und die aktive Beteiligung aller an den Kulturarbeiten des Landes.

DAS GESELLSCHAFTLICHE LEBEN

Das gesellschaftliche Leben der Arbeiter- und Bauernrepublik spielt sich im Betriebe ab, in der Zelle, in der Klubarbeit der Fabrik, des Werkes, des Sowjetgutes, des Kommissariates, in der Klubarbeit der Universität und der Schule. Von hier geht die Aufklärungs- und Erziehungsarbeit aus, durch Referate, Diskussio-

Arbeiterklub in einer Moskauer Fabrik, 1923

nen, Kurse, Theateraufführungen usw. Für den Kommunisten ist das politische Leben, das Wirtschaftsleben und das kulturelle Leben untrennbar. Im Betriebe ist der Arbeiter den parteilosen Elementen, kaufmännischen Beamten, Ingenieuren und Wissenschaftlern nahe; dort sind sie leichter in das pulsierende Leben der Klubarbeit hineinzuziehen. Das behaglich genießende westliche Bürgertum erfüllt es mit Entsetzen, wenn es hört, daß das Familienleben „zu Hause" ganz zurückgedrängt ist, daß Mann und Frau in den Arbeiterklubs der Produktionsstätten an den großen kulturellen Aufgaben der kommunistischen Gesellschaft sich auswirken, daß selbst die Schulkinder am Elternhause geringes Interesse zeigen, sondern daß das neue Kinderland in der Arbeitsschule liegt, in der Schule, die die Kinder selber gestalten. Hier fühlen sie sich heimisch, hier fühlen sie sich als Mitgestalter an den Aufgaben der neuen Gesellschaft.

Die Klubarbeit steht im direkten Zusammenhange mit dem Kommissariat für Volksaufklärung (Kultur) und die Zelle im direkten Zusammenhang mit der Partei. Studenten der Universitäten, Studierende von dem Institut der roten Professur sind den Fabriken, Betrieben usw. für die Aufklärungsarbeit zugeteilt, damit die Studenten eine immerwährende Bindung mit den praktischen Erfordernissen des Lebens der Arbeiterschaft haben. Hier sprechen die Mitglieder der Kommintern und Profintern, die Volksbeauftragten geben, wenn sie beordert werden, an dieser Stelle Auskunft über die Vorgänge und Pläne in ihren Ressorts. – Die Arbeiter beraten die Hebung der Produktion, den Ausbau der sozialen Einrichtungen. Jedes einzelne Parteimitglied hat in der Klubarbeit seine Aufgabe zu erfüllen. Sie beginnt mit der Schulung der Analphabeten. Weiter stehen alle Probleme der Politik, der Wirtschaft und der Erziehung hier zur Diskussion. Jeder Abend ist gefüllt und alle Kräfte werden den großen gemeinsamen Aufgaben zugeführt. Das kulturelle Leben in Rußland ist so intensiv, daß der russische Arbeiter keine Zeit hat für oberflächliche Genüsse und für die Kneipe. Das mag auch der Grund sein, daß ein betrunkener Arbeiter die größte Seltenheit im Straßenbild Moskaus ist. An den großen Festtagen der Revolution, an denen ganz Moskau auf den Beinen ist, wird man nie das widerliche Bild der Säufer finden. – Wie ist das alles anders im Vergleich zu Deutschland, wo man an schwarz-rot-goldenen und an schwarz-weiß-roten Festtagen ganze Städte in Besoffenheit wanken und johlend sich betäuben sieht! –

Sicher hängt diese alkoholfreie Nüchternheit in Rußland mit der Lösung von ungeheuren Schöpferkräften aus dem Volke zusammen. Andererseits kann die geistlose, verlogene Phrase von deutscher Volksgemeinschaft keinen aufrechten Menschen heute befriedigen, wo die herrschende Klasse nur um Erhaltung der Ministersessel, des privaten Besitzes und Bankkontos, um die Erhaltung des Klassenstaates kämpft! – Der unreife Mensch greift dann zur Betäubung, sein Leben wird Krampf, und trotzdem ihn täglich alle Wirklichkeiten warnen, hat er nicht mehr die Freiheit und die Kraft, sich den Erfordernissen der Zeit hinzugeben. Die Lebensäußerungen und die Lebensentäußerungen in der deutschen Polizei zeigen alle Symptome verdrängter gehemmter Schöpferkraft. Geistig kastrierte Werkzeuge der herrschenden Klasse, Proletarier ohne höhere Ziele, ohne Weltanschauung, enterbte Bauernsöhne in Dorf und Schule verdummt, verfallen sie schnell dem Sadismus des Polizeiknüppels. Tierische Brutalitäten, viehische

Straße im Kreml, 1923

Moskau, 1923

Kreml-Rotunde, 1923

Gefangenenbehandlung, perverse Verbrechen oder verzweifelter Selbstmord zeigen heute in unseren Zeitungen den Weg dieser vom gestaltenden Leben des Volkes ausgeschlossenen Kasernengewächse! Der stupide brutale Typ der älteren Mannschaften der Sipo verrät jedem vom Auslande Kommenden auf den ersten Blick den Charakter dieses Werkzeuges des Kapitals. Dazu kommt die völlige Durchsetzung des deutschen Lebens mit einem Spitzelwesen, das alle korrupten verbrecherischen Elemente an sich zieht.

Ein auffallender Unterschied ist dies für jeden Reisenden, der aus Rußland kommt. Dort ist die Polizei in erster Linie ein Teil des Volkes, Kulturträger, geschult in der Klubzelle der Organisation. Die Arbeit der Polizei wächst aus der Verantwortung für das Wirtschaftsleben der vereinten Sowjetrepubliken. Verantwortlich für die Errungenschaften der Revolution. Arbeitszeit, Lohnverhältnis geordnet von den Gewerkschaften. Erholungsurlaub, Erholungsheime, Sportplätze in schönsten Gegenden Rußlands, in irgendeinem der Luxuspaläste der Krim. Alles das, diese Einrichtungen der sozialen Fürsorge und diese Einrichtungen für die Ausbildung in politischer und wirtschaftsverantwortlicher Beziehung geben der russischen Polizei den Charakter freier Menschen. Der Typus ist ein grundsätzlich anderer wie im Westen und speziell wie in Deutschland. Mitten im Gewoge der Straßenmündung steht der rote Polizist, hier mit Humor eine Situation lösend, dort mit dem hochgehobenen rotlackierten Polizeiknüppel dem Verkehr Halt gebietend für eine zum Museum wandernde Kindergruppe; weiter mit seiner Pfeife ein vorübersausendes Auto zur Kontrolle auf der Stelle zum Stillstand bringend, so bewegt sich der Sowjetpolizist nicht wie eine exakt funktionierende Maschine, sondern wie ein am Verkehrswesen beteiligter Dirigent, der den Großstadtrhythmus ordnet und in erster Linie eine erzieherische Tätigkeit auf das Publikum ausübt. Bei der kleinsten Schwierigkeit stehen ihm viele kräftige Arme aus dem Arbeiterpublikum zur Seite. Aber im allgemeinen ist heute schon die Großstadtbevölkerung in der Arbeiter- und Bauernrepublik bedeutend besser erzogen als bei uns. Dem Fremden hilft man, daß er sich schnell einreiht. Er sieht aber schon an dem ruhigen Warten und an den „Queue stehen" bei den Trambahnstationen, an dem geregelten Einsteigen auf dem hinteren Perron und an dem Aussteigen vorn, daß alles geordnet ist, nur schwangere Frauen, kleine Kinder und Krüppel genießen Sonderrechte. Wer auf einen fahrenden Wagen springt, wird dem nächsten Polizisten überliefert und bezahlt gegen Quittung drei Goldrubel, auch das Belegen von Sitzplätzen für Menschen mit Gepäckstükken auf Bahnhöfen usw. hat dieselbe Konsequenz. Man will die Menschen zwingen, in allen Lebenslagen die Individualität unter die Bedürfnisse des Volkes zu stellen. – Alle Verkehrsordnungen in der Proletarierrepublik sind selbstverständlicher, einfacher und strenger. Klar und groß stehen die Zahlen der Trambahnwagen auf den Haltestellen, weithin sichtbar. Sie prägen sich dem Städter ein durch die vorüberfahrenden Wagen, er braucht nicht lange an den Haltesäulen zu studieren. Die Hauptfahrstrecken sind länger als bei uns und haben kleine Wellblechbahnhöfe mit Uhr.

Der starke Autoverkehr zeigt nur die in die Betriebe und Versammlungen fahrenden Arbeiterkommissionen.Außer einigen Luxusautos der gutgenährten Quäker, der Gesandtschaften und der fremden Kommissionäre sieht man zumeist den einfachen Tourenwagen in allen Formaten. Manchmal werden sämtliche russischen Autos angehalten und daraufhin kontrolliert, ob die Maschinen auch nicht für private Zwecke, Hochzeiten, Ausflüge usw. benutzt werden, was für die Organisationen unbedingte Entziehung des Autos zur Folge hat, auch führte man schriftlich festgelegte Kontrolle mit Quittung der Insassen für den Verbrauch von Benzin ein.

Einige musterhaft gepflegte neue Trambahnwagen fallen auf: Geschenke von Fabrikarbeitern für die Moskauer Straßenbahn. Andere Gruppen von Arbeitern und Bauern schenkten der roten Armee Aeroplane, machten Überstunden, Geldsammlungen, Theateraufführungen, um die Mittel für diese Volkshilfe aufzubringen. – Immer wieder muß man es bewundern, zu welchen großen Opfern diese wirtschaftlich so schwer kämpfenden, werktätigen Massen fähig sind. Die Solidarität wirkt sich auch aus in der Sorge für die unerhörte große Zahl der politischen Gefangenen in den imperialistischen Ländern und für die Hinterbliebenen der in den kapitalistischen Ländern hingemordeten Freiheitskämpfer.

Nach den fürchterlichen Hungerjahren, nach der Vernichtung von Industrie und Transportwesen durch die bürgerlichen gegenrevolutionären Truppen, mußten für den inneren Ausbau der Wirtschaft alle Kräfte bis zum äußersten mobilisiert werden, denn von den Massen war, was die Zerstörung aller nationalen Güter anbetrifft, ganze Arbeit geleistet worden. Vor allem die Eisenbahnen sind mit besonderer Hingabe vernichtet. Jede Weiche wurde herausgerissen, jede Lokomotive gesprengt und die Waggons verbrannt. Ein Wunderwerk von Kraft ist es, daß die Eisenbahnen heute mit größter Pünktlichkeit funktionieren, daß jede Sabotage der alten Beamten aufgehört hat. Allerdings, der Genosse, dem man die Reorganisation übergab, der Gestalter der bolschewistischen Tscheka, war der richtige Mann, der mit drakonischen Mitteln diese wichtigste Lebensader der Sowjetunion zur Gesundung brachte. Heute steht der Mann an der Spitze des obersten Wirtschaftsrates. In Deutschland haben wir vor allem eine maßlose Betriebsunsicherheit im Verkehr. Die Eisenbahnarbeiter sind bis zum letzten ausgebeutet, für ihre Ruhezeit in Heimen und Klubs ist nicht gesorgt. Der Eisenbahnminister oder Direktor kann von den Arbeitern nicht zur Verantwortung gezogen werden, er bekommt den hundertfachen Lohn eines Eisenbahnarbeiters. In Rußland weht ein anderer Wind. Derartige parasitäre Erscheinungen sind nicht mehr möglich. Nach Abgabe der Abzüge von den „hohen" Gehältern bleibt dem Organisator der Eisenbahn nicht der doppelte Tageslohn eines Eisenbahnarbeiters. Verantwortlich ist er jederzeit seiner Arbeiterschaft. Technisch ist die russische Bahn bedeutend besser als die Bahnen der westlichen, der kapitalistischen Staaten. Vieles macht die breite Spur. Der Reisende, der aus Rußland kommt und lange Strecken im schnellen Tempo in ruhigster Fahrt zurücklegte, gerät in Verzweiflung, wenn er sich dem D-Zug Hamburg–Köln anvertraut hat. Wie ein Fesselballon im Herbststurm wird er hin- und hergeworfen, keine Möglichkeit für einen Blick in die Zeitung; das unbeschreibliche eiserne Getöse der Schienen und Räder läßt keine Verständigung mit dem Nachbar zu. Es ist Nacht. Dritter Klasse. An Schlaf bei der Einkeilung nicht zu denken. Krampfhaft hat man sich aufrecht zu halten, um seinen Mitreisenden nicht anzurempeln. – Demgegenüber im bolschewistischen Rußland: Fast geräuschlos, in schneller ruhiger Fahrt bringt der Zug den Reisenden durchs Land. Die Platzkarte, die ein jeder auf größere Strecken kauft, berechtigt für einen Schlafplatz. Man streckt sich aus. Bei kurzen Strecken drei Etagen übereinander – bei langen zwei, in diesem Falle gilt die oberste für Gepäck. Man reist mit Steppdecke, Kopfkissen und Teekessel. An jeder Station ist kochendes Wasser unentgeltlich in einer kleinen Wärmebude zu zapfen.

An den Bauten für Eisenbahnen wird fieberhaft gearbeitet. Vor allem wird die neue Strecke von Sibirien nach Turkestan durch das Altaigebirge gebaut. Diese soll in erster Linie zur Entlastung der Hungergebiete dienen, diesen Gebieten das Getreide zuführen. Dann wäre Turkestan in der Lage, sich ganz auf seine Baumwollkulturen zu verlegen und den Körnerbau, zu dem es durch die nahen Hungergebiete gezwungen war, wieder abzubauen. Man sieht, wie planmäßig die Interessen der gesamten Sowjetregierungen ineinander greifen. Das Altaigebiet ist zudem ein außerordentlich fruchtbares Siedlungsgebiet mit großen Bodenschätzen und gutem Klima, das dem Schweizer Klima ähnlich ist.

Nachdem der Begründer der Tscheka und Reorganisator des Verkehrswesens sein Werk, die Wiederherstellung der Eisenbahn, beendet hatte, vertraute man ihm das gesamte russische Wirtschaftsleben an. Es ist wohl das Schicksal dieses ruhigen, hart durchgreifenden Charakters, überall die Säuberungsarbeit zu machen, das kommunistische Leben zu gesunden. – Zuerst war er der Schrecken der Bourgeoisie, ohne jede Sentimentalität säuberte er Rußland von dem kapitalistischen Raubgesindel und vernichtete das Parasitentum, dann wurde er der Schrecken der Eisenbahnbürokratie, und heute ist er die Angst der Neppleute und des heimlichen Schiebertums. Vor allem aber ist der Vorsitzende des obersten Wirtschaftsrates die organisatorische Kraft des inneren Kerns der Sowjetwirtschaft. – Wenige hörten ihn reden – ein jeder in Rußland fühlt die Auswirkung seiner Tat. Die musterhafte Organisation des Riesenverkehrs, bei großen Arbeiterfesten, bei Demonstrationen, beim Tode Lenins, wo unerhörte Menschenmassen nach Moskau hereinströmten, wird jedem, der in Rußland war, aufgefallen sein. Alle Straßen waren angefüllt, nirgends Gedränge, Selbstzucht und Ordnung überall, gestützt von den Polizeiorganen – so unterscheidet sich der Lebensrhythmus der Arbeiter- und Bauernhauptstadt von dem Verkehrschaos in unserer Klassenrepublik. Die Gegensätzlichkeit der Interessen gebiert bei uns dies Chaos, der Konkurrenzkampf, Profitsucht und die Diktatur der kapitalistischen Machthaber. Mit Aufgabe der Hoheitsrechte und mit der Einstellung des deutschen Parlamentes als Angestellte der Firma Morgan wird sich dieser Zustand noch bedeutend verschlimmern. Es beginnt der letzte Akt des Weltkrieges, die größte Kraftprobe des konzentrierten Kapitals: die Organisation des Bürgerkrieges gegen die werktätigen Kopf- und Handarbeiter. Die Besitzenden und ihre Zuträger, die Sozialdemokraten, werden als Sklavenhalter des Proletariats eingestellt. Doch der Kampf der Dawesfirma gilt nicht allein dem deutschen Proletariat, er gilt dem Proletariat der Welt, mit der Spitze gegen Sowjetrußland. – Alle Äußerungen der Presse, die phantastischen Schauermärchen über Rußland, alle gefälschten Moskowitischen „Revolutionsbefehle“, die sich am dritten Tage als offener Schwindel erweisen, sollen die Stimmung wie 1914 gegen Frankreich schüren. Was keine Fahnen und Symbole fertig brachten, die Einheit aller Par-

Im Kreml: Der Lange Iwan, 1923

teien Deutschlands, die Einheit gegen das deutsche Proletariat und die Einheit gegen Sowjetrußland, das wird die Firma Morgan, das wird das Sternenbanner und der Dollar fertig bringen.

Deutschland strahlt im Luxusleben; die Eleganz der Privatautomobile, die Lüsternheit der üppigen Lebensmittelgeschäfte und der Restaurants kann nicht mehr übertroffen werden. Verzweifelt redet dabei jeder Großbauer, jeder Bürger und Kaufmann von dem völligen Bankerott Deutschlands. „Uns blieb nur ein Kapital, das wir ausbeuten müssen, das ist die Arbeitskraft des deutschen Arbeiters." Hier liegt des Bürgers letzte Hoffnung, mit der er sich seine alte Lebensweise, sein Bankkonto, sein Luxusauto, seine Villa zu erhalten gedenkt.

Aus der historischen Entwicklung der deutschen Arbeiterbewegung wachsen der Firma Morgan in der Sozialdemokratie die besten Helfershelfer für den Dawesplan entgegen. Mit sicherem Instinkt fand Morgan in ihnen die besten Verteidiger des Privatbesitzes, des Bankkontos und der Ministersessel gegen jede Nationalisierung, gegen jede Erfassung der Produktion durch die werktätigen Arbeiter und Bauern. An den Verrat des eigenen sozialdemokratischen Programms, das einst jeder biedere deutsche Arbeiter in seinem Mitgliedsbüchlein auf dem Herzen trug (man hat inzwischen das Erfurter Programm längst ausgemerzt), hat sich der Ruhe und Ordnung liebende, spießbürgerliche, behagliche Prolet längst gewöhnt. Morgan denkt: Laß die deutsche Arbeiterschaft ruhig im Elend krepieren, Mittelstand, Kleinbürger und Kleinbauern geben einen guten Fabrikarbeiternachwuchs. Das Parlament bleibt bei mir beamtet und der Rest, die ganz Großen, die Schwerindustriellen, die gehören ja längst zur Firma.

Das befriedete Deutschland, der Friedhof des deutschen Proletariats, ist weiter nötig für die weitausgreifenden Pläne der Firma. Ohne Ruhe und Ordnung des Todes keine strategische Ausnützungsmöglichkeit der deutschen Bahnen gegen Sowjetrußland. Immer wird die Dawisierung Rußlands mit seinen reichen Bodenschätzen der wichtigste Plan des konzentrierten Kapitals sein. Der Kampf hat längst begonnen. An dem Wahlterror gegen die Kommunisten, an den Zuchthauswahlen, an dem Kampf gegen die Arbeiterhilfsorganisationen sehen wir, daß man dem amerikanischen Kapital gegenüber ganz bestimmte Verpflichtungen eingegangen ist und daß man jedes verfassungsmäßige Recht unter der Diktatur des Kapitals zu brechen bereit sein wird.

Den Russen, einem jungen, sich seiner Kraft bewußt werdenden Volke, kam die zielsichere Parole der Bolschewiki: Alle Macht den Räten, Erfassung allen Besitzes, aller Arbeitskräfte zum Aufbau der klassenlosen Volksgemeinschaft, wie ein leuchtender Stern im Chaos des Völkermordens. Man hatte den unerhörten Mut, den europäischen Bankerott bei sich selber anzutreten, alle alten Schulden des vergangenen Systems zu streichen und ein Aufklärungs- und ein Wirtschaftssystem als Weg zum Sozialismus aufzubauen, das schließlich jeden einzelnen Russen und jedes Mitglied der 29 Sowjet-Republiken erfassen soll, um es am Gestalten des wirtschaftlichen Aufbaues teilnehmen zu lassen. Karl Marx' großer Baumeister Lenin fand, auf Grund der Erkenntnisse des natürlichen Gesetzes der Gesellschaftsordnung, die Form für den Organismus einer neuen Gesellschaft, die bis ins letzte Glied schöpferisch gestaltend in den Rhythmus des Lebens, der Wirtschaft, der Politik, der neuen Kulturaufgaben einbezogen wird. – Ein Prozeß,

der natürlich nur möglich war nach dem Aufschneiden aller Geschwüre der kapitalistischen Gesellschaft, nach Vernichtung aller Parasiten, die auf diesen Geschwüren des kranken Körpers sich mästeten. Die Produktion, die Produktionsmittel werden erfaßt und der Arbeitsprozeß von Ausbeutung und von Sklaverei entgiftet. Der arbeitende Mensch, den der Kapitalismus entmenschte, erhielt seine Menschenwürde zurück, er wurde Schöpfer. – Hieraus können wir uns das starke Volksbewußtsein der Arbeiter- und Bauernsowjet-Republiken erklären, ihre internationale Solidarität für alle unerlösten, von den Imperialisten ausgebeuteten Völker. Hieraus können wir uns erklären, daß die bolschewistische Regierung die einzige Regierung in Europa ist, die nicht dem ewigen Wechsel unterworfen wurde, wie alle anderen Regierungen des Westens. – Daß das russische Volk noch unverbildet war, daß ihm tiefe natürliche Instinkte zur Führung dienten, ließ den Revolutionsprozeß so tiefgehende Wirkungen zeitigen. Die Krisenträger, die kapitalistischen Ausbeuter konnten die Gehirne nicht, wie in Deutschland, mit Druckerschwärze verkleistern. In Deutschland liest fast jeder Mensch eine vom Großkapital fundierte Zeitung. So konnte dem Volke der Dichter und Denker die Wirklichkeit mit schönen, klingenden nationalen, demokratischen, sozialen und religiösen Phrasen übertüncht werden. Der Sturm im Wasserglas nahm alle Kräfte in Anspruch. Man kämpfte um schwarz-weiß-rote, schwarz-rot-goldene und um Hakenkreuzfahnen, Symbole, über die Morgan mit der unsentimentalen Ruhe des amerikanischen Geldmagnaten lächelnd das Sternenbanner pflanzt. Jeder deutsche Mann freut sich nur, daß unter dieser Flagge der Privatbesitz, das Bankkonto, der Ministersessel, das Parlament noch einmal gerettet ist und die Zahlung der Zeche den Arbeitern zugeschoben werden kann.

Dinge, die in Rußland wohl heute schwer fallen würden, wie der Abmarsch der Zeppeliningenieure nach Amerika, feierte das Volk der Dichter und Denker als einen „geistigen" Sieg. Der ausländische Kapitalist überläßt gerne die Eitelkeiten dieses „geistigen Sieges" den Hinterbliebenen, wenn ihm nur die materielle Ausbeutung des „geistigen Sieges" garantiert bleibt. Die phraseologe Besoffenheit, die Korruption, das Verbrechertum, die Selbstmorde und der Kannibalismus rütteln diese intellektuell verlogenen Menschen nicht einmal mehr auf, doch heute sehen wir schon die Versprechungen des Wahlschwindels zusammenbrechen, und die Erfüllungen des Dawesplanes werden diesen Menschen die Wirklichkeit bald in die Ohnen schreien. Vom Dollar erwartet man die Gesundung des Volkes, das in Hunger, Elend und Krankheit zusammenbricht!

GESUNDHEITSWESEN

In Rußland heilt man von der Wurzel aus. Im Süden, in der jetzigen tatarischen Republik Krim, lag das Dorado der russischen Großbourgeoisie, der Fürsten und der Zarenfamilie. Von einem breiten, steppenartigen Hochplateau mit fruchtbaren Tälern und Wasserrinnen fallen hohe steile Felsenhänge zum Meere herab. Hier liegen in schattigen Parks, umstanden von schlanken, dunklen Zypressen, die luxuriösen Schlösser, Villen und Sanatorien. – Parks, Weinberge, Tabakpflanzungen und Aprikosenwäldchen beleben das Bild. Unten der steinige Strand mit seinen graubraunen Felsblöcken im smaragdgrünen Meer. Dann wieder Dörfer und Städte ganz auf das Luxusleben einer auserwählten Kapitalistenklasse zugeschnitten mit Hotels, Kurhäusern und Heilanstalten. Heute sind diese Anlagen belebt von kranken Arbeitern und Arbeiterinnen und von Erholungsbedürftigen aus den vereinigten Sowjetrepubliken. Zu hunderten und tausenden sonnen sich diese Männer, Frauen und Kinder am Meeresstrande. Eine Freude ist es zu beobachten, wie sie es genießen, täglich reinlich gekleidet zu sein, nach Herzenslust baden und Sport treiben zu können. Ein Gefühl von Kraft bindet dieses Arbeiter- und Bauernvolk, das Bewußtsein, dies alles selber geschaffen zu haben. Nur mit dem großen Unterschiede, daß die Mehrwerte, die sie schufen, vor der Revolution dem Luxusleben einzelner Personen und ihrer verwöhnten Familien dienten, Elend und Krankheit für die Arbeitenden bedeuteten und daß heute die hier angelegten Werte nur den Werktätigen zugute kommen. Das Volkskommissariat für Gesundheitswesen mit einem alten, tatkräftigen Revolutionär an der Spitze schuf diese Zelle der Erneuerung des Volkskörpers.

Wir erkennen am organischen Prozeß der marxistischen Ordnung, wie nun erst der Mehrwert zum Aufbau für eine Gesundung des Volkslebens verwendet wird und wie ohne die Diktatur des Proletariates jede Sozialisierung eine tönende, gedankenlose Phrase bleibt. In der Deutschen Republik haben wir somit auch die grotesken Korruptionserscheinungen: Hunderttausend Mark in Preußen für die Bekämpfung der Tuberkulose – dreiundzwanzig Millionen für Rennbetriebe und Rennvereine. Dieser verbrecherischen Budgetverteilung gegenüber steht der Proletarierstaat Rußland mit ungeheuren Zahlen für die Gesundheitspflege des arbeitenden Volkes. Monat für Monat fahren Tausende und aber Tausende auf Kosten der staatlichen Organisationen nach dem Süden in die Heilanstalten und Erholungsheime. Die Gewerkschaften, die Verbände, die Invaliden, die Kommissariate, die Polizei usw. haben hier in den ehemaligen Luxusvillen ihre Ruheheime. Politische Gefangene, die bis zur Revolution das Leben nur in schweren Ketten, in dumpfen Kellern und in sklavenharter Arbeit kannten, liegen in den Hallen der Sanatorien, um ihre von der Tuberkulose zernagten Glieder in der Sonne zu heilen. Frauen und Männer aus den Fabriken, aus den Hungergebieten finden hier Pflege; in anderen Sanatorien Herz- und Nervenkranke; Menschen mit entsetzlichen Erlebnissen, denen die vertierten weißen Truppen körperliches und seelisches Grauen beibrachten, von dem sie sich kaum wieder erholen können. Vielfach sind deutsche Bäuerinnen darunter, keine Kommunistinnen, die ich sprach, aber auf immer sind sie geheilt von dem Glauben an die Verteidiger der alten Goldordnung. Sie hatten erlebt, wie die weißen Banden aus Angst vor der

Arbeitererholungsheim auf der Krim,
Parkweg, 1924

Nationalisierung ihres Privatbesitzes zu geistlosen Zerstörern jedes nationalen Besitzes und zu sinnlosen perversen Mördern wurden. – Heute sitzen in der Krim noch immer Angehörige der geflüchteten weißen Verbrecher. Viele der Männer sind in Bulgarien zu suchen, von wo aus sie ihre Fäden zur Krim herüberspinnen. Sie waren unter Wrangel die Träger des fürchterlichen Blutbades unter den bulgarischen Bauern und Intellektuellen, das 20 000 Menschen das Leben kostete; von Lehrern, Ärzten, Krankenpflegerinnen und Rechtsanwälten fielen allein 2000 den Helfershelfern der Zankowregierung zum Opfer! Sie sind die Lieferanten von Märchen über Rußland für den deutschen „Vorwärts". Auch in Rußland unterstützen diese Leute mit den Menschewiki zusammen die unsicheren Elemente in der Krim. Überfälle auf Autos werden arrangiert, zur Zeit meines Aufenthaltes dort ein großer Bandenüberfall auf das Tuberkulosenheim der Jalta. Immer wieder führen die Spuren zu denselben Quellen. Reichere Bauern geben den Banden Unterschlupf, bald hatte man alle Fäden an Hand und 400 Menschen wurden verhaftet. Die rote Polizei, die hier aus tatarischen Elementen besteht, arbeitet sehr prompt. – In Georgien versuchten die sozialdemokratischen Elemente, die besten Verbündeten der Bourgeoisie, mit blutigem Terror die Errungenschaften des Proletariats wieder abzubauen, sie waren zugängliche Werkzeuge für englische und französische Petroleumsorgen. – Psychologisch dasselbe Bild wie in Deutschland, nur bei uns konnte die Sozialdemokratie mit legalen Mitteln die Errungenschaften der Arbeiter unter dem Terror des Polizeiknüppels und des Ausnahmezustandes an das Großkapital zurückgeben, bis sie selbst als gesicherte Beamte der Firma Morgan die Organe wurden zur Niederhaltung und endgültigen Versklavung der verschacherten Arbeitermassen.

Es beruht sicher auf einem politischen Dilettantismus, in Rußland eine Gegenrevolution von innen heraus veranstalten zu wollen. Die von der Arbeiterschaft erfaßten Betriebe, das von den Bauern aufgeteilte Land kann man nicht mehr an eine Handvoll einzelner zurückführen. Man kann nicht das Licht der kommunistischen Erziehung abdrehen, um die Nacht des teilnahmslosen stupiden Lohnsklavenlebens wieder einzuführen.

Der Schwindel über georgische Zustände brach schnell zusammen. Die trüben Quellen, die russische Gesandtschaft in Paris, eine illegale Bande adliger Lebemänner und Tänzerinnen, die sich bis zur Anerkennung Sowjetrußlands im Pariser Gesandtschaftsgebäude eingenistet hatten und lustig in die Welt hineintelegraphierten über russische Zustände, wurden gereinigt. Das Nest wurde gesäubert und der russische Sowjetvertreter bezog das Gebäude. Allerdings wird die alte Firma unter neuem Namen an anderer Stelle wieder auftreten, denn der Bedarf an russischen Märchen ist noch groß und wird von der Firma Morgan organisiert.

Der Bolschewist weiß, daß mit der Waffe allein die Sache nicht gemacht ist, sondern daß Aufklärung und Erziehung erst die Kräfte löst, die Macht gestaltend zu gebrauchen. Der Aufstand in Georgien war in drei Tagen von den georgischen Bauern und Arbeitern völlig niedergeschlagen. Dann setzte die Kampagne der Aufklärung ein. Die besten Genossen mußten ihren Urlaub unterbrechen und in den Dienst der Propaganda treten.

Tatarische Gebirgslandschaft, 1923/24

„Unser kaukasischer Freund Ruben, unser Reitlehrer in der Krim", 1924

Park auf der Krim, 1924

Hütten am See, 1923

Badehäuser am See, 1923

ERZIEHUNGSWESEN

Damit kommen wir zu dem wichtigsten kommunistischen Problem, dem Problem der Erziehung, das die kommunistische Gesellschaft grundlegend von der kapitalistischen unterscheidet. Ein grundlegender, kleinbürgerlicher Irrtum aller Gegner des Bolschewistischen Systems liegt bei den Sozialdemokraten, Anarchisten und Freiland-Freigeldmämmern in der Beurteilung der Konzessionsfragen. Konzessionierte Aktiengesellschaften, Land- und Schiffahrtskonzessionen betrachten sie von der bürgerlichen Praxis aus. Nie ziehen sie den wichtigsten Faktor: die Erziehung des Arbeiters zur Kontrolle des Betriebes in Betracht. Aufklärung und Erziehung ist aber die Grundlage zur Loslösung aller revolutionären Kräfte in Rußland, und der Konzessionär ist an russische Arbeiter gebunden. Die Funktion „Staat", die Funktion „Regierung", die Verantwortung des einzelnen für das gesamte Schicksal des Volkes wird durch den Kommunismus in das einzelne Individuum zurückgelegt, so daß der einzelne seine ganze Individualität den Bedürfnissen der Gesamtheit einzuordnen hat. Daß dieser Weg nur in einer Volksgemeinschaft gangbar ist, in der die Klassenunterschiede zerschlagen sind, in der der Besitz vom arbeitenden Volke verwaltet und die Verwendung der Mehrwerte von ihm kontrolliert wird, ist verständlich. Das dieser Weg ein langwieriger, ein weiter ist, eine tägliche erzieherische Arbeit erfordert, vom Kindes- bis zum Greisenalter, ist ebenso selbstverständlich. Der Arbeiter ist der Gestalter und Träger der neuen Kultur. In allen westlichen kapitalistischen Ländern baut man die Kulturerfordernisse ab, in Rußland setzt man hier alle Volkskräfte und alle Mittel ein. Das Zurückfallen in modernde Vergangenheit ist im Westen der Weg, das Auffressen einer faulenden Substanz, im Osten zielt alles auf das Zukünftige hin. Man kann sagen, daß sich das Gesellschaftsleben der Sowjetrepubliken heute in erster Linie mit Erziehungsproblemen, mit Fragen der Aufklärung erfüllt.

Die kommunistische Zelle im Betrieb, im innigen Zusammenhang mit der Klubarbeit, diese wieder verbunden mit dem Volkskommissariat für Volksaufklärung (Kultus), geben das feste Gerüst, an dem sich das gesamte gesellschaftliche Leben der neuen Menschen kristallisiert. – Das gilt auch für die Arbeitsschule der

Kinder. Es wird jeder zum Forscher, zum Sucher und zum Gestalter. Das schöpferische Lebensprinzip, über das in Deutschland so unendlich viel intellektuell konstruiert, diskutiert und philosophiert wird, wächst im russischen Aufklärungs- und Erziehungswesen, wie ein natürliches organisches Gebilde auf der völlig veränderten Wirtschaftsordnung. – Warum? – Das Naturgesetz der Gesellschaftsbildung, die Wechselwirkung der materiellen Kräfte auf die menschliche Gesellschaft, die Auswirkung ihrer politischen und wirtschaftlichen Richtung, dies sind die Grundlagen für die Erkenntnis jedes Lernenden. Er weiß an Hand der marxistischen Analyse die Ereignisse des täglichen Lebens auf ihren ursächlichen Zusammenhang zu prüfen, er gibt ihnen neue Richtung in bezug auf die gestaltende Kraft für die kommunistische Gesellschaft. Überall erkennt man das allumfassende, ungeheure Werk der kommunistischen Partei und das Wirken von Millionen Sympathisierender.

Die Tageszeitung der Partei und die Tageszeitung der Sowjetregierung wird in jedem Betrieb und auch in jeder Schule gelesen. Der Schicksalsweg der verbundenen Sowjetrepubliken ist das Schicksal jedes einzelnen, auch jedes Kindes. Das Schulkind, das von den kleinen Genossen und Genossinnen in die Parteizelle gewählt ist, sieht schon die wichtigsten Tagesereignisse aus der Zeitung, schreibt sie an die Wandtafel für die kleinen Genossen. Die größeren Kinder nehmen teil an manchen Beratungen der örtlichen Sowjets, sie halten Referate über eigene Forschungen und Erkenntnisse ab und stellen sie zur Diskussion in die Gemeinschaft mit den Lehrern. Die Schulen besuchen sich gegenseitig. Fabriken, Museen, Bildergalerien und Werkstätten werden aufgesucht, Studienreisen unternommen. Da die Initiative zum Ausbau der Schule, zur Verteilung der Kräfte, da die Administration, Verwaltung des Schulbetriebes, die Ernährung, Reinigung, die Sorge für Material und Werkzeug in der Hand der von den Kindern gewählten Kinderkommissionen liegt, so fühlt sich jedes Kind als Gestalter seiner Schule, und so spielt sich auch hier das gesellschaftliche Leben im Betriebe ab. Beide Eltern sind vielleicht in der Fabrik beschäftigt, die übrige Zeit in der Klubarbeit oder für anderweitige Aufklärung. Also das eigentliche Familienleben wird vielfach von der Volksgemeinschaft absorbiert. Niemand fühlt dies als Hemmung, da alle, auch das Kind, an dem großen schöpferischen Prozeß beteiligt sind. Jedem Westmenschen fällt es auf, daß die Moskauer Kinderschulen am Sonntage von den Kindern besetzt sind und das regste Leben zeigen. Auch gerade jene Kinder, die nicht im Internat der Schule leben, finden ihre Kinderheimat im eigenen Schulbetrieb. Die Glückseligkeit des Kinderlandes, von dem so mancher moderne Pädagoge träumt – hier in Rußland fühlt man die Erfüllung. Hier wird der neue klassenlose Mensch geboren, der sich selbst erlöst durch seine Tat, die zeugend und gestaltend zurückfließt an die Menschheit.

Nicht die Produktion an sich innerhalb der Schule ist das Wichtigste, sondern das Verständnis und das Mitgestalten am Produktionsprozeß, an seiner gesellschaftlichen und kulturellen Bindung. Hier ist das Grundlegende der russischen Arbeitsschule, und hier steht auch die sichtbare Erkenntnis, daß diese Schulen ihre Lebensmöglichkeiten nur finden können in einer kommunistischen Republik, deren richtunggebende Kraft eine aufs äußerste disziplinierte und das Leben gestaltende kommunistische Partei ist.

Moskauer Universitätshof, 1924

EINE FABRIKSCHULE IN MOSKAU

Ein großangelegtes modernes Schulgebäude mit hellen Räumen bei einer Textilfabrik. Hier werden 150 Kinder im Alter von 13 bis 18 Jahren vorgebildet. Nach Ablauf von 4 bis 5 Jahren können sie von hier aus, ohne weiteres Examen, die russische Swerdlowuniversität besuchen, oder sie treten als Arbeiter und Organisatoren in einen Fabrikbetrieb ein. Den Besten, die die Swerdlowuniversität hinter sich haben, steht das Institut der roten Professur offen für die Ausbildung als Lehrer, Organisator, Politiker. Das Institut der roten Professur ist eine Universität höheren Grades, für die die besten Kräfte des Proletariats ausgesucht werden. Eine selbständige Arbeit wird zur Aufnahme verlangt. Strengste wissenschaftliche Schulung macht im Laufe von vier Jahren 160 Studenten zu praktischen Sozialwissenschaftlern. Diese schon besoldeten Studenten sind während der Zeit ihres Studiums bestimmten Fabriken als Organisatoren und als politische Funktionäre zugeteilt, außerdem halten sie in der Art von Dozenten Vorträge auf der Swerdloffuniversität.

Die Arbeitsschule der Textilfabrik beginnt mit dreizehnjährigen Kindern. Von den 150 Schülern und Schülerinnen leben 75 im Internat der Schule; die andere Hälfte bekommt einmal am Tage Verpflegung; doch spielt sich auch ihr ganzes Leben in der Schule ab, aus der sie erst spät am Abend in ihre elterliche Wohnung zurückgehen.

In der Schule arbeiten die Kinder sowohl individuell, in selbständigen Gruppen das Wissen erforschend, wobei ihnen ein Lehrer zur Seite steht, als auch in geschlossenen Arbeitsgruppen. Das alle wissenschaftliche Arbeit auf einer materiellen Grundlage ausgeführt wird und selbstschöpferisch sein muß, zeigt uns schon die gesammelte Arbeit in einem kleinen Schulmuseum. Alle Lehrmittel stehen im engsten Zusammenhange mit der Textilfabrik. Der mathematische Unterricht stellt Statistiken auf, fertigt Diagramme über das wirtschaftliche Leben der Fabrik an. Fragen: Wie wird das Leben der Fabrik gespeist, mit Brennmaterial, Heizöl, mit Verpflegung und mit Rohmaterial, geben Gelegenheit zu mathematisch durchgearbeiteten Diagrammen und wirtschaftsgeographischen Karten, die die Erforschung der Verkehrswege, Transportmittel notwendig machen für die Schüler. Die Verarbeitung dieser Erfahrungen zu schematischen Darstellungen bildet schon besonders gut veranlagte Zeichner und Rechner aus. Die Materialbehandlungslehre der Rohstoffe führt zur Landwirtschaft und Viehzucht, zum Flachs- und Hanfbau, zur Baumwolle und zu tierischen Rohstoffen. Es folgt ihre technische Bereitung: der Weg zur modernen Maschine. Webstühle aller Konstruktionen werden gezeichnet und aus Holz und Draht konstruiert.

In diesem Sommer hatte die Schule ihre Haupttätigkeit auf die Moskauer Ausstellung verlegt, da hier Maschinen, Rohprodukte, Tabellen und schematische Darstellungen im reichsten Maße Gelegenheit zum Studium gaben. Hier wurde gezeichnet, gerechnet und notiert. Wir sahen bei unserem Besuch der Arbeitsschule in den Arbeitsräumen nur einige, individuell arbeitende Gruppen durch Fragen an den Lehrer ihr Studienmaterial verarbeiten, die anderen Schüler und Schülerinnen arbeiteten auf der Ausstellung.

Aus dem Geschichtsunterricht sahen wir Lehrmodelle von den verschiedensten

Häusern, Burgen, Bauernhöfen usw., die das soziale Leben der Völker besonders klar zum Ausdruck bringen sollten.

Der Geschichte der Fabrik ist auch ein breiter Raum gewährt; daran schließt sich das Bild der jetzigen Fabrikorganisation, an der die Jugendlichen gestaltende Verpflichtung haben.

Musik, Malerei, dramatische Kunst werden gepflegt; sie erfüllen die revolutionären Feste der Jugend mit lebendiger Gestaltung. Rhythmische Gymnastik zur körperlichen Befreiung gilt als ein wichtiger Bestandteil der Erziehung.

Die jüngeren Gruppen haben zweimal in der Woche Werkstättenarbeit zu verrichten in Tischlerei, Schneiderei, Schmiede usw. Hier sind die Möbelstücke der Schule gebaut. Diese Werkstättenarbeit dauert zwei Jahre, dann beginnt für die ältere Gruppe neben dem Schulunterricht zweistündige Fabrikarbeit. In dem Schulmuseum sahen wir die Resultate der Arbeiten: Statistiken, Diagramme, Modelle, Rohstoffproben, Fertigwarenproben, Leinendruckstöcke, Maschinenzeichnungen, Organisationsschemen, Kartenmaterial, Journale, Festzeitungen und Sitzungsprotokolle der Versammlungen. Die notwendigen Gestelle, Tische, Hocker, Rahmen sind von den Kindern in den Werkstätten gefertigt.

Der Rat von sieben Jugendlichen wird alle zwei Monate gewählt. Er hat das gesamte Leben der Schule zu organisieren. Nach zwei Monaten erfolgt die Berichterstattung, die Abgabe des Journals, der Buchführung. Dies Material wird im Schulmuseum aufbewahrt. Der Rat der Sieben stellt die verantwortliche Kraft der Schule dar, dem die Gemeinschaft der Lehrer, Techniker, der Schüler und Schülerinnen zur Seite steht. Von dem Rätekreis der Sieben wird das Sekretariat, das Internat, die Organisation des Schulunterrichts geleitet. Es gibt keine Klassenarbeit, sondern Gruppenarbeit in den Arbeitsräumen.

Die beiden Zellen Fabrikleben und Kinderleben ergänzen und befruchten sich. In beiden ist die kommunistische Parteizelle die geistig richtunggebende Kraft; von hier aus fühlt man ein immerwährendes Durchfluten aller Organe mit dem gemeinsamen Aufbauwillen, und von hier aus geschieht die Befreiung und das Einsetzen aller persönlichen Anlagen und Kräfte für das gemeinsame wirtschaftliche Ziel, für die kommunistische Gesellschaft, für die Verantwortung aller für die Gesamtheit der Arbeitenden. – Diese Art von Schulen verdanken ihre Existenz meistens der Initiative der Arbeiter der betreffenden Fabrik, zu der sie gehören. Die Fabrikarbeiter haben für die Garantien der wirtschaftlichen Existenz der Schulen viel geleistet; vor allem in den ersten Jahren durch Überstunden, durch Werkstättenarbeit, Renovierung und Einrichtung der Räume. Die verhältnismäßig kleine Zahl der Schüler und Schülerinnen erklärt sich daraus, daß die Schule meistens von den Arbeiterkindern der betreffenden Fabrik besucht wird. Eigene Schulgebäude sind Ausnahmen, meistens sind die Villen der früheren Besitzer als Schulen eingerichtet.

INDUSTRIESCHULE MOSKAU

Nicht weit von Moskau an den großen ausgedehnten Torfmooren gestaltet sich ein Stück der proletarischen Neuwelt. Wenn man den hohen alten wilden Tannenwald betritt, aus dem die Rufe der Arbeiter, das Krachen der fallenden Bäume, das Pfeifen der Lokomotiven und das Hämmern der Zimmerleute erschallt, ist es einem, als mache die Entwicklung hier einen Sprung von der Steinzeit zur höchsten Technik der Elektrizität. Die Elektrifizierung Moskaus wird hier geboren. 50 000 Kilowatt soll das Moor liefern. Seit 1918 ist hier zuerst die Versuchsstation entstanden, die bis heute nach Moskau 5000 Kilowatt liefert.

In dieser umfangreichen Industriezentrale wächst als ein organisches Stück, als eine Pflanzstätte für die zukünftigen schöpferischen Kräfte der Jugend eine kommunistische Arbeitsschule. Es sind hier eigentlich zwei Zentren, das Torf- und das Elektrizitätszentrum. Die Industriearbeitsschule in ihrer typischen Form gelangt mit dem Neubau der großen Elektrizitätsanlagen zur organischen Gestaltung. Wir müssen uns bei allem, was hier geschehen wird, großzügigste russische Verhältnisse vorstellen, die Entfernungen, die Ausdehnungen sind sehr weit. Zehn Schulen mit 42 Lehrkräften verteilen sich auf das Werk.

Ich werde versuchen, ein Bild von der Schule zu geben, in der der Zusammenhang mit der Industrie das Wichtigste ist. Der geistige Leiter dieser Schulen ist ein Metallarbeiter aus dem Ural, ein Proletarier, der seit dem 12. Lebensjahr unter schwersten Verhältnissen im Fabrikarbeiterleben steht. Mit heiterem Schöpfungsgeist hat er aus alten Maschinenresten und ausrangierten Stücken eine Werkstätte aufgerichtet, die es der Schule heute gestattet, jeden feinen Maschinenteil herzustellen oder zu reparieren. In dieser Werkstätte lernen die Schüler (zu denen auch die Lehrer gehören), den Umgang mit Werkzeug und Maschinen und die großen Zusammenhänge mit dem Werk. Sinnreiche einfache Apparate leiten sie an, das Handgelenk, das Gleichgewicht des Körpers, die Stellung der Beine ökonomisch zu gebrauchen, so daß der Schüler mit dem Eintreten in das Werk seine Kräfte einsetzen kann, ohne Versuche, Fehlwege und daraus entstehende Hemmungen und Verletzungen; aber der größte Reichtum, den dieser Pädagoge gibt, ist die Liebe zur Maschine und das Wissen von der Wichtigkeit des Dienstes der Maschine am Ganzen des gemeinwirtschaftlichen Volkskörpers.

Das Kind, das hier aufwächst, ist umgeben von einem großen pulsierenden Leben. In einem dunklen Tannenwald wächst eine Stadt. Breite Schneisen hellen den Wald auf, bequeme Blockhäuser entstehen mit weiten säulengetragenen Veranden; die Schule als hellstes geräumigstes Haus dieser Art, in lustigen weiß und gelben Farben gemalt, mit grünem Dach, gibt dem Kinde das Tagesheim.

Hier verarbeitet es die Eindrücke seiner Praxis. Es ist ganz auffallend, wieviel Organisationsfragen das russische Kind beschäftigen. Das Kind macht graphische Darstellungen über das Verhältnis der beruflichen Tätigkeiten der Eltern der Kinder, über das Verhältnis innerhalb der Geschlechter der Schule, des Verbrauchs an Material, der Organisation, der Verwaltung usw. Fünf Tage der Woche sind ordentlicher Unterricht, im Sommer im Freien, der sechste Tag ist Lehrertag, denn die Erziehung der Lehrer zu dem neuen pädagogischen Prinzip ist das Wichtigste zur sozialen Einordnung des ganzen Lehrmittelstoffes in die gemeinsame Wirtschaft zu gemeinsamer Verantwortung. Alle 14 Tage gibt das Plenum der Lehrer Bericht über die Arbeit, einmal im Monat kommt das Plenum der Lehrer und Kinder zusammen. Daneben kursieren Fragebogen über Pädagogisches, die Kinder vereinigen sich zu Klubarbeiten, sie organisieren Spiele und Vorlesungen. Die Lehrerinnen finden wir spät abends noch in der Schule mit den Torfarbeiterinnen vereint, um sie Schreiben und Lesen zu lehren.

Neben der Maschinenwerkstätte sind selbstverständlich die Werkstätten für die verschiedenen Handwerke. Im großen Organismus des Werkes sieht das Kind das Werk organisch wachsen: von der Schmiede über Maschinenwerkstätte, Eisenbahnwerkstätte bis zum Ingenieurbüro, von der Tischlerei bis zur Modellwerkstätte für große Erfindungen, die den Betrieb vereinfachen. Außerdem die Organisation des Verkehrs und der Verpflegung, deren Basis eine gute Farm mit 80 Milchkühen, eine Mühle, Bäckerei, Speisehaus und Verteilungsabteilung ist. So sieht das Kind dort im Walde eine Riesenmaschine aus Holz werden zum Aufnehmen, Verteilen und Wenden von Torf: einige hundert über zwei Meter hohe Räder, die mit einem 75pferdigen Elektromotor über die Fläche fahren sollen. Die Maschine, die ein drittel Kilometer breit ist, läuft ganz langsam, in 14 Tagen einen Kilometer. Das Kind sieht weiter die Bautischlerarbeiten für die vielen, vielen, in wenig Wochen entstehenden Blockhäuser werden. Schließlich sieht es die elektrische Zentrale, sieht, wie die schwarzen Torfmassen sich hier wieder aufstapeln und in der Kesselfeuerung verschwinden. Ein langsam beweglicher mechanischer Rost, wie ein Paternosterwerk, kann für die stärkere oder schwächere Verbrennung sorgen, um mehr oder weniger Dampf den Turbinen zuzuführen. Schließlich entsteht der Strom im Dynamo, und der Draht führt die Kraft über Sümpfe, Wald und Acker nach Moskau. – Eine Lieblingsidee Lenins verwirklicht sich in der Elektrifizierung Rußlands. – Hier ist jeder getragen von der Idee des Ganzen. Es gibt wohl kein Land, in dem die heitere Schöpferkraft so losgelöst und direkt zu einem Nationalgefühl geworden ist, wie hier in Rußland, und

Torfrevier 1923/24

fieberhaft wird davon auch jeder Erzieher angesteckt. Er weiß, daß auf ihm die Verantwortung ruht für die Zukunft des Volkes, und so empfindet jeder Lehrer die Wichtigkeit seiner Initiative, getragen vom dem Willen des Volkes für das Zukünftige.

DIE SCHULE DER JUNGEN NATURFREUNDE

Die Arbeitsschule Rußlands wächst in den mannigfaltigsten Formen auf den verschiedensten Grundlagen der sie hervorbringenden wirtschaftlichen Umstände. In dem großen Sokolniki-Walde, am Außenrande Moskaus, sind eine ganze Reihe Kinderheime und Schulen untergebracht in den breit dahingelagerten, aber einfachen Sommerhäusern der reichen Bürger, die jetzt noch zum Teil in zwei, drei Zimmern daselbst ihre bescheidene Wohnung haben wie jeder andere Moskauer Bürger.

In einem dieser größeren Häuser, an eine biologische Station angegliedert, im Kiefernhochwalde, hatte sich zuerst eine kleine Gruppe Lehrer und größerer Kinder eingenistet, die im Walde naturwissenschaftliche Studien trieben. Daraus entwickelte sich eine kleine experimentelle Station, der auch Apparate und Einrichtungen zur Verfügung standen. Vieles wurde sehr geschickt mit eigener Hand weiter ausgebaut. Doch ergab sich bald die Notwendigkeit der anderen Lehrfächer. Es entstand eine Schule für Kinder von 12 bis 18 Jahren als Vorbereitung für die Universität. Es sollen nur Arbeiter- und Bauernkinder aufgenommen werden, neuerdings nur noch Waisen und Halbwaisen aus diesen Kreisen. Da die Grundlage der Schule Naturwissenschaft bleibt und dieses Fach ganz ausgebaut wird, müssen die Kinder in der Zeit von drei Monaten erweisen, ob ihr Platz hier richtig ist, oder ob ihre Anlagen für diese Spezialisierung nicht reichen. Diese Schule ist Internat, die Schlafräume für die Kinder sind primitiv und werden von den Kindern selbst in eigener Verantwortung sauber gehalten. Bei den Mädchen, die die Hälfte der Schule bilden, findet man schon etwas mehr Sinn für Behaglichkeit. Die Betten sind, wie bei den meisten Heimen, einfache leichte Holzgestelle mit einem festen Leinen überzogen als Unterlage für die Bettücher und Decken. Die Gesundheit und die einfache Selbstbewußtheit der Schüler und Schülerinnen ist der Grundzug der russischen Arbeiter- und Bauernkinder in dieser Schule. So übernimmt bei einem Besuch von uns das Kind, das sich gerade in dem betreffenden Arbeitsraum befindet, den wir besichtigen, sogleich selbständig die Erklärung über Zweck und Ziel seiner Abteilung, seiner Arbeit und der Lehrmittel. Man fühlt die gestaltende Verantwortlichkeit des einzelnen Kindes, hinter der der Lehrer zurücktritt. An den Wänden hängen farbige schematische Darstellungen über die verschiedensten geleisteten Arbeiten, über entstandene Organisationen, über naturwissenschaftliche Probleme, die von den Kindern erforscht sind, und über die Ausflüge und großen Exkursionen, die die Kinder bis in die Krim führten.

Ein größeres Haus ist die Lehr- und Versuchsanstalt für die Beobachtung der Tiere. Das Leben der Waldteiche ist hier in seinen einzelnen Tierformen lebendig vertreten. In Gläsern leben Frösche, Schlangen, Wassertiere aller Art bis zur

Mückenlarve. Wissenschaftliche Zeichnungen, Anweisungen für die Praxis von Exkursionen zu Studienzwecken und Photographien hängen daneben. In anderen Arbeitsräumen hängen die gepreßten und getrockneten Pflanzen von einer Arbeit über den Wald, an anderer Stelle über Wiese oder über irgendeinen Charakter, der in verschiedenen Pflanzen wiederkehrt – nicht Museumstücke, sondern die wechselnde Arbeit, deren Methode vor allem auch für die vielen besuchenden Lehrer sichtbar sein soll. Verwaltungsräume sind auch hier, und große Veranden, wo größere Besprechungen stattfinden können. Der Garten, der dieses Haus umgibt, birgt den von den Kindern gepflegten Bienenstand, Käfige für viele Vögel, die die Kinder beobachten, ein großer Uhu ist da, ein kleiner Adler, Krähen, Steppenlaufvögel. Meist Tiere, die die Kinder von ihren Exkursionen mitbringen und pflegen. Selbst eine Fuchszucht wird gehalten, da der Fuchs in Rußland seines Felles wegen gepflegt werden soll. Im Winter werden die Tiere dem Zoologischen Garten übergeben, so auch ein kleiner Bär, der hier seine erste Jugend verlebte. Hühner- und Kaninchenzucht ist vorhanden, und ein großer Gemüsegarten wird für die Versorgung bebaut. In diesem Garten haben die Kinder ihre Versuchsabteilungen: Korn, Kartoffeln, die verschiedensten Versuche über Bienenpflanzen, die die Kinder hier beobachten. –

Ein anderes Haus ist in erster Linie Wohnhaus, birgt die Schlafzimmer der Kinder. Sie wählen ihre Ordnungsführenden, die Kollektivverantwortung gibt dem Ganzen einen gesunden Lebensrhythmus. Sechs Stunden ist der regelmäßige Unterricht, drei Stunden früh, drei Stunden gegen Abend. Die Kinder sind an der Verwaltung verantwortlich und haben ihre Verwaltungskommission.

Ein anderes Haus umfaßt vor allem die Schulräume, das Loboratorium mit seinen Apparaten, die Insektenzucht und den Beobachtungsraum. Auch hier hat täglich ein anderer Ordner die Pflege der Spinnen, Schmetterlinge, Ameisen und Käfer. Ein besonderes Augenmerk ist auf Holzparasiten gerichtet, und es werden von den Kindern wiederum Insekten gezüchtet, die die Parasiten vernichten. Dieses Haus ist umgeben von einem lehrreichen biologischen Garten. Da findet man alles Vorkommende übersichtlich zusammengestellt. Hier sehen wir Pflanzen, bei denen die Schutzvorrichtungen vor allem ausgebaut sind und die verschiedenen Sorten der Ausbildung, dann Giftpflanzen, Bergpflanzen, Pflanzen, die sich durch Ausleger fortpflanzen, Landgräser, die sich in Reihenkulturen vergrößern, Sumpf- und Moorpflanzen. In der Schule befindet sich eine Druckerei, von zwei Schülern geleitet. Man druckt eine Ätzung von einer Spiegelglasscheibe, eine einfache, sehr praktische russische Druckerfindung, die der Steinlithographie sehr ähnelt. Hier werden die Kinderzeitungen gedruckt, die Eintrittskarten für Theaterstücke, die die Kinder angefertigt haben und aufführen. Sie laden dazu die Arbeiter und Bauern der Umgegend und die Schulen ein. Ihr neues Stück heißt „Auf roten Flügeln" und zeigt die gedrückten, verelendeten englischen Arbeiter mit den hochmütigen kapitalistischen Ausbeutern und das frei daherkommende russische Proletariat, das die Befreiung der Werktätigen erkämpft. Dann befindet sich eine kommunistische Jugendzelle in einem Raum. Die Zusammenhänge der internationalen Jugendbewegung werden hier beobachtet und graphisch dargestellt. Hier liegt auch eine Tageszeitung, aus der einer der jungen Genossen das Wichtigste herausnimmt und an die Wandtafel schreibt.

Auf großen, zwei Meter langen Blättern sind mit Zeichnungen und in sehr schöner Schrift die selbstgeschriebenen Zeitungen der Gruppe gemalt; die letzte Zeitung war der Aviatik gewidmet, dem Flugwesen, das ja in diesen Jahren alle Russen bewegt und wozu jeder Mittel und Kräfte opfert. Von hier gehen auch die sozialpolitischen Klubarbeiten der Gruppen aus. Man besucht das Bezirkskomitee bei seiner Arbeit und stellt Aufgaben zur Erforschung der sozialen Verhältnisse im Dorfe, sucht die Ursache der Verelendung durch die kapitalistische alte Ordnung und ihre Abhilfe durch die Sowjets und durch die Initiative der Kommunisten zu studieren. Die antireligiösen Fragen spielen eine große Rolle in der Jugendgruppe. Auch Sitten und Gebräuche und wirtschaftliche Technik werden studiert und in Tagebüchern und Protokollen festgelegt. Jedes Kind muß einer wissenschaftlichen und einer sozialpolitischen Gruppe angehören, außerdem hat man freie Klubarbeit für Literatur und Kunst. Den älteren Gruppen liegt vor allem die Erforschung des Dorfes auf die wirtschaftliche und politische Bewegung hin ob. Die jüngeren Gruppen studieren und lernen die Bauernwirtschaft, machen Ausflüge in alte Güter zum Studium der alten Verhältnisse. In Referaten werden sich die Kinder ordnend über das Ganze klar. Sonntags kommen Kinder von benachbarten Schulen zur Aussprache.

Die Gruppen machen Exkursionen vom Haus aus in den Wald und weitere große Ausflüge. Sie waren in der Krim und brachten viele naturwissenschaftliche und wirtschaftliche Beobachtungen mit. Alles wird von den einzelnen in Tagebüchern festgelegt und später in Protokollen bearbeitet, die an das Bildungskommissariat weitergehen. Neben der inneren Aufbau- und Forschungsarbeit geht eine breite befruchtende Außenbewegung einher. Die Kinderzeitungen werden mit den verschiedensten Schulen ausgetauscht. Kurse für Kinder, Erwachsene, Lehrer und Rotarmisten werden erteilt. Und so kommen die Erfahrungen dieser Arbeitsschulzelle der ganzen Bewegung wieder zugute. Das Kind – das Zukünftige – bildet in Rußland einen Faktor, dem jeder sein ganzes Interesse entgegenbringt. In der selbstbewußten Ruhe und Kraft des Kindes fühlt man ein Resultat der kommunistischen Pädagogik, man fühlt die Verantwortung des einzelnen für das Ganze.

In den kapitalistischen Ländern liegen die Dinge der Erziehung wesentlich anders. Man spricht da viel vom Erforschen der Wahrheit, von Humanität, vom Staatsgedanken und von Ruhe und Ordnung. Nun bitte ich zu bedenken: Hätten wir in der Erziehung nur streng geschulte marxistische Lehrkräfte, so wäre jede Wirklichkeit des Tages leicht zu analysieren und die dahinterliegende Kausalität – die Wahrheit – aufzudecken. Aber damit kämen die Geschwüre und Eiterbeulen der kapitalistischen Gesellschaft für jeden erkennbar ans Licht: Das Fehlen jeglicher Humanität, die Ruhe des Todes, der Erstarrung unter dem sterilen Machtprinzip, die Ordnung des Zuchthauses. Man würde die sechsjährige Rückbildung erkennen, schon wie man die Ansätze zur Revolutionierung der Erziehung hemmte, wie die Regierung die Schule als Instrument der Klassenherrschaft zurückformte und die wahrheitsuchenden Junglehrer im Heer der Erwerbslosen verschwinden ließ. Das Phrasenhafte von Volksgemeinschaft, Pazifismus und Humanität mitten im Kriege der Bürger gegen das Proletariat würden den Schülern an der Tagespolitik und an der Wirklichkeit des Lebens des Proletariats offenbar werden. Laßt uns nur ein Beispiel heraussuchen aus dem Leben der Kinder der Freiheitskämpfer. Von der Auswanderung von 8000 Selbstmördern ins Nichts wollen wir gar nicht reden, laßt uns nur bei den Überlebenden bleiben. Ende 1924 sind 7000 Arbeiter in den deutschen Gefängnissen. Es entsteht eine Organisation, die die Elternstelle der Kinder dieser besten Kampfgenossen vertritt. Nun beginnt die Schwierigkeit der Erzieher. Alle moderne Pädagogik gibt vor, mit den Erfahrungen und den Erkenntnissen des Kindes zu arbeiten. Die Erfahrungen dieser vereinsamten Kinder der politischen Gefangenen sind aber das Furchtbarste, was die kleine Menschenseele erschüttern und belasten kann. Den meisten wurden die Eltern und Ernährer auf Jahre hinaus aus dem Hause geholt. Andere mußten längst Abschied nehmen von der Leiche des Vaters, die sie in fürchterlich zugerichtetem Zustande in irgendeiner Schuttgrube Thüringens fanden und mit der Mutter nach Hause karrten. Hundertfach sind diese Erlebnisse der Proletarierkinder in der deutschen Republik. Fünfzehntausend Arbeiter kamen seit 1918 als Freiheitskämpfer um, nun will man den Pädagogen zwingen, die ganze Lüge von Humanität und Volksgemeinschaft in diesen Kindern aufzubauen, alle Erkenntnisse soll er verrichten. Nein, ihr bürgerlichen Wahrheitssucher, gerade über diese Erkenntnisse aus den Wirklichkeiten des Lebens finden wir den Weg, die Pestbeulen der Gesellschaft anzustechen und die Achtung und Verehrung für die revolutionären Eltern, für die Vorkämpfer der Zukunft aufzubauen. Nur durch bedingungslose Wahrheit können wir mit diesen Kindern arbeiten, können wir die Jugend selbstbewußt und sicher machen, damit auch sie Kämpfer werden für die klassenlose Gesellschaft, für eine höhere Menschheitskultur. –

In Rußland, dem von der Beutegier der imperalistischen Länder umtobten Lande, ist bei der Jugend natürlich kein Platz für irgendeine Form von Pazifismus. – Aus der weiten Perspektive zeichnet sich die pazifistische Periode der Westvölker und besonders des Völkerbundes ganz klar als eine Maske für die internationale Zusammenfassung aller kapitalistischen Kräfte zum Bürgerkrieg gegen die Arbeiterschaft der Welt und besonders gegen Rußland ab. – Auf der anderen Seite sieht man das Erwachen der primitiven Völker. Auch diesen erscheint das Völkerproblem aus einer ganz anderen Perspektive, wie dem Imperialisten. Mit dem Weltkriege, mit der Verwendung von farbigen Truppen ging eine neue psychologische Einstellung unter den Primitiven vor: Der Imperialist, der mit seinem Kanonenboot in Yang tse Kiang liegt, um sich seine 20 bis 30 Prozent von der Ausfuhr abzuheben, wird mit dem chinesischen Flußräuber auf eine Stufe gesetzt.

Die Parole: „Erfassung allen chinesischen nationalen Besitzes und die Verwendung der Mehrwerte zum Kampf gegen das Banditentum", richtet sich natürlich zuerst gegen die internationalen Ausbeuter des Landes. Wir sehen denselben Vorgang in Ägypten, wo die früheren Fellachenbauern ihres Landbesitzes beraubt sind und dieser dem englischen Baumwollspekulanten zugeführt wurde. Dasselbe bei den Rifkabylen, bei den Marokkanern. Das ganze Bild schließt der Versailler Frieden und das Dawesabkommen. Der Weltkrieg wird unter der Phrase der Befriedung Europas mit veränderten Mitteln fortgesetzt. Bis an die Zähne bewaffnet umstehen die Randstaaten das kommunistische Rußland.

Deutschlands Eisenbahnen sind in diesem kommissarisch verwalteten Lande zum Aufmarsch bereit. Mithin müssen in Rußland alle Entschließungen aus den internationalen Zusammenhängen erwachsen. Es ist auffallend für jeden Beobachter, wie der russische Prolet nie mit einem begrenzten Horizont denkt, sondern er denkt im Weltmaßstabe. In der Union der russischen Sowjetrepubliken, die ein Siebentel der Erdoberfläche umfassen, haben wir es allerdings schon mit 200 Völkerschaften und mit 140 verschiedenen Sprachen zu tun. Das gibt einen viel freieren Blick für die Nöte der Nachbarvölker. Wir müssen die Behandlung der nationalen Frage auch ganz anders erfassen, wie sie uns unter der imperialistischen Erziehung eingetrichtert wird – Vaterlandsliebe ist in der kapitalistischen Gesellschaft mit der Einstellung verbunden: Verderb dem Nachbarn! Der kurze bürgerliche Horizont läßt den Nationalisten das Problem der historischen Entwicklung des Kapitalismus nicht erkennen, den konsequenten Weg der gegeneinandertobenden Konkurrenzbewegungen, welche die Zersetzung der Gesellschaft und neue Kriege zur Folge haben muß; die Schuldfrage ist dem Nationalisten das Wichtige zu neuen Auseinandersetzungen. Um jeden Argwohn von sich selber abzulenken, erfüllt er das Vaterland mit dem Geschrei: „Haltet den Dieb! Ich bin schuldlos!" Man konstruiert patriotische Forderungen, fängt damit die unaufgeklärte Jugend und die kleinbürgerlichen Schlafmützen, um sie im gegebenen Moment im Interesse des Kapitals nicht gegen den sogenannten äußeren Feind, sondern gegen die verzweifelten, verelendeten Arbeitermassen zu gebrauchen. – Ihnen haben wir in erster Linie die Dauerbesetzung zu verdanken, trotz hysterischem Geschrei.

Nur einem kommunistischen föderativen Staatenbund ist der Ausbau der nationalen Bedürfnisse in den 29 Republiken eine Kraftquelle. Erziehung, Verwaltung und Parteileben haben sich deshalb der Muttersprache des betreffenden Landes zu bedienen. So sind die deutschen Wolgakolonien autonom und deutsch verwaltet, die Krimrepublik ganz vom tatarischen Charakter beherrscht usw. Das, was den kommunistischen Staatenbund grundlegend eint, ist die planmäßige gemeinsame Wirtschaft, organisiert und kontrolliert von den Räten. Der unentwegte gemeinsame Kampf gegen alles Ausbeutertum und Banditenwesen ist die weitere Garantie für eine sozialistische Wirtschaftsordnung. – In der tatarischen Republik war ich mit einem Polizeimeister bei einem reicheren Tabakbauern, dem das Dorf ein russisches Luxusgut verpachtet hatte. Der Bauer war im Besitz von Pferden und Barmitteln und konnte mit fremden Tagelöhnern das Gut bewirtschaften. Die Gemeinde benötigte die Mittel für die Schule. – Der Bauer hatte sechs Tagelöhnerinnen länger als acht Stunden am Tage beschäftigt und zudem hatte er den von den Gewerkschaften vorgeschriebenen Lohn nicht voll bezahlt. – Der Bauer wurde mit seiner Familie auf die Straße gesetzt und mußte selbst als Tagelöhner wieder anfangen. – In dieser Weise wird Stück für Stück immer wieder sozialisiert, bis es sich organisch in die Wirtschaft einreiht. Man merkt an solchen Stellen, wie sich die Diktatur des Proletariats auswirkt. Die Schäden des Aufstandes in Georgien konnten auch durch die Erfassung der Güter der reichen Aufrührer gedeckt werden.

Das Bestehen der Russen auf das Selbstbestimmungsrecht der Völker bringt auf allen Weltkongressen die kapitalistische Diplomatie in ohnmächtige Verlegenheit. Das Selbstbestimmungsrecht der arbeitenden Völker hat natürlich eine ganz andere, nationale Kräfte lösende Wirkung als das Selbstbestimmungsrecht der kapitalistischen herrschenden Klassen über die Völker. Das erstere, das von den Sowjetvertretern überal propagiert und gestärkt wird, ist eine ausgesprochene Freiheitsbewegung, die sich gegen die imperalistische Ausbeutung richtet, das zweite, das in erster Linie von Wilson vertreten wurde, zeigte sofort bei seiner Geburt den Bankerott an. Denn es ist das natürliche Gesetz des Kapitalismus, die logische Folge von Konkurrenz, Profit und Ausbeutung, daß Kolonisierungen, erzwungene Wirtschaftsverträge und Siegerdiktatur für den internationalen Kapitalismus lebensnotwendig sind; sie vergewaltigen das Selbstbestimmungsrecht, die Kosten und Profite werden aus der unterdrückten Klasse, aus dem Proletariat herausgeschunden! Das dem Kapitalismus innewohnende Prinzip wird immer stärker sein als jede pazifistische selbstbestimmungsrechtliche Phrase. Aber nicht die Phrase, nicht die mit soundso vielen Stimmen angenommene Resolution spricht die Wahrheit, sondern nur die Wirklichkeit des Tages. –

Der Hamburger sozialistische Kongreß tönte auch die mutigsten Resolutionen gegen den Imperialismus, für Erhaltung der Arbeiter- und Bauernrepublik Rußland, und am nächsten Tage begann man wieder die Hetze und den Lügenfeldzug gegen Rußland und sämtliche Sozialisten stimmten für den Eintritt in den Völkerbund – jenes kapitalistische Machtinstrument, das die Aushungerung der werktätigen Massen als Kriegsmittel und Wucherschraube benutzte, um ihre Arbeitskräfte bis zum Zusammenbruch auszubeuten. – Auch die schönen, pazifistischen Worte Macdonalds heben die Wirklichkeit nicht auf. Während seiner Friedensgebärden schütten die Flugzeuge der Macdonaldregierung in Mossul ihr todbringendes Blei aus den Maschinengewehren über die Türken aus. Weitere 700 tote Wahabiten werden triumphierend gebucht bei einem einzigen Fliegerangriff auf diese Araberstämme, welche in Mekka ihr Selbstbestimmungsrecht verteidigten. – An all diesen Verbrechen wollt ihr Völkerbundsnachläufer also Mitbeteiligte werden! Die alten sterilen Menschen sind von der lebenszermalmenden Tradition der Ausbeutung nicht zu heilen, sie müssen im Völkerbund das System stärken. Doch die deutsche Jugend sollte sich nicht einfangen lassen für die Ziele der parasitären Bankerotteure. Werdet wahrhaftig, beginnt zu denken, zu forschen nach den Ursachen der Not! – In dem kranken bankerotten Deutschland verzehrt ohne Gewissensbisse der Eisenbahndirektor etwa das hundertfache Gehalt eines Eisenbahnarbeiters. – In Rußland hat der oberste Rat für die Eisenbahnen den doppelten Tagelohn eines Eisenbahnarbeiters zu verzehren bei gewiß verantwortlicherer Arbeit aus dem Chaos der Zerstörung heraus. Bei Betriebsunfällen, wie sie der deutsche Verkehr in immer größerem Maßstabe zeitigt, gibt es unter den Russen kein Verschieben auf „schlecht Wetter". Der verantwortliche Leiter muß im Angesicht seiner Arbeitermassen zur Verantwortung stehen: ist nirgends der Achtstundentag überschritten, sind die Eisenbahnarbeiter an keiner Stelle ausgebeutet, waren ihre Ruhezeiten überall innegehalten und waren überall bequeme Erholungsräume eingerichtet? Es gibt wenig Betriebsunfälle in Sowjet-Rußland. Die Gründe, warum das korrupte System des modernen Kapitalismus mit seinen parasitären Gehältern sich des Ausnahmezustandes, der Maschinengewehre und Zuchthäuser bedient gegen das herandrängende Elend,

Besprisorniki
(herumstrolchende Jugendliche), 1923/24

das muß die Jugend erkennen, und sie muß den Kampf gegen dies System Seite an Seite mit dem Proletariat führen.

JUGENDAUFKLÄRUNG IN RUSSLAND

Zur Ausbildung der Jugend aus den verschiedenen Republiken, autonomen Gouvernements, Arbeitskommunen usw. gibt es in Moskau drei Arbeiter- und Bauernuniversitäten, die von den Betrieben und Organisationen mit ausgewählten Jugendlichen beschickt werden. Diese Universitäten bilden den Oberbau über die vielen, im ganzen Lande verstreuten Parteischulen. Es sind also kommunistische Universitäten für Bauern und Arbeiter, vielfach für Elemente, die die harte Schule der roten Frontsoldaten im Bürgerkriege hinter sich haben.

Die Swerdlowuniversität umfaßt die russischen Studierenden. Die kommunistische Universität der Völker des Ostens ist für die mongolischen, indischen, tatarischen und für die Kaukasusvölker eingerichtet. Hier studieren ganz primitive Berg- und Steppenvölker neben intelligenten Emigranten aus der revolutionären Bewegung dieser Völker. Die dritte Universität ist die der nationalen Minderheiten des Westens. Die übrigen alten Fachuniversitäten bekommen ihre Hörerkreise aus den Arbeiterfakultäten, die die Teilnehmer vorbilden und auswählen. Wissenschaftliche marxistische Bildung wird von jedem verlangt, auch besonders in den Fachuniversitäten; man könnte den Wissenschaftler anderenfalls in der Gesellschaft nicht verwenden.

Die Universität der nationalen Minderheiten des Westens umfaßt Arbeiter und Arbeiterinnen deutscher, jüdischer, lettischer, litauischer, polnischer, weißrussischer und rumänischer Abstammung, politische Emigranten sowie Kolonisten. Der von der Parteischule nach Moskau beorderte Student unterliegt einer Aufnahmeprüfung. Dann sorgt die Universität für seine Ausbildung in drei Jahren, außerdem für seine Wohnung, für Kleidung, Ernährung, auch für seine ärztliche und zahnärztliche Behandlung ist innerhalb der Universität gesorgt. Sechs Rubel werden ihm monatlich für kleine Bedürfnisse ausgezahlt. Er selber wählt den Studentenrat und die verschiedenen Studentenkommissionen, die an der Verwaltung, an der Küchenwirtschaft, an der Verpflegung und an den gesamten Organisationsfragen beteiligt sind. Daß in einer kommunistischen Universität der Betrieb auch militärisch organisiert ist, versteht sich von selber, wie in jedem anderen Betrieb.

Die Hauptwissenschaften sind politische Ökonomie, die Verfassung der Räterepubliken, russische Parteigeschichte, Geschichte der Arbeiterbewegung, der historische Materialismus, weiter Literatur, Mathematik, Physik, Chemie und Biologie, dazu Wirtschaftsgeographie und Kulturgeschichte; der Agrarfrage Rußlands wird besonderes Interesse entgegengebracht. Durch Studentenreferate und Diskussionen wird das Wissen geprüft und geklärt. Vorlesungen werden nicht gehalten. An Hand der aktuellen Fragen demonstriert man die verschiedenen Wissensgebiete. – Das wissenschaftliche Leben der Studenten ist überall mit der Praxis verbunden. Einige sind den Fabriken als Aufklärer und Organisatoren zugeteilt, andere der Lehrerakademie, wieder andere sind den Kinderarbeitsschulen angegliedert, die kommunistische Jugend hat hier ihre Verbindung; auch die Sorge für verwahrloste Kinder, die noch immer aus den Hungergebieten nach Moskau hereinwandern, haben die Studentengruppen zu tragen. Ein erschütternder Eindruck ist es, wenn man die jungen Arbeiter und Arbeiterinnen mit diesen sechs- bis zehnjährigen verwaisten kleinen Menschenkindern arbeiten sieht. Reinlich gekleidet in ihren schwarzen ordentlichen Anzügen trollen diese, vielfach halbidiotischen, ungeweckten Kinder hinter den Großen her; man sieht unter ihnen alte, maskenhafte Gesichter mit fürchterlichen Erlebnissen beschrieben! Hier gilt es ganze Hingabe der Studenten und Studentinnen, um in diesen ärmsten Geschöpfen Lebensfunken zu erwecken und durch leichte rhythmische Musik, durch Reigengehen und Tanz etwas Freude in den Vereinsamten zu zeugen.

Die Studenten erhalten Kommandierungen in ferne Bezirke und Gouvernements, um ganz bestimmte Kampagnen durchzuarbeiten. Die Hilfe für ausländische politische Gefangene, die internationale Jugendbewegung, die Frauenbewegung, das sind einige Parolen für diese Kommandos. Auch wirtschaftliche Probleme und parteipolitische Fragen müssen durchgearbeitet werden. – Der Abgang aus der Universität berechtigt in keiner Weise zu einer Hoffnung auf eine Sowjet-Beamtenstelle. Die öffentliche Tätigkeit muß dann soweit sein, daß die Arbeiterschaft von den Betrieben aus den Studenten in eine wichtige Stelle wählt. Außer der wissenschaftlichen Tätigkeit sind alle Universitätsteilnehmer mit der roten Armee verbunden. Instrukteure halten ihre Vorträge und machen ihre Demonstrationen an technischen Einrichtungen der Armee. Übungen werden abgehalten.

Die Klubarbeit mit der Sektion für Musik, für Literatur und Drama, für bildende Kunst und für physische Kultur ist eine Organisationsform neben der wissenschaftlichen Arbeit. Exkursionen in Museen, Fabriken, Ausstellungen und Theater unterstehen in der Klubarbeit der Kontrolle für politische Aufklärung und sind somit direkt in Verbindung mit dem Kommissariat für Volksaufklärung. – Vom Klub aus werden auch die großen Feste organisiert. Außerdem hat jeden Monat ein anderer Sektor der Universität ein Drama herauszubringen. Alle aufgeführten Stücke haben revolutionären Charakter, sie spielen in Fabrikräumen, Kontoren, öffentlichen Plätzen. So geißelte der deutsche dramatische Sektor in seiner „Preußisch-republikanischen Walpurgisnacht" mit bitterem Humor den Wankelmut und den Verrat der wetterwendischen Sozialdemokraten. Er läßt sie alle auf einer Wetterfahne heranreiten, riesige sozialistische Phrasen dreschen und vor dem Spuk eines längst ausgerückten Monarchen strammstehen und ihm eine hohe Pension auszahlen. An anderer Stelle tritt der Sozialdemokrat und der Gewerkschaftsbonze als Dienstmann des Großkapitals auf. Kraß wird die vertierte Brutalität der Polizei aufgetragen. Die stupide Geistlosigkeit der Militärdiktatur tritt auf, verbrüdert sich mit der Bavaria und erhebt ihren schützenden Arm über das Hakenkreuz, das mit verlogenen sozialen Phrasen die Unreifen und die Schlafmützen fängt. Alle haben als offene Stütze von Besitz und Bankkonto ein heimliches Liebesverhältnis mit der bayrischen Reaktion. Dann sieht man die natürliche Verbrüderung aller kapitalistischen „Feindbünde" zu gemeinsamer, rücksichtslosester Ausbeutung des deutschen werktätigen Volkes. Auch das

wüste und grausame Treiben der zaristischen Gesellschaft mit ihren Popen und korrupten Hofschranzen stellt man dar und deren Zusammenbruch und Vernichtung durch die Revolution. Daneben spielen die verschiedenen Motive aus den Revolutionen der nationalen Minderheiten die Hauptrolle, das Ringen der vom kapitalistischen Joch noch unerlösten Völker. Auch das Andenken an Rosa Luxemburg und an Karl Liebknecht wird in erhabener, mahnender Form als Ausklang eines Dramas wachgerufen. – In diesem Teile der Klubarbeit liegt auch die Arbeit des neuen Künstlers. Der Kunstmarkt in Rußland ist bedeutungslos, individuelle Bedürfnisse schrumpfen zusammen gegenüber dem ungeheuren Verlangen der Massen nach einer Lebensgestaltung für den Betrieb. Außer Szenenbearbeitung hat der Künstler im Klub die Anleitung der Genossen für Dekoration der Räume für Feste, für Straßendemonstrationen, Schmückung von Hausfronten, von Plätzen und ganzen Dörfern zu geben. Jeder Arbeiter soll auch diese Organisation erlernen, um selber Direktiven geben zu können. Auch das rein künstlerische Studium steht an dieser Stelle.

Neue, manchmal sehr naive, aber prägnante Ausdrucksmittel entstehen. Der Künstler arbeitet zusammen mit dem musikalischen, mit dem dramatischen und mit dem Sektor für Körperkultur. Ihm stehen für die Inszenierung unter den Arbeiterstudenten Handwerker jeder Art zur Verfügung. Monteure, Tischler,

Russisches Dorf am vereisten See, 1923/24

Russischer Winter, 1923/24

Anstreicher und Kunstschüler, so daß ihm die Arbeit unter den Händen wächst. Jeder ist von der Sache durchdrungen, hat neue Lösungen, prägnante Einfälle, die er dem Gesamtbild zuführt. Hier wächst durch die kollektive Arbeit ein neues Ausdrucksmittel. Im Bühnenbilde kann der Künstler in Form, Farbe und Beleuchtung neue Wege gehen. Einen Vorhang gibt es nicht, man baut die Bühne ins Publikum herein mit einer kleinen noch weiter vorgeschobenen niederen Bühne für intime Handlung oder Unterstreichung der Gesamtaktion. Man malt keine Dekorationen, sondern baut feste Konstruktionen, auf denen sich die Menschen bewegen können bis in die höchsten Höhen des Saales. Man charakterisiert so im einfachsten Stil: eine Fabrik, verändert sich durch Verschiebungen zu einem Kontor, durch Fortnahme eines Charakters zum öffentlichen Platz usw. Die Hauptaktionen werden durch Lichtstrahlenbündel herausgehoben, Losungen leuchten auf, transparente Texte sprechen zu dem Zuschauer, der zum eifrigen Mitarbeiter wird, zumal manche Personenauftritte sich aus dem Publikum heraus entwickeln. Der Bühnenraum ist in ganzer Höhe ausgenutzt, mit Treppen, Leitern, Zwischenbauten und Maschinenteilen. Er ist zu einem Ganzen konstruiert, und zwar so stabil, daß in den verschiedenen Höhen 6 bis 10 Personen arbeiten können. Durch Umsetzen der Stücke verändert man die Situation von einer Fabrik z. B. zu einem Etagenhaus mit den verschiedensten Vorgängen. Moderne Technik spielt eine Hauptrolle bei allen Arbeiterstücken. Die Studenten sind voller origineller Vorschläge, auch betreffs der Auftritte. So fahren die Schauspieler nicht nur an den Leitern herunter oder kommen aus dem Publikum, sondern selbst aus den höchsten Ecken der Aula kommen am Draht die Revolutionäre in sausendem Tempo, über die Köpfe der Zuschauer hinweg, auf die Bühne gefahren. Bei einem anderen Stück, in dem die Amsterdamer Gewerkschaften verbindlichst mit den imperialistischen Unternehmern verhandeln, hatten wir seitlich einen riesigen Kran aufgebaut. Das Zimmer der Gewerkschaften war die Plattform auf einem höheren Block. Eine niedere Wand mit einigen Gewerkschaftsplakaten markierte das Büro. Die Arbeiterrevolution bricht schließlich aus, vor Schreck klettern die Gewerkschaftsbonzen rittlings auf die Mauer. Im selben Augenblick faßt der riesige Kran an die Mauer und trägt die verängstigt sich anklammernden Gewerkschaftler über die Köpfe des vorderen Publikums zur Bühnenseite herunter. – Jede Aufführung ist ein neues Experiment, hat neue Überraschungen. Immer findet man Wegsteine für eine Entwicklung der Kunst, für eine Volkskunst, geboren aus den gesellschaftlichen Erfahrungen und Bedürfnissen des werktätigen Volkes.

Dies alles betrifft die Winterarbeit der Studenten. Im Monat Mai beginnt die Kommandierung auf die Sowjetgüter der Universität.

AUF EINEM SOWJETGUT

Im Norden von Moskau, im Gouvernement Twer, liegt auf der Waldaihöhe das große Seengebiet, aus dem die Wolga entspringt. Zwischen niederen welligen Höhen weitverzweigte mächtige Seen. Wald- und bebaute Flächen wechseln, Sand- und Lehmboden. Viele Findlingsblöcke erschweren die Ackerarbeit, und stellenweise ist der Acker dicht mit rundlichen Steinen besät. Armes Land, das schon früher seine Menschen nur dadurch ernähren konnte, daß die Bauernjugend im Winter in den Petersburger Fabriken arbeitete. Jetzt ist auch dieser Hilfsweg ungangbar, da viele Fabriken noch geschlossen sind. Der Aufbau aus den Trümmern des Weltkrieges und der Revolution ist langsam. – Doch hebt sich unter den Bauern der primitive Ackerbau zu intensiverer Bewirtschaftung, und auch das Interesse an der kollektiven Wirtschaft wird wach.

Hier setzt vor allem die aufklärende Arbeit der Moskauer Studenten von der Universität der nationalen Minderheiten ein. Eines der großen Güter im Zentrum der Seen ist von der Sowjetregierung der Universität zugewiesen. Hier leben Studenten und Studentinnen mit ihren Lektoren einen Teil des Sommers, um ihre Kenntnisse zu vertiefen und sie weiter mit dem praktischen Leben zu verbinden. Das außerordentlich bewegte Bauernleben, vor allem das der Jugend, das sich Sonntags nachmittags auf dem Gut entwickelt, zeigt die losgelösten aktiven Kräfte.

Der Sonntagmorgen gehört ganz der Kulturarbeit auf den Dörfern. Schon früh fährt Boot auf Boot mit den Studenten ab, um bis in die weitesten Rayons Aufklärungsarbeit zu leisten. Da werden Bauernversammlungen abgehalten, um in erster Linie Kooperativen aufbauen zu können, die die Bauern aus der Abhängigkeit vom Privathandel befreien und ihnen die eigenen Produkte abnehmen sollen, Produkte, die sonst weite Transportfahrten beanspruchen. Ferner haben die Studenten über das Sowjetsteuersystem, über Landverteilung, Kredite usw. aufzuklären. Die Organisation der Jugend, die Organisation der Frauen sind andere wichtige Aufgaben der Aufklärung.

Sonntags nachmittags sind die meisten Studenten zurück, und es beginnt neue Arbeit, denn an jedem Sonntag muß für die heranwandernden Bewohner der Umgebung etwas vorbereitet werden. Ein Lichtbildervortrag über das Leben und die Arbeit Lenins, oder eine szenische Darstellung in einem Ärztezimmer, in dem die Aufklärung über die Tuberkulose stattfindet. Ein Mediziner, der als Lektor für Biologie unter den Studenten ist, führt den Bauern in augenfälligster Form die Schrecken der Krankheit vor und ihre Verhütung und Abhilfe. Ein anderer Sonntag sammelt die Bauern, die als Delegierte für die Gründung von Kooperativen gewählt sind, auf das Gut; ein Sonntag ist den Frauen unterstellt, einer den Kindern usw.

Die Jugend wird zu Sportspielen organisiert; die Studenten haben Turngeräte aller Art aufgebaut. Ein buntes bewegtes Bild entwickelt sich auf dem weiten Rasenplatz vor dem alten Herrenhause. Niemand vereinsamt, alle werden herangeholt und in die verschiedensten Spiele eingestellt.

Der Montag ist für die Studenten Ruhetag. Sie machen weite Exkursionen über die Seen oder sie arbeiten ihre Referate für die Lektionen aus. Politische Ökono-

Kulturarbeit der Studenten,
Bauernversammlung, 1924

Siedlung am See, 1923/24

mie, Biologie, Gesellschaftskunde und Parteigeschichte sind die wichtigsten Fächer, die hier bearbeitet werden. An den Arbeitstagen finden die Lektionen meistens im Freien statt, auf dem weiten Rasenplatze vor dem Haupthause. Ein Tag in der Woche gilt in wechselnden Gruppen als praktischer Arbeitstag für die Gutswirtschaft. Außerdem wechseln die Kommandierungen für Küchendienst, Wasserversorgung, Feuerung, Essenausgabe und der Dienst im Leseraum. Ein Genosse hat die Verantwortung für die Verkehrsmittel, die Boote, ein anderer für die Post, ein anderer für die Arbeitsverteilung.

Als die Sowjetregierung der Universität der nationalen Minderheiten diesen alten Gutsbesitz übergab, trat man ein schlimmes Erbe aus der kapitalistischen Zeit an. Riesengebäude mit zerfetzten Dächern, unendlich viele Zimmer ohne Fenster und Türen, keine Möbel, keine Werkzeuge, keine Maschinen. Hinter dem Herrenhause zog sich ein weiter Obstgarten hin, der von einem etwa fünfzehnjährigen Jungwald erobert war. Lange, zottelige, silbergraue Flechten bepelzten die Zweige und ließen kaum eine Blatt- und Blütenentwicklung aufkommen. Verwilderte Äcker, bebuschte Wiesen – urwaldmäßige riesige Tannenruinen, wirrer Wald, nur von vielen, viele Buntspechten notdürftig forstwirtschaftlich bearbeitet. Ein Teil des Wohnhauses schien lediglich als Steinbruch benutzt zu sein, nur die Grundmauern und ein Turmbau schimmerten unter dem wuchernden Holunder- und Fliedergebüsch hervor.

Die Bauern erzählen die Geschichte des Unterganges dieser Herrlichkeiten so: Vor etwa 60 Jahren im Besitz des reaktionären Kultusministers Graf Tolstoi (der bekannt war durch seine Schulordnung: Ausschaltung jeden Versuches, den modernen Wissenschaften, besonders der Naturwissenschaft, Eingang zu verschaffen), da war das Gut musterhaft gepflegt. Große Anlagen für Wohlfahrtseinrichtungen, Krankenhaus, Schule usw. wurden für die Bauern der Umgegend gemacht. Dann kam das Gut an einen Neffen, der den ganzen Besitz an seinen Verwalter, einen adligen Freund verspielte. Nun begann ein wildes Ausschlachten der Werte. Die Möbel wanderten auf andere Güter oder gegen Produkte an den Bauern. Das Vieh, Werkzeug, Maschinen verschwanden auf ähnlichem Wege, dann geriet das Ganze in die Hände der Spekulation. Zum Schluß wollte ein General das Gut für Viehzucht einrichten und begann mit großzügigen Renovierungen. Dann kam die Revolution. Weiße Truppen hausten, alle letzten Werte verbrauchend, in den Räumen, und die Bauern werden auch nichts haben liegen lassen.

Dies war das Erbe der Universität. Für 500 Studenten mußten Wohnungen hergerichtet werden, dichte Dächer, primitive Pritschen, Küchengeräte. Dann die

Urbarmachung des Waldbodens, 1924

Universitätsgut, 1924

Kulturarbeit der Studenten im Sommer, Komplexbild 1924

Wirtschaft mit Vieh, Werkzeug, Maschinen auf die Beine zu stellen, war kein leichtes Ding. Lettische Landarbeiter haben die Gutsarbeit übernommen. Die Letten findet man als verläßliches revolutionäres Element in den Aufbauzellen des neuen Rußland sehr verbreitet. – Doch wächst der Aufbau ganz langsam aus diesem verwilderten Schutthaufen, der noch nach außen die grandiose Maske einer pilastergetragenen Tempelfassade trägt.

Für die Studenten ist das gut so, alles mitschaffen zu müssen. Man hat keine Möbel als den Strohsack mit der Pritsche. Man hat kein Waschgeschirr, als den See unten am Parkende. Man hat nichts von dem zusammengewürfelten baufälligen Prunk der bürgerlichen Kultur, der den Moskauer Arbeiterklubs einen Charakter von Parvenüunkultur äußerlich aufprägt. Hier hat die Zeit ganze Arbeit geleistet. Ernstes Verantwortungsgefühl, jugendliche Kraft und gemeinsamer Wille werden aus den Trümmern eine neue Welt erstehen lassen.

Schon fühlt man, wie sich das Leben des Volkes hier zu gemeinsamen Zielen verkettet, wie die jungen deutschen, jüdischen, lettischen, polnischen, weißrussischen und rumänischen Elemente die verantwortliche Kulturarbeit leisten. Alles ist auf das Zukünftige gestellt; alles sind Saatkörner, die versenkt werden und reifen müssen. Der Begriff „Volk", dem in der kapitalistischen Welt seine letzte Zersetzung widerfuhr, geht in der kommunistischen Gesellschaft seiner wahren Erfüllung entgegen. Wenn auch der Weg in Rußland ein besonders langsamer ist und der Staatskapitalismus manche Rückschläge und Härten mit sich bringt – so muß jeder, der eine Zeitlang in Rußland lebt und sich in die Organisationsformen vertieft, das unerbittliche organische Werden der neuen kommunistischen Gesellschaft erkennen, die eine Auflösung des Proletariats, den Untergang der Klassengesellschaft nach sich ziehen muß.

Am Ende des Semesters findet die akademische Säuberung statt. Alle Elemente, die für die Universität nicht passen, müssen ausscheiden. – Der einzelne Lektor hat seine drei Vertrauensmänner zu wählen (Troika), die von jedem Genossen eine schriftliche Charakteristik zu verfassen und an die Lektorenversammlung abzugeben haben. Diese letztere macht auch ihre Bearbeitung über die geistige Entwicklung und über die kommunistische Einstellung jedes einzelnen. – Nach einigen Tagen tritt das Kollektiv des Lektors und die Lektoren zusammen. Jeder Genosse und jeder Lektor hat hier öffentlich vor der Gesamtheit der Genossen Stellung zu nehmen zu jedem Fall. Es ist ein großer Prüfstein für den Gemeinschaftssinn. Man muß immer bedenken, daß so eine Arbeitsgemeinschaft in wirklich kollektivem Geiste zusammensteht, und nun heißt es, ohne irgendeinen persönlichen Gedanken, einer Reihe von Genossinnen und Genossen sagen zu müssen: Du taugst nicht mehr für das Studium auf der Universität, du mußt in den Produktionsprozeß zurück. Doch ist es für die Erziehung des einzelnen ein wichtiger Faktor, sein Urteil offen auszusprechen, einem schwer geistig Ringenden seine Entlassung verständlich zu machen, menschlich zu begründen und ihm eine Aussicht auf ein neues Gesichtsfeld, auf eine neue Arbeit zu eröffnen, das er sich nun erobern muß und ihn befreit von einer schweren Arbeit, die ihn fruchtlos belastete. Es handelt sich immer darum, der Individualität des einzelnen größte fruchtbarste Entwicklungs- und Verwendungsmöglichkeit für die Befürfnisse der Gesellschaft zu geben.

Feldarbeit der Studenten, 1924

Bäurisches Badhaus, um 1924

Aus einem russischen Dorf

In dieser Hinsicht müssen auch ein paar Worte über das Strafverfahren gesagt werden. Es fällt auf, daß die schwersten Verbrechen nicht härter als mit 10 Jahren bestraft werden und Todesstrafen fast immer in 10 Jahre Zwangsarbeit verwandelt werden. Die Strafanstalten werden wie Arbeitskommunen ausgebaut – auch hier fehlt nicht die kulturelle Arbeit. Auch hier hat die Klubzelle mit den Strafgefangenen so zu arbeiten, daß die Verbrecher, die ja fast immer ein Produkt der Klassengesellschaft sind, als brauchbare und aktive Mitglieder der menschlichen Gesellschaft ins öffentliche Leben zurückkehren. Der Marxist sieht alle diese Dinge nicht vom Machtstandpunkt der Strafordnung aus, sondern vom schöpferischen Standpunkte des Erziehers. – Die Richter sind Genossen, die kraft ihrer Lebenserfahrung in diesen Beruf gewählt und aus Arbeiterkreisen herausgenommen werden. – Bei uns sehen wir nur Klassenrichter, die nie die Härten, die verbogenen Menschenrechte erkennen können, die das Proletariat mit logischer Konsequenz in den Kampf treiben. Hunger erlebten sie nie am eigenen Leibe, für ihre Kinder war gesorgt; ihre Frauen standen nicht in Kampf und Arbeit um das tägliche Brot. Das Leben des Proleten ist für den Klassenrichter Literatur; aus dieser Quelle stammen die brutalen, unmenschlichen Urteile über kommunistische Freiheitskämpfer. – In russischen Kinderschulen spielt die richterliche Entscheidung der Kinder eine sehr große Rolle in der Erziehung. Wie auch bei den Gerichten der Erwachsenen werden Vergehen der Parteimitglieder mit den strengsten Maßnahmen abgeurteilt.

DIE MOSKAUER AUSSTELLUNG 1923 ALS LEHRMITTEL

Über die Berechtigung der Moskauer Ausstellung wurde gestritten. Viele sagten: „Tausende von landwirtschaftlichen Maschinen, vom Staat an die Bauern gegeben, wären besser gewesen." – Für mich war die Ausstellung ein außerordentliches Erleben der gewaltigen Aufgaben, an deren Lösung die vielen verschiedenen Sowjetstaaten arbeiten. Schon die großzügige Weise, die Landwirtschafts- und Industrieausstellung auf Kosten der Regierung als Lehrmittel den Massen zugänglich zu machen, wäre undenkbar in einem kapitalistischen Staat, in dem die Profitrente immer wichtiger ist als die Loslösung der Kräfte aus dem „niederen" Volk. – Auf der Ausstellung sah man wenig europäische Fremde. Die Massen der Bauern und Arbeiter waren unter gutgeschulter Führung in Gruppen eingeteilt und wanderten so von Halle zu Halle, diskutierten über die Versuchsfelder und landwirtschaftlichen Maschinen und ließen sich in der großen hölzernen Arena das Vieh vorführen. Alle lernten den ungeheuren Reichtum des Landes kennen, die unerschöpflichen wirtschaftlichen Möglichkeiten innerhalb des Bundes der Sowjetrepubliken. Die Völker wurden miteinander bekannt, die politischen und wirtschaftlichen Bindungen wurden ihnen klar.

Rußland hatte in großzügigster Weise die Lehrmittel zusammengetragen und den Massen zugänglich gemacht; hatte gezeigt, wie in Rußland alles auf Erziehung und Loslösung der Kräfte von unten eingestellt ist. Viele von den Moskauer Kinderschulen hatten ihre ganze Arbeit auf die Ausstellung verlegt.

Die verschiedensten Völker Sowjet-Rußlands hatten hier ihre gewohnten Zelte,

Moskauer Ausstellung 1923:
Landwirtschaftliche Abteilung

Moskauer Ausstellung 1923:
Kulturzelt der Roten Armee

Jurten, Lehmhütten, Blockhäuser und Gehöfte aufgebaut, daneben waren die Sonderausstellungen für Rohprodukte und Verarbeitungen. Reiches Kartenmaterial und schematische Entwicklungsdarstellungen der Wirtschaft vervollständigten den Überblick.

Primitive mongolische Völker Sibiriens ließen die altchinesische Tradition erkennen, zeigten feine Metall-, Knochen- und Elfenbeinarbeit. Kirgisen in Filzjurten, umgeben von Kamelen und Pferderudel, hatten eine Ausstellung von Filzsorten, farbigen Applikationen, Metall- und Lederintarsien. Armenier, kaukasische Völker, und vor allem die Turkestaner hatten rechhaltige Abteilungen. Bei den Turkestanern war Baumwolle- und Seidenfabrikation das Ausschlaggebende. Die Entwicklung von der primitiven Handmaschine zur modernsten Technik wurde gezeigt. Landbestellung, Stauungsanlagen und Bodenberieselung ließen alt orientalische Tradition erkennen.

Den wichtigsten Teil machten die zusammengefaßten Sowjetindustrien aus: Holzindustrie, Tuchindustrie, Lederindustrie, Maschinenfabrikate, Fischereiprodukte und Pelzwaren.

Die ausländische Abteilung war vollkommen beherrscht von der landwirtschaftlichen Maschine für den Großbetrieb. In der russischen Abteilung teilten Versuchsfelder das Gelände auf.

Große Reichhaltigkeit zeigte die Viehausstellung, vor allem die Mannigfaltigkeit der Pferderassen und der Schafzucht; auch sah man neben der kleinen zähen russischen Kuh Sorten mit schweizerischem und bayrischem Einschlag und mächtige Arten, die dem rumänischen und siebenbürgischen Vieh ähnelten.

Daß dem erzieherischen und wissenschaftlichen Teil der Ausstellung umfangreichster Platz gewidmet war, ist selbstverständlich. Geologische Tafeln, biologische Darstellungen, Karten und Pläne, wirtschaftsgeographische Tafeln; Erd- und Gesteinsproben, Erdschichtungsdurchschnitte gaben dem Studierenden reichstes wissenschaftliches Material und ein Bild über den Plan der Erschließung dieser Reichtümer der Sowjetrepublik.

Besonders auffallend, wenn man den Vergleich mit Ausstellungen kapitalistischer Länder nimmt, waren die Kulturzelte der roten Armee. Sie zeigten die Grundlagen der Aufklärung und des Erziehungswesens in knappster Form. Man muß sich ein Zelt als Schulraum vorstellen mit seitlichen Fächerwänden, auf denen das Lehrmaterial hängt. Bodenbearbeitungs-, Säe- und Pflanzmethoden, Ernte, Forstwirtschaft, Viehzucht, Ungezieferbekämpfung und Krankheitsaufklärung sind die wichtigsten Bildtafeln. Daneben sieht man in einer flachen Kiste das primitive Modell eines elektrifizierten Dorfes. – Der russische Rotarmist kommt als Kulturträger, als Lehrer und Aufklärer in sein Dorf zurück. Diesem Dienst am Volke verdankt die rote Armee ihre alle Kreise erfassende Popularität.

Moskauer Ausstellung 1923
Ostabteilung

Moskauer Ausstellung bei Nacht, 1923

Moskauer Ausstellung 1923:
Turkestan-Abteilung

Moskauer Ausstellung 1923:
Kaukasus-Abteilung

Moskauer Ausstellung 1923:
Kirgisische Abteilung

Tscherkessenreiter, 1923/24

*Moskauer Ausstellung 1923:
Kinder-Abteilung*

KUNST

In Rußland vereinsamt der Künstler, der nicht in einem Betriebe oder für einen Betrieb arbeitet. Er geht zugrunde. Der eigentliche Kunstmarkt ist bedeutungslos. Wer will und kann sich für seine Privatverhältnisse ein Bild kaufen, wo sich das ganze kulturelle Leben im Betrieb unter den großen gemeinsamen Bedürfnissen abspielt? Gewiß sieht man noch Kunstausstellungen in Moskau mit sehr geschickt gemalten Bildern, die etwa die Technik und die Motive der Münchner Malerei vor 20 Jahren repräsentieren. Sie werden sogar manchmal schwärmerisch besprochen, um sie dem Verständnis der Masse nahezubringen. Da erscheint das nackte Mädchen im Grünen, die ausgezogene Dame am Spiegel, die Nackte in Pelz und Federhut, dann Landschaften in allen impressionistischen Varianten bis zum zuckersüßen Frühling in der Krim. – Den jugendlichen Arbeitsstudenten, den jungen Menschen aus der Arbeiterfakultät ist es zum Glück so gleichgültig wie irgend etwas, ob eine nackte Welt- oder Halbweltdame mehr oder weniger geschickt gemalt ist. Sie alle wollen Künstler haben, die ihre Welt kennen, mit ihnen leben und Ausdrucksformen für das neue Leben finden.

Für ein Land, das mit seiner ganzen Kraft im fundamentalen Aufbau steht, wie Rußland, ist das konstruktive Element die charakteristische Seite der Kunst, so wie in der deutschen Kunst bei allen starken künstlerischen Suchern das Klassenkämpferische, Zersetzende im Vordergrunde steht, das mit beißender Schärfe die Pestbeulen der kranken kapitalistischen Gesellschaft hervorhebt.

Auf den modernen russischen Ausstellungen der jungen Maler herrscht das Konstruktive vor. Auch findet man synthetische Ausdrucksmittel, Typisierungen zu einem Kollektivbegriff. Ich sehe vor mir das Bildnis des bekannten Organisators der roten Kavallerie mit seinen Reitern. Nichts erinnert mehr an den Individualismus der Person, nichts an die schematischen, sicher sehr ähnlichen photographischen Gruppenbilder, von denen das russische Proletariat jeden Tag in allen illustrierten Zeitungen eine Menge verarbeitet! Hier sehen wir anstatt Naturalismus eine neue vereinfachte monumentale Form des roten Reiterführers, wie er mit seinen Genossen durch die nachtbraune Dämmerung reitet. Jede Linie energetische, unbeirrt vorwärtsstrebende Kraft. Wir finden nicht mehr die individuell wiedergegebene Person, sondern den Kollektivbegriff richtunggebender gewappneter Führer. – Neben diesen Bildern hängen seltsame Motive, entstanden aus der Auseinandersetzung der Kunst mit dem Flugzeug, mit der Maschine, mit dem physikalischen Apparat. Im schwarzen Weltenraume schweben diese rhythmischen Phantasien, selbständig geschlossen von wunderbarer Schönheit der Farbe – aber ohne Wirklichkeitssinn, ohne Bindung mit dem ringenden Leben des Proletariats; Kunst für Künstler! Was an ihnen stark ist, das ist die rhythmische Kraft der Bildform. Was versöhnt, ist die historische Notwendigkeit, alle Neuformen der Technik in sich aufzunehmen und zu gestalten. Die Auseinandersetzung mit der Maschine tritt selbst in dem Bildnis hervor. Bildnisse muten uns manchmal an wie gemalte physikalische Apparate, in denen die Energielinien und Punkte rot, die empfangenden Linien blau geordnet sind. Sie zeigen eine Farbenmystik, wie sie uralten primitiven Formen und Schriftzeichen innewohnt.

An Hand der marxistischen Analyse sieht der materialistische Kunstgeschichtsforscher diesem brodelnden neuen Leben mit freudiger Bejahung zu. Er sieht in diesem Laboratorium, wie die moderne Technik, der Lichtstrahlenrhythmus der Großstadt, das Gefühl für organischen Aufbau, die Anarchie der impressionistischen Konjukturen und Zufälligkeiten überwinden will.

Werden die Künstler, die zur Mehrzahl aus dem Proletariat stammen, die Kraft haben, ihre individuelle, vereinsamende Forscherkraft den praktischen Aufgaben des kommunistischen Aufbaus hinzugeben, werden sie lebengestaltend ihre Heimat finden?

Wie wir schon gesehen haben, hat wiederum Sowjetrußland auch in dieser Richtung die Formen geschaffen, die dem Künstler Gelegenheit geben, seine schöpferische Kraft ganz dem gesellschaftlichen Leben dienstbar zu machen. Es ist die Klubarbeit in den Organisationen, in den Fabriken und Schulen. Hier ist ihm weiter freier Raum gegeben für seine Arbeit, und gerade an dieser Stelle beobachtet man auch die gesunden Keime eines ganz neuen Werdens.

DIE ALTE KUNST

Im Wintergarten des Kreml-Palastes haben die Bolschewiki ein Hospital für alte Kirchenbilder eingerichtet. Aus allen Gegenden des weiten Rußlands landen hier alte Gemälde, schwarz, versoßt; manchmal recht konventionelle Heiligenmalerei mit einem Dokument des Entdeckers, daß unter dieser braun-schwarz-goldenen Oberfläche ein wertvoller Kunstschatz begraben liegt. – Die Leitung des kunsthistorischen Museums in Moskau, der diese Werkstätte unterstellt ist, sendet Expeditionen von Künstlern und Technikern in die fernsten Gegenden Rußlands, läßt aus Kellern und Böden, von Klöstern und Kirchen die verwahrlosten Kranken, die durch Kurpfuscherei verdorbenen in die Werkstätte holen. Unter den Handwerkern dieser Werkstätte zeigte uns der Freskenmaler Jutin jene Bilder, die gerade in Behandlung waren. Kirchenkunst aus dem 12. und 13. Jahrhundert. Von einer verständnislosen Zeit übermalt mit einem schematischen Rhythmus von Goldkonturen in schwarzbrauner Tunke, so daß vielfach nur eine schwärzliche Silhouette übrig blieb.

Eine liebevolle Arbeit beginnt: Man will nicht verbessern, man will mit Hilfe von heißem Weingeist Schicht um Schicht vorsichtig abtragen, und langsam beginnt es zu leuchten: das zarte Rosa und Weiß, das hellgrünliche Blau, das tiefe Schwarz und Zinnober. Alles dies steht in einer Kraft und Einfachheit nebeneinander, und die Kraft konzentriertester Empfindung wird überhöht durch eine lebendig bewegte Kontur, manchmal durchscheinend braun, manchmal ganz frei den verlassenen Weg (der Kontur) neben der ausgeprägten vollendeten Form zeigend. Man sieht, wie die Alten keine genauen Vorentwürfe hatte, sondern wie sie sich an der Materie der Farbe und Form zum stärksten Ausdruck hinfühlten. Der Rhythmus der Flächenaufstellung ist ähnlich, wie er dem modernen Expressionisten vorschwebt, aber in unserer Malerei fehlt ganz dies geheimnisvolle Sichverlieren der Persönlichkeit in der Materie Farbe – bis die Farbe dasteht wie ein Stück des Kosmos, wie ein seltsamer Stein, gewachsen mit der umgebenden

Materie zu einer Einheit. Wenn wir nun das gesundete alte Bild vor uns sehen, so fallen von uns alle Fesseln des oberflächlichen Genießertums, alle schwülen Dumpfheiten mystischer Verschwommenheit schwinden, und unser Gemüt wird freudig erregt wie über den lustigen Strauß der Feldblumen, wie über die volkstümliche Farbenlust der Moskauer Straße! Das Weiß und das Rot bis zum hellsten Rosa, die leuchtende Himmelbläue über uns, das Schwarz in der Bestimmtheit einer Charakterform ohne die Aufdringlichkeit des Unorganischen! Und langsam lösen sich die starken Gebärden, die heute noch um uns her das Leben so reich machen und in Gleichnissen zu uns reden: die Kinder und die Mütter, die Demütigen und die Erstaunten, die Kämpfer und die Erhabenen, die Führenden, Erfüllenden und die Weisen.

Das historische Museum am Roten Platz offenbart uns die Volksseele des Russen in der künstlerischen Gestaltung der Dinge und die Bedürfnisse des alten russischen Lebens. Hier werden auch die bedeutendsten Schätze der alten Kirchenkunst bewahrt. Die besten Kunsthistoriker sind beschäftigt, alles mit feinem Verständnis zu einer Einheit zu ordnen. Trotz Armut und Entbehrung hielten sie fest zum neuen Werden und retteten die Kunstwerke vor dem Untergang.

Die alte Kirchenmalerei ist hier im Museum vereint mit den Erzeugnissen religiöser Kleinkunst. Monumentale Plastik fehlt fast ganz, dafür entzückt uns die Phantastik und Mannigfaltigkeit der Schnitzerei der kleinen Holzkreuze aus frühester Zeit. Menschliche Nöte, demütige Hingabe, Kraft und Schöpfertum sprechen zu uns, geboren aus dem seelischen Bedürfnis eines Volkes, das durch die Kunst Bindung suchte mit einer fernen Unwirklichkeit.

DAS RELIGIÖSE PROBLEM IN RUSSLAND

Bei einem Volke, das man als besonders religiös einschätzte, wie die Russen, kann uns nach dem Weltkriege und in der Zeit des chaotischen Tanzes und Sterbens um das goldene Kalb der Untergang jeder religiösen Bindung nicht überraschen. Das Staatschristentum hatte genau wie in Deutschland alle Verbrechen an Leben und Besitz geheiligt; der Glaube an eine jenseitige Erlösung war bei den Massen endgültig überwunden. Dazu kam die Erkenntnis, die sich bei allen primitiven Völkern Bahn brach, daß man, durch die Erfahrungen des Krieges erzogen, keinen Unterschied mehr machen konnte zwischen den Wegelagerern im Walde, zwischen dem chinesischen Flußräuber, zwischen dem von weißen Offizieren geführten Raubgesindel vom Pamirplateau und jenen imperialistischen großen Banditen, die mit ihren Kriegsschiffen an den Küsten der Kolonien liegen. Alle ausgebeuteten kolonisierten Völker kamen in Bewegung. Nicht das Religiöse war die Bindung unter ihnen, sondern das gleiche Schicksal der wirtschaftlichen Versklavung, dem auch Deutschland anheimfiel.

In Rußland entstand nach der Revolution ein Versuch, das religiöse Leben den neuen Verhältnissen anzupassen. So trennte sich die „Lebendige Kirche" von der gegenrevolutionären orthodoxen Kirche, vielleicht immer noch mit der stillen Hoffnung, innerhalb der sozialistischen Gesellschaft eine führende Rolle spielen zu können.

Doch die Kräfte der revolutionären Masse sind bis zum letzten von kulturellen und wirtschaftlichen Dingen in Anspruch genommen. Schöpferische Initiative, Verantwortung und Machtbewußtsein räumte mit allen religiösen Erlösungsvorstellungen auf. Die Befreiung des Proletariats kann nur Sache des Proletariats sein. Mit dem ganzen Erziehungsproblem der Kommunisten, mit der nüchternen Erkenntnis, daß Ideologie, Erkenntnis und Tat sich decken müssen, konnte sich jeder nur selber erlösen. Seine Schöpfung, sein Werk, das hervorgebracht wird durch die natürlichen Befürfnisse der Gesellschaft, fällt erfüllend an diese zurück. Wir erkennen in dem Prozeß, der zu der kommunistischen Gesellschaftsordnung führt, einen Gleichgewichtsprozeß des natürlichen Gesetzes der menschlichen Gesellschaft, den die Erkennenden durch Kampf gegen die alte Ordnung des Kapitalismus erringen müssen.

Das Erlösungsproblem – von außen, durch einen Gott oder dessen Vertreter, trat in den einzelnen Menschen zurück. Das in Deutschland so viel gebrauchte Wort Religion – Bindung im Gesetz – stand rein und klar gedeutet vor der Menschheit in den wenigen Worten von Karl Marx: „Der Arbeitsprozeß ist die Bindung des Menschen mit der Natur." Damit war das Opium der Religionen überwunden, alle Mystik, alles Halbdunkel verschwand. Diesen Arbeitsprozeß aller Sklaverei, aller Ausbeutung zu entgiften, ihn zu einem schöpferischen, zu einem bewußt gestaltenden Prozeß für die Werktätigen zu machen, das ist der Weg der Geknechteten.

Auf Grund der marxistischen Analyse, aus der tausendjährigen Erfahrung der menschlichen Geschichte, aus dem Zersetzungsprozeß der bürgerlichen Gesellschaft wuchsen Lenin die Waffen zu, das System der alten Gesellschaft zu vernichten, den ideologischen Überbau dieser sich selbst zerfressenden Klassengesellschaft zu zerschlagen, den kranken Körper von den Parasiten zu befreien und skrupellos die gesamte Materie des russischen Besitzes und alle Arbeitskraft zu erfassen. Er ordnete den Stoff, er schaffte den Plan für eine Gesellschaft, die die Krisenzeit und die Untergangsperiode der menschlichen Gesellschaft mit harter Faust beenden wird; er faßte die Materie synthetisch zusammen, aus der eine organische gemeinsame Wirtschaft der arbeitenden Menschen und Völker wächst.

Wladimir Ilitsch Lenin baute mit einfacher klarer Nüchternheit die Organisationsformen der Gesellschaft auf, in die sich der natürliche Schöpferdrang der Masse gestaltend auswirken kann und wird. Bis in die weiteste Peripherie der Gesellschaft verpflichtet sie den einzelnen und befruchtet den Boden, auf dem der klassenlose freie Mensch wächst und der Parasit verrotten muß. Er gab der Bewegung Richtung und Ziel.

Sein klarer weltpolitischer Sinn furcht heute die Gehirne der Sklaven des internationalen Kapitals auf und legt die Saat für die Befreiung der besitzlosen Arbeiter und Bauern der ganzen Welt!

Russische Dorfkirche, 1924

Durchgang zum See, 1924

Jaroslaw, 1923

Steilufer, 1923/24

Moskwa-Ufer, 1923/24

1925

KARELIEN

Veröffentlicht in der Zeitschrift
„Das neue Rußland"
Berlin, Jg. 3, Heft 5/6, 1926
unter dem Titel
„Eindrücke aus Karelien
und dem nördlichen Rußland"

Auf Einladung der russischen Roten Hilfe
zweite Reise in die Sowjetunion
nach Karelien bis ans nördliche Eismeer.
Von Leningrad – mit der Murmanskbahn
nach Petrosawodsk – Onegasee,
Kondostroi, Kiwatsch-Wasserfälle,
Kandalakscha, Murmansk, Archangelsk.
Rückfahrt mit dem Dampfer die Dwina
aufwärts – über Moskau nach Berlin.
Juli bis Oktober 1925

Eine Reise führte mich im Sommer des letzten Jahres von Leningrad nach dem Norden, in das Land der weißen Sommernächte, in die autonome Sowjet-Republik Karelien.

Der Charakter dieses Landes ist ein steiniges Hochplateau mit unendlich vielen Seen, teilweise von mächtigen Ausmaßen. Tiefschwarzer Humusboden wechselt mit dürrem Sandboden und niederen Felsgraten. Birken, Espen, Kiefern und Tannen bedecken das Land: Wald, Wald, Wald ohne sichtbares Ende. – Der Holzreichtum, die Bodenschätze und die natürlichen Wasserkräfte sind bedeutend; doch leidet die Nutzbarmachung all dieser Wirtschaftsquellen unter dem Mangel an Menschen. Die karelische Republik erstreckt sich über 200 000 Quadratkilometer und hat 200 000 Einwohner. – Sumpfige Wälder, reißende Flüsse mit kilometerlangen wilden Strudeln und mit rauschenden Wasserfällen erschweren den Verkehr. Oft müssen die Bauern Boot und Ware lange Strecken stromaufwärts über Land tragen. Die Wege führen als Knüppeldämme über den morastigen Waldboden und über versumpfte Wiesen. Nur im Winter, wenn Schnee und Eis die Waldsümpfe und Seen bedecken, ist der Verkehr mit der Außenwelt erleichtert.

Der Kommunismus arbeitet in diesem Lande mit rein sachlichen materiellen Dingen: Das Motorboot, die elektrische Kraftstation, der Meliorationsingenieur und vor allem die Kooperative – das sind die Propagandamittel des neuen Lebens für die Einwohner. Die Volkskommissare halten engste Fühlung mit den Bauern: sie sind viel unterwegs bis in das fernste Hinterland, um die Bedürfnisse der Leute kennenzulernen, die wirtschaftlichen Möglichkeiten zu prüfen und umzugestalten. Der karelische Bauer hat ein mühevolles Leben, er kann im besten Falle die Hälfte seines Jahresbedarfes an Korn selber bauen. Im Winter wird von ihm Holz geschlagen und im Frühling wird es geflößt. Die Milchwirtschaft wird gut ausgebaut, die Wiesen werden entwässert; Fischfang und Pelztierjagd ergänzen die Bauernwirtschaft.

Der eigentliche Lebensnerv ist die Murmanskbahn, die während des Krieges von Kriegsgefangenen gebaut wurde. Das eisige Winterklima, die schlechte Verpflegung und ungenügende Kleidung der Gefangenen richtete Tausende von ihnen zugrunde, so daß die Einwohner des Nordens sagen: jede Eisenbahnschwelle bedeutet einen Toten.

Die Murmanskbahn führt über die karelische Hauptstadt Petrosawodsk und verbindet Leningrad mit dem eisfreien Hafen Murmansk im höchsten Norden. Häute und Fische werden exportiert und hereinkommt über Murmansk die amerikanische Baumwolle. Die Frachtsätze sind so, daß die Baumwolle über diesen Transportweg nach Zentralrußland nicht teurer kommen wie über Leningrad. Besondere Rechte hat die Bahn als Unternehmer. Sie hat bedeutende Waldkonzessionen, moderne Holzschneidewerke, Teer- und Terpentinfabriken, sie fabriziert Fischkonserven und hat in Murmansk selbst ein großes, modern eingerichtetes Hotel. Eine ganz besondere Rolle spielt die Murmanskbahn als Kolonisationsgesellschaft. Schon dem flüchtig Durchreisenden fällt es auf, wie an allen günstigen Stellen, in den Urwäldern an der Bahn, ganz neue kleine Städte mit Kraftwerken, Sägereien, Speisehäusern, Arbeiter- und Bauernklubs entstehen.

Die wissenschaftliche Leitung dieser Kolonisation befindet sich in Leningrad und umfaßt ein kleines Institut für sich. Die praktische Leitung und Beratung ist im hohen Norden in der Nähe der kleinen alten Stadt Kola.

Abseits von Kola, zwischem wilden Gestrüpp, finden wir eine bodenkulturelle Insel: Hafer, Kartoffeln und Gemüse. Das Haus, die Kanzlei dieser wichtigen Organisation, ist eine kleine alte Holzbude. Die Kanzlei: ein junger Techniker, ein Buchhalter und der Inspektor der Kolonisation. Wieder ein Bild aus dem alten Rußland: wie anspruchslos sind diese Menschen an sich, die einer derartigen großen Sache vorstehen. Der Inspektor, ein alter, zäher, äußerst arbeitsamer Mann, ist viel unterwegs, da er sich um das persönliche Los der einzelnen Siedler bekümmern muß. Er ist ein Wissenschaftler und Techniker aus alter zaristischer Zeit mit Erfahrungen aus dem sibirischen Siedlungswesen. Parteilos, haßt er die Politik wie viele jener Intellektuellen aus alter Zeit, die sich aber mit ihrer Arbeit ganz auf das Neue eingestellt haben. Ich fand nach kurzer ernster Orientierung eine außerordentliche gastfreie Aufnahme und großes Interesse für meine Arbeit. Der Inspektor selber gab mir einen Einblick in die Organisation. Die ganze Kolonisationsarbeit geht von der Murmanskbahn aus. Diese benötigt zum Heranschaffen der Feuerung für die Lokomotiven große Holzlager und viele Menschen zum Fällen der Wälder. In den Kolonien werden vielfach völlig mittellose Bauern aus Zentralrußland angesiedelt. Für diese Zwecke gibt die Murmanskbahn von jedem geschlagenen Stamm 50 Kop. an die Siedlungsorganisation. Der Bauer soll zum Bauen einen Vorschuß von ungefähr 500 Rubel bekommen, die er mit der Zeit abverdienen muß. Aber gewöhnlich kostet ein Bauer, bis er eingerichtet ist, 800 bis 1000 Rubel. Weiter bekommt er unentgeltlich im Walde 200 Stamm Holz angewiesen; will er diese zugeschnitten und herangeführt haben, so hat er 20 Kop. per Kubikfuß zu zahlen. Nun beginnt der Siedler sein Haus selber aufzubauen. An Barmitteln besitzt er gewöhnlich kaum mehr als 3 Rubel. Was er mit sich bringt, ist Handwerkszeug. Die erhöhte Vorschußsumme ergibt sich daraus, daß man die Existenzmöglichkeit des Bauern durch eine Kuh, durch ein Pferd zu sichern sucht. Die Regierung gibt für das Siedlerwesen nichts. Die Murmanskbahn macht alles dies wie ein Unternehmer. Die Konzession läuft vorläufig auf 10 Jahre, von denen 3 vergangen sind. Durch die vielen Erfahrungen geht der Aufbau schnell vor sich. Landwirtschaftliche Stationen zeigen dem Siedler, daß die bisher für dieses Klima angenommenen Unmöglichkeiten der Landbestellung zu überwinden sind. Durch lebendiges Beispiel führt man dem Siedler die Bodenkultur vor Augen. Die notwendigsten Maschinen und Werkzeuge bekommt er leihweise hier geliefert. Eine einfache primitive Unterkunft sorgt für seinen vorübergehenden Aufenthalt während der Orientierung. Sein Vieh kann er in der Stallung für längere Zeit in Pflege geben, bis er seinen Bau fertig hat.

Außer dieser ganz primitiven Unterkunft für die Umsiedler, die vielfach aus sehr bedrängten Verhältnissen in Zentralrußland hier einen neuen Anfang suchen, befindet sich im Süden, in der karelischen Hauptstadt Petrosawodsk ein musterhaftes Haus der Bauern. Dies wird vor allem von den Bauern des karelischen Hinterlandes besucht.

Wie viele der großen Gebäude in Karelien ist das „Haus der Bauern" ein kirchlicher Besitz gewesen. In der Hauptstadt Petrosawodsk war es ein Popenseminar; die dort eingeschlossene Kirche gab einen der besten Versammlungssäle der

Stadt. Hier wurden auch die Eröffnungen der Kongresse abgehalten. Viele bequeme Räume stehen zur Verfügung. Schlafsäle zu 6 bis 8 Betten, alles sauber gehalten. Die Bibliothek ist noch im Werden. Das Lesezimmer mit seinen Zeitungen und Zeitschriften, mit den vielen ausgelegten Broschüren über Pferdezucht, Schafzucht, Bienenpflege, über den Anbau von Korn, Kartoffeln und Gemüse, die Broschüren über die Schädlinge der Landwirtschaft zeigen den Charakter des Hauses. An den Wänden hängen schematische Darstellungen. Die Plakate, die die Parteigeschichte darstellen, sind einfach, lehrreich und eindrucksvoll. Der Leseraum ist groß und hell. Auf den Gängen sieht man die bekannten russischen buntgedruckten Lehrtafeln für Bauern. Die Klubzeitung gemalt und geklebt mit gedruckten Ausschnitten, sachlichen Darstellungen und humoristischen Karikaturen wird von den benachbarten Rotarmisten gestiftet; diese pflegen einen innigen Verkehr mit dem Hause der Bauern. In den unteren Räumen ist die Administration untergebracht und ein lichter, großer Speiseraum. Gepflegte Tische mit hellen Wachstuchdecken. Charakteristisch nordisch aussehende sonnenverbrannte Bauern saßen an den Tischen. Eine Gruppe Kinder aus einem Kinderheim in Padana war hier beim Abendbrot mit ihrem Leiter und ihrer Führerin. Das Heim der Bauern ist seit einem Jahr eröffnet. Dieses Heim ist zuerst dadurch kostspielig, daß ein ganzer Stab von Genossen notwendig ist, um ein derartiges Heim zu einem wirklichen Kulturzentrum zu machen. An das Heim angegliedert wird eine Musterlandwirtschaft. Im großen Saal ist eine ständige Ausstellung der notwendigsten modernen Maschinen. Wer nun vom Lande kommt, erhält hier Nachtquartier und Verpflegung. Der Bauer zahlt 15 Kopeken, der Arbeiter zahlt 30 Kopeken, der Angestellte 50 Kopeken und für das Essen 35 Kopeken. Geliefert wird für alle diese verschiedenen Kategorien dasselbe. Das nächste Heim der Bauern soll im Norden, in Kem, eingerichtet werden. Das Haus war in Anbetracht des nahen Festtages voll besetzt.

Karelien feierte am 11. und 12. Juli seinen fünften Geburtstag. Der Onegasee lag hellblau als Rahmen um das lustige bunte Hafenbild, in das man von oben von der Hauptstraße hinab sah. Breite rote Tuchbänder mit Losungen bewegten sich im Seewinde, die langen Wimpelgirlanden mit Tausenden von bunten Papierfähnchen rauschten und knatterten im Wind. Rote Fahnen wellten an weißen Stangen! Rednertribünen wurden aufgerichtet, Holzbuden entstanden. Trompetenfanfaren! Ein bunt bewimpeltes Auto fährt die Straße herunter und hält. Die Jugend wirft Propagandazettel vom Lastauto und weiter geht es in eine andere Gegend der ausgedehnten Stadt. Überall wurde noch gehämmert, Beleuchtung ausprobiert, Girlanden von Moos und Heidebüschel aufgehängt, das Bildnis Lenins oder seine Büste in Fenstern und auf Postamenten aufgerichtet. Eine breite bunte Menschenmenge wogte durch die Straßen. Aeroplane surrten heran, eine Wolke von gelben Propagandablättern löste sich von ihnen ab, stob auseinander und verteilte sich langsam heruntersinkend über Gärten, Kirchen, Plätze und Straßen. Der Vorabend des Festes hatte begonnen. Am anderen Morgen bliesen Fanfaren von einem Auto das Fest ein. Das fünfte Gründungsfest der Karelischen Kommunistischen Republik. Es fällt zusammen mit dem alten karelischen Petersfest, mit der Städtegründung von Petrosawodsk durch Peter den Großen. Auf dem Platze vor dem Palaste der Arbeit, vor dem Hause der

Padana, 1925

Gewerkschaften sprach der Vorsitzende der Exekutive in russischer Sprache, dann der Präsident der Republik Karelien und darauf der Vorsitzende der Partei. Der Charakter des Festes gab einen umfassenden Überblick über die bisher geleistete kulturelle und wirtschaftliche Arbeit. In einem Technikum, einer modernen Lehranstalt, die sich auf einer Maschinenwerkstätte aufgebaut hatte, waren die Resultate der Erziehung ausgestellt. Die Arbeiten der Kinder bis 8 Jahren umfaßten Papierarbeiten, Flechtarbeiten und Tonmodelle. Von 8 bis 12 Jahren sah man die Komplexmethode sehr weit durchgebildet. Man sah die nächstliegenden einfachen Dinge von Kindern an Modellen gut dargestellt, z. B. was gibt die Stadt dem Lande? Ein kleines Modell einer Kooperative mit allen den wichtigen Waren für die Bauern. Was gibt das Land der Stadt? Heu, Holz, Milch usw. Alles dies muß man sich in kleinen Modellen veranschaulicht denken. So sahen wir auch eine Kraftanlage ganz primitiv angefertigt. Weiter hingen an den Wänden Schemen für die Sowjetorganisation, ferner Resultate der Beobachtungen bei den Besuchen von Fabriken und Dörfern. An alle diese Erziehungsarbeiten ist das pädagogische Technikum aktiv mitarbeitend angegliedert. Über ihm die Losung: „Das Gesicht dem Dorfe zugewendet!" Eine graphische Darstellung, vermittels konzentrischer Kreise, in die, von der Geburt an, alle Erfahrungen der Entwicklungsstadien des Kindes eingetragen sind, zeigt das strenge Forschen der jungen Pädagogen. Bildliche Darstellungen sahen wir: Erfahrungen von Exkursionen. Gute Modellproben für Kleider aus der Frauenabteilung zeigten diese praktische Arbeit und für die Männer lag hier ein vorzügliches Resultat im technischen Zeichnen und eine hervorragende Ausstellung sehr exakt gearbeiteter Werkzeuge, Schraubstöcke, Schraubenschlüssel usw. bis zu einer von den Schülern selbst angefertigten Bohrmaschine, zu der nur die Onega-Fabrik Gußteile, das Gestell, geliefert hatte.

In den Schulräumen der Parteischule war eine hygienische Ausstellung untergebracht, in der in erster Linie der Kinderpflege und der Geburt und dem Mutterschutz der größte Raum gegeben war.

Das Nachmittagsmeeting war am Hafen. Man tauft einen karelischen Hydroplan, der in Leningrad stationiert ist und nun zum Fest herübergeflogen war. Die russischen Hydroplane haben ganz leichte, kleine, ziemlich dicht unter der untersten Tragfläche angebrachte Schwimmer. Diese führen eigentlich nur eine Balanciertätigkeit aus. Das Flugzeug schwimmt direkt wie ein Kahn, zuerst etwas schwerfällig im Wasser. Sehr geschickt war die Abfahrtstelle des Hydroplanes der Landschaft und den Bedürfnissen der Massen angepaßt. Der leicht abfallende, mit runden Steinblöcken besetzte Uferrand hatte an dieser Stelle eine leichte, buchtartige Biegung, in die sich die Menschenmassen auf das malerischste einordneten. Ein ebenso charakteristisches Bild gab der Sportabend an einer ganz anderen Stelle der Stadt. Hier war ein langer ausgebogener Steilhang sehr geschickt als Amphitheater ausgenutzt. Einfache hölzerne Bretterbänke. Unten im flachen Tal der Sportplatz. Die Massen der Arbeiterinnen und Bäuerinnen vielfach weiß, andere in ganz scharf leuchtenden Farben gekleidet, in der Ferne die Kuppeln der Kirchen im glühenden Abendlicht, das gab ein malerisches Lebensbild. Unten auf dem Platze die kräftigen Gestalten der Mannschaften beim Fußballkampf und die elastischen jungen Pioniere bei ihren gymnastischen Übungen. Das Leben und Treiben in der ganzen Stadt war froh und bewegt.

Der landwirtschaftliche Teil der Festausstellung in Petrosawodsk war nicht umfangreich. An Maschinen sah man die Handsämaschine „Planet", Häckselmaschinen, Mähmaschinen, Heuwendemaschinen, den gewöhnlichen Schwingpflug, die Telleregge, Kultivatoren und Zentrifugen.

Das Wirtschaftsleben der Republik war in der Onega-Fabrik anzusehen, woselbst auch das Museum der Eisengießerei angeschlossen ist. Gußstücke, wie Mäntel für Dynamos usw. Die wirtschaftliche Aussstellung zeigte vor allem die verschiedenen Gesteinsproben: Quarz und Feldspat für Porzellanfabrikation. Ausgeführt wird hiervon so gut wie gar nichts, da Sowjetrußland durch die schnelle Entwicklung der Porzellanfabrikation alles benötigt. Ein grauer, schieferartiger Stein fiel uns auf, der sich sehr leicht verarbeiten läßt und trotzdem haltbar ist. Größere Aufträge für die Anfertigung von Hochwassertafeln für Leningrad lagen in Arbeit. Außerdem nutzt man dieses Material für elektrische Schalttafeln. Weiter sahen wir Pflastersteine, Marmor und Porphyr. Uns fesselten hier einige primitive künstlerische Bauernarbeiten in Porphyr: Porträtbüsten. Holz- und Rindenarbeiten nahmen einen breiten Raum ein. Rinden von Ellernbäumen für die Gerberei waren aufgestapelt, die über Petrosawodsk verfrachtet werden, für den karelischen Verbrauch. Wir sahen Übersichten, Karten mit eingezeichneten, meist unerschlossenen Wasserkräften, sie zeigen ein Bild von dem großen Reichtum der nutzbaren Gefälle. Terpentinfabrikation, Brauerei, Fischkonservenfabriken, Möbeltischlerei, das sind die wichtigsten Industriezweige Kareliens. Manche Mineralien, wie Glimmerarten, Marienglas sind interessant, reine kleine Kupferadern wie sie bei den Kanalbauten gefunden wurden, zeigen das Vorkommen auch dieses Metalles. Der Oberste Wirtschaftsrat mit seinen Mitarbeitern war selber in der kleinen Ausstellung tätig, um jeden der Bauern und Arbeiter für die Einzelheiten zu interessieren. Ferner war eine Armee-Ausstellung in der Kaserne aufgebaut: dann hatten die jungen Pioniere in einem alten Birkenpark ihre Tätigkeit gezeigt. Eine Sommerbühne, ein Kiosk, ein gespanntes Segeltuch zwischen vier Bäumen bildeten die Ausstellungsräume. Man sah Konstruktionen aus Holz und aus Papier geflochten und geklebt: Flugzeuge und Gebrauchsgegenstände. Modelle aus Lehm zeigten verschiedene Pionierlager. Viele Wandzeitungen gaben ein mannigfaltiges Bild von der Verbindung der Kinder mit dem Fabrik- und mit dem Dorfleben. Diese Zeitungen waren vielfach Geschenke der Fabrikklubs.

Auf den breiten Straßen bewegten sich die buntgekleideten Frauen der Bauern. Alle Schattierungen von Rosa, Hell-Türkisblau, Gelb: von Zitron, Apfelsin; Rot bis in das tiefste Braun hinein; lange, bauschige Kleider, vielfach aus Seide, aber auch aus schweren atlasartigen Stoffen. Die Männer meist schwarz gekleidet mit rotem Hemd. Man sang Volkslieder, Nationaltänze wurden aufgeführt und die Hydroplane überquerten die weite Stadt.

Sechs Stunden von Petrosawodsk entfernt, mit dem Motorboot über den Onegasee, ist eine neue Industriestadt im Entstehen begriffen: Kondostroi. Der leitende Ingenieur dieser Kolonie nahm mich in seinem Motorboote mit, da ich von Kondostroi aus in das Innere des Landes reisen wollte, um den Wasserfall

Kiwatsch zu besuchen. Wir fuhren von 4 Uhr nachmittags bis zehn Uhr abends. Ein intensives Erleben des nordischen Abends. Die Gemälde des Norwegers Munch wurden in mir lebendig. Die unerhörte Klarheit, die gläserne Tiefe der Farben, Spiegelungen, die bis in die Nacht hinein das goldene Leuchten des Sonnenhimmels wiedergaben und auf der anderen Seite die nächtliche Bläue des Sommers! Schließlich engte sich der See zum Fjord. Unzählige kleine Inseln mit dunklen Baumsilhouetten, Birken, Kiefern, Espen treten auf der ganzen Fahrt bis dicht an den Seerand: Wald immer wieder Wald, selbst die kleinste Steininsel bewachsen mit irgendeinem grotesken krüppeligen Kiefernbaum. Endlich die große Industriekolonie Kondostroi. Doch wenig Aufenthalt, noch nachts um 11 nach einer kurzen Teepause, nahmen mich einige russische Genossen zur Weiterfahrt mit. Es ging zuerst auf schnellen Wagen zu einem höher liegenden See und von hier mit einem schweren Motorboot wieder 6 Stunden durch die einsame Waldwildnis der großen Seen. Wenn die Sonne als Sonnenball von 10 bis 2 Uhr nachts verschwindet, so schwindet keineswegs die intensive Leuchtkraft des Himmels. Als klarer, gelbgrüner Spiegel liegt der stille See vor uns. Wir kommen an kleinen Inseln vorbei, die mit ihren dunklen phantastischen Baumsilhouetten wie aufgetakelte Schiffe aussehen. Wir kommen durch einen verwachsenen engen Kanal, den Peter der Große baute für den Transport des mächtigen Marmormaterials für die Leningrader Bauten. Eine große Eule scheuchten wir auf, Wildgänse gingen hoch, schließlich erreichten wir am flachen Strande ein Dorf. Kleine Badehäuser am Seeufer und mächtige karelische Bauerngehöfte mit geschnitzten Balkonen und Giebelbrettern.

Das Dorf wurde aus dem Schlaf geweckt. Bärtige, schmale, zähe Männergestalten zeigten sich auf der breiten Dorfstraße, verschlafene Frauen drückten die kleinen Fenster auf. Pferde und Wagen wurden herausgezogen. Inzwischen stärkten wir uns durch Milch und Roggenbrot. In den ersten Etagen der Häuser mit breiten Treppenanlagen sind die sauberen Wohnzimmer der Bauern. Das Dorf zeichnete sich durch unerträgliche dichte Schwärme winziger Fliegen aus, der man sich nicht erwehren konnte. Bald brachten uns die Wagen durch den dichten Wald über unbeschreibliche Wege, die mit Knüppeln belegt waren, dem Wasserfall Kiwatsch zu. Der Anblick dieses Wasserfalles des Flusses Tuma ließ alle Schwierigkeiten der Reise vergessen. Breit kommt der schwarze klare Sumpffluß daher, mit immer größerer Schnelligkeit rast er dem Felsen zu, fällt etagenweise, gurgelnd, sich drehend, aufbäumend, herunter in den schäumenden Gischt. Der Wasserfall ist breit, er zerteilt sich in einzelne Fälle, schießt steil zwischen den Graden herab, zerstäubt und wird als Staub wieder hochgetragen und verschleiert die Formen der brodelnden weißen Schaummassen. Ein rund geschlossener Regenbogen steht über dem hohen feuchten Grasufer. Der Fall ist umgeben von den Resten alter Aussichtsbauten, die im großen phantastischen Stil für den Besuch des Zaren Alexander aufgeführt wurden, und nun verfallen. Sie bilden im Angesicht dieser mächtigen Naturerscheinung einen hilflosen und unendlich geschmacklosen Anblick.

Kondostroi, mit seinem unermeßlichen Waldhinterland, hat große Entwicklungszukunft, da die verschiedene Höhenlage der Binnenseen außergewöhnliche Kraftanlagen in sich birgt. Zum Herbst wird ein Kanal beendet, der die Wasser-

Karelische Holzarchitektur
und Kantele (finnische Zither), 1925

massen den Turbinen zuführt, die die elektrische Kraft erzeugen sollen, in erster Linie für eine Papiermassefabrik. Bisher sind fertig die Arbeiter- und Angestelltenwohnungen, Speisehäuser, Arbeiterklub und auch der Kanalbau geht seinem Ende entgegen. An Wasserkräften ist das Land sehr reich und überall sieht man rege Tätigkeit, um die alten Handbetriebe zu mechanisieren. Karelien liefert die besten Pflastersteine. Die Stadt Moskau und die Stadt Leningrad haben die Ausbeutung der großen Steinbrüche; und diese Städte setzen nun alles daran, durch moderne schwedische Steinsägemaschinen die Betriebe rationell einzurichten. Porphyr, Marmor, Glimmer, Marienglas sind verbreitet, Kupfer kommt vor. Doch ist alles noch unerschlossen. Die Gebirgsströme bringen vor allem das Holz herunter zum Onegasee, von dort aus ist bequeme Verbindung zu Wasser bis Leningrad.

Eine alte große Eisengießerei in Petrosawodsk hat heute Beschäftigung mit Turbinenbau. Hier arbeiten ca. 1000 Arbeiter.

Das Leben in der Karelischen Republik ist bedeutend teurer als im übrigen Rußland und die Löhne der Arbeiter sind noch verhältnismäßig niedrig im südlichen Karelien. Überall in der Administration muß auch finnisch gesprochen werden, so daß der Bauern sich in seiner Gebrauchssprache verständlich machen kann. Eine harte Zeit bindet diese vom Schicksal gemeißelten Gesichter. Tiefes Vertrauen, freie Solidarität ist geschmiedet im Brand der furchtbaren Kämpfe gegen die finnischen weißen Banden, die immer wieder in das Land hereinbrachen, um die Bauern zu terrorisieren. Die völlige Unwegsamkeit der Sumpfwälder, der Hunger, die Schwierigkeiten der Verpflegung steigerten den Kampf zu härtester Grausamkeit. Der Marsch ging vielfach bis an die Brust durch Wasser und Morast. Erst als im Winter die besten Skifahrer aus Leningrad im Rücken der weißen Banden eingesetzt wurden, konnte man mit demselben Terror das Land von Bauernhof zu Bauernhof endgültig befreien. Jetzt trägt eine freie Bauernschaft Hand in Hand mit der Masse der Eisenbahn- und Industriearbeiter das Schicksal der Republik, und an der zielbewußten, bewegten Tätigkeit am Aufbau erkennt jeder Reisende, daß hier im hohen Norden eine wichtige Ader der Sowjetunion gestaltend und erhaltend pulsiert.

Die Murmanskbahn führt ununterbrochen durch Wald. Manchmal hat der Brand ungeheure Verwüstungen angerichtet, an anderen Stellen haben die Stürme die hohen natürlichen Granitwälle kreuz und quer mit zerbrochenen Baumstämmen übersät. Goldgelbe Moossümpfe, bestanden mit knochenbleichen toten Tannen zeugen von früheren Bränden und von neuem Wachstum. Denn es brennt in erster Linie im Sommer die dicke völlig ausgetrocknete Moosschicht, dann vernichtet das Feuer rund um die Stämme die Rinde und zerstört das Wachstum der Bäume. Ein Blitzschlag genügt, um meilenweite Strecken in Brand zu setzen. Der Eisenbahnzug muß sich häufig genug in langsamster Fahrt durch den flatternden, knisternden, qualmenden Waldbrand tasten. – Sümpfe, verlassene Blockhäuser und Unterstände ziehen vorbei, dann und wann ein Haufen zerbrochener Schubkarren, alter Stacheldrahtverhau, blinkende Seen, wüstes Steingewirr und plötzlich: der auffallend geordnete Eindruck einer modernen Eisenbahnerkolonie. Ansiedlungen und Sägereien mit Arbeiterklubhaus, gute Bahnhöfe, breite Straßen.

Das beschwerliche Reisen in diesem menschenleeren Lande wird einem durch die große Gastfreundschaft erleichtert. Neben der Eisenbahn ist das Motorboot das Transportmittel. Es gilt, über meilenweite Seen in das Innere des Landes zu kommen. Einen außerordentlichen Schatz von Zeit, von Geduld und – von Lebensmitteln muß man bei sich tragen. Die Julinächte sind hell, klar und warm. Man schläft lieber am Tage im Walde, beim Feuer, um seine Knochen von dem Schlafen auf dem Holzfußboden der Waldarbeiterhütten auszuruhen.

Die landschaftlichen Eindrücke des hohen Nordens sind von einer überraschenden Schönheit. Man landet nach einer sechsstündigen Motorbootfahrt über einen scheinbar uferlosen See in einer silbergrauen alten Stadt. Es ist helle dämmrige Mitternacht. Windschief stehen die mächtigen karelischen Häuser in sich gesunken und verbogen nebeneinander. Zwischen ihnen liegt der scharfgrüne von Schafen kurzgefressene Rasenteppich. Winzige weißbraune Kühe stehen zusammengedrängt an den Häusern und werden von mächtigen Frauen in weißen und roten Kleidern gemolken. Nächtliche Stille liegt über der Stadt, nur das geschäftige Wesen der neuen Ankömmlinge schallt aufdringlich und hart. – Die Stadt (von etwa 300 Häusern) zieht sich an den niederen runden Bergen der Bucht entlang. Am Ufer der Bucht liegt Badehaus an Badehaus, wie es zu jedem der mächtigen Häuser gehört. Das Bad ist für den Reisende eine besondere Erquickung. Auf einem schmalen Steg balanciert er in diese, auf gerammten Pfählen ruhende, Blockhütte; durch ein niedriges kleines Fenster wirft der blanke See sein Spiegellicht auf die hageren nackten Bauerngestalten. Sie haben das Dampfbad für den Gast bereitet und begießen die heißen Steine mit Wasser. Da der Dampf keinen Zusammenstoß mit kalter Luft hat, ist die Atmosphäre im Raum durchsichtig klar aber sehr heiß. Aus Holz sind einige Etagen im niederen Raum angebracht, damit man die heißesten höheren Zonen auf sich wirken lassen kann. Zur Erholung übergießen die Bauern den Gast mit lauwarmem Wasser und geben ihm grüne Birkenruten zum Peitschen des Körpers. Frisch, wie neugeboren, steigt man in seine Keider. In der niederen, wohlgepflegten Bauernstube summt der Samowar, Brot und Milch erwarten den Reisenden.

Der karelische Bauer ist eine zähe, verwitterte Wikingergestalt. Die alten karelischen Kolonien besitzen gutkultiviertes Land, das sich bis tief in die niederen Berge hinein erstreckt. Gerste und Kartoffeln sind die Hauptfrüchte. Der kurze Sommer umrahmt die Felder mit einer üppigen Feldblumenpracht, die Wiesen tragen kräftige Kräuter. Heu und Korn muß auf hohen Holzgestellen im Winde getrocknet werden, denn die früheintretende Regenzeit vernichtet manche gutgereifte Ernte.

Von einem abgelegenen Ort wieder fortzukommen, ist dem Zufall überlassen und man ergreift die nächste Gelegenheit, um an die Lebensader des Landes, an die Murmanskbahn zurückzukommen. An der Bahn blieb ich bei einem Eisenbahnarbeiter. Seine Lebensverhältnisse waren nicht leicht. Kartoffeln und Gemüse war in dieser Kolonie überhaupt nicht zu haben. Der Trost für die Arbeiter ist der Fischreichtum der vielen, vielen Seen. Auch sind die Arbeiter im Winter eifrige Pelzjäger in dieser Gegend. Der Bär, der hier manchmal das mächtige Gewicht von 18 Pud erreicht, der Fuchs, in besonders schönen Exemplaren, Skunks, Hermelin und graues Eichhörnchen, sind sehr verbreitet. – Hier kann man sich also einen guten Nebenverdienst machen, denn der Tagelohn ist niedrig. Unser Arbeiter verdient 38 Rubel im Monat, die Wohnung kostet 1 ½ Rubel, schwarzes Brot 4 Kopeken, weißes 12, Eier 40 Kopeken 12 Stück, eine Flasche Milch 8 Kopeken. Der Eisenbahner, bei dem ich wohnte, hatte von abends 8 bis zum anderen Morgen um 8 Uhr acht durchkommende Züge kontrolliert. Dazwischen liegen Ruhestunden in einem Nachtraum. Nun hatte er 48 Stunden freie Zeit, ordnete sein Angelgerät, um zwei Tage im Walde zu bleiben und zu fischen. Es sind meistens Barsche, die hier gefangen werden; sie sind in großen Massen vorhanden und vierpfündige Barsche sind keine Seltenheit.

In allen Städten sind Speisestuben von der Organisation für Volksernährung eingerichtet. Das Dorf Kandalakscha, der nächste Aufenthalt meiner Reise, war wieder ein Eisenbahnerdorf, das sich an eine alte Fischerkolonie angegliedert hat. Eine Fischkonservenfabrik, Sägereien und Eisenbahnwerkstätten befinden sich hier. Ein breiter, reißender Gebirgsfluß, die Niwa, bringt fortwährend Holzstämme mit sich herunter. Die Oberfläche seiner Mündung in das Weiße Meer ist mit einem weit ausgelagerten schmalen Holzfloß abgesperrt zum Auffangen von Holz, das sonst ins Meer abgetrieben würde. Das Dorf liegt hoch über dem breiten Meerbusen, der mit unzähligen Inseln oder Felsen und Riffen einen großzügigen imposanten Eindruck macht. In dem Dorf wird von den Jugendlichen auffallend viel Sport getrieben. Wenn man in den Arbeiterfamilien lebt, so fühlt man, welche Aktivität und ein wie großes Pflichtgefühl den jungen Pionieren durch die Eltern anerzogen wird.

Das Fischerdorf unten am Rande der Felsen ist alt. Die neueren Ansiedlerhäuser sind praktisch gebaut, dazwischen liegen Hütten aus alten Schiffsbalken, Eisenblechen, Kisten und alten Eisenbahnwagen. Eine lange Dorfstraße, das Rote Dorf besteht ganz aus Eisenbahngüterwagen und ist voll bewohnt. Wie überall an der Mumanskbahn sieht man häufig Chinesen, die vom Bahnbau zurückgeblieben sind und hier eine Familie gegründet haben. Kandalakscha hat in erster Linie russische Bevölkerung, wie alle Orte am Weißen Meer. Die Weiterfahrt nach Chiwine geht durch ziemlich bedeutende Berge vulkanischen Ursprungs, kahl, mit tiefen Rinnen und Höhlungen. Chiwine ist eine einsame Kolonie am Imandrasee unterhalb eines hohen, weit hingelagerten Gebirgstockes. Auf der anderen Seite des Imandrasees befinden sich große Urwälder, in denen die Lappen mit ihren Rentierherden leben. Das letzte Gewitter hatte durch Blitzschlag den Wald in Brand gesteckt und schwere weiße Rauchwolken wälzten sich über den See und verdeckten schließlich die Aussicht auf das Gebirge. Das Wasser der Seen im nördlichen Karelien ist kristallklar und nicht so fischreich wie das moorbraune Wasser der Seen Mittelkareliens. Oben auf den Gebirgen gibt es wenig Wild, desto belebter sind die jenseitigen Ufern des Sees. Am Ende des Dorfes Chiwine liegt eine wichtige agrarische Versuchsstation, die nördlichste dieser Art. Günstig gelegen auf einem niederen Hügel sehen wir ein praktisches neues Holzhaus mit Nebengebäuden. Das Haus ist umgeben von vielen kleinen Versuchsfeldern und einem umzäunten Mittelpunkt mit meteorologischen Apparaten. Das Resultat der meteorologischen Beobachtungen wird täglich an die Zentrale Leningrad telegraphisch weitergegeben. Ein großer, verandaartiger Glasraum des Hauses ist für wissenschaftliche Arbeit, Zubereitung des Pflanzen-

Kandalakscha, um 1925

und Saatmaterials eingerichtet. Von dort aus geht inmitten des Hauses ein schmaler Gang, an den sich drei Zimmer und eine Küche angliedern. Alles ist geräumig und in tadelloser einfacher Holzbauweise aufgerichtet. Das Klima ist warm und frisch im Sommer, im Winter soll es auch nicht zu so großen Kältegraden kommen, wie im übrigen nördlichen Rußland, doch sind die kalten Winde sowohl aus dem Süden, wie aus dem Norden sehr unangenehm für die Bewohner des Hauses.

Nach stundenlanger Fahrt verwandelt sich der See in einen Fluß, der schließlich immer breiter und ruhiger wird. Auch der Charakter des Waldes ändert sich. Am Imandrasee fuhr der Zug durch einen mächtig vom Winde aufgepeitschten Waldbrand. Alter Tannenwald mit dichter Moosschicht. Viele Arbeiter waren beschäftigt die Telegraphenstangen, die Holzvorräte und die aufgestapelten Schneeschutzgatter vom Feuer zu isolieren. Später kamen nur niedere Laubwälder und sehr üppiges Gras, nirgends Zeichen von Brand. Plötzlich endet das schmale Tal, zwei Ströme treffen sich, ein breiter Fjord liegt vor uns. Kola, 200 kleine schwarzgraue Holzhäuser, eine große weite Holzkirche mit grünen Kuppeln. Alle breiten Straßen und Wege mit einem dichten grünen unbefahrbaren Rasenteppich überzogen, den die Schafe kurz halten. Einige größere Gebäude sind vorhanden und die Reste eines primitiven Hafens. 1854 wurde die Stadt mit samt einer der berühmtesten alten Holzkirchen durch die Engländer bis auf ein einziges Haus niedergebrannt. Ein Teil der Stadt liegt hoch. Das benachbarte Murmansk ist eine zwölf Jahre alte Stadt, eine Stadt aus Baracken, Unterständen, Holzbuden, zusammengezimmert und allem möglichen Material, unter dem Wellblech und alte Eisenbahnwagenreste die Hauptrolle spielen. Einige neue, sehr gute Siedlungshäuser aus Holz fallen auf und große Magazine. Die Lage der Stadt, umschlossen von Bergen, ist sehr günstig. Lange Güterzüge, viele Gleise über die Straßen hinweg, große Hafenanlagen und ungeregelte Straßenzüge. Die Wohnhäuser tragen vielfach einen budenartigen provisorischen Charakter, Felsblöcke, Steine und Baumstümpfe liegen und stehen zwischen den Häusern. Mächtige borstige Schweine und stämmige Ziegen treiben sich dazwischen herum. Die lange Mole des Hafenbildes mit den vielen Schiffen gibt dem ganzen Stadtbild den Charakter. Der Basar inmitten der Stadt aus kleinen Holzbuden ist äußerst primitiv, dazwischen haben die Chinesen ihre kleinen Verkaufsstände aufgebaut: Seife, Äpfel, Bonbons, Brot, Zigaretten. In der Stadt Murmansk wird stark gebaut und man sieht solide Holzbauten mit künstlerischen architektonischen Lösungen. Der Hafen ist für größte Schiffe zugänglich. Es lagen zwei russische Kriegsschiffe vor Anker.

Am anderen Morgen ging mein Dampfer nach Archangelsk ab. Ein silbergrauer Regenmorgen, zwischen den Bergen hingen die weißen Nebelschwaden. Majestätisch ruhten die Panzer im spiegelglatten Wasser. Die Schiffe begrüßten sich mit ihren Fahnen und unsere Reise begann. Die Fahrt durch den Golf von Murmansk ist unvergleichlich schön. Die Struktur der rundgeschliffenen Felsen, die Linien der Berge, die sich immer wieder überraschend verschiebenden Perspektiven der Buchten, Inseln und Steinhänge bieten dem Auge fortwährend neue Reize. Die Berge sind kahl; Gras und Moosflächen suchen sich Platz zwischen den Felsen, überpelzen die Hänge, nehmen tiefgrüne Färbung an den

Raddampfer „Maxim Gorki“, um 1925

Olenji, Hafen am nördlichen Eismeer, 1925

Karelien, Komplexbild, 1926

Wasserstellen an. Der untere Felsenrand am Meer hat rötliche, porphyrartige Farbe, für einen Maler ist wohl das größte Erlebnis in dieser nordischen Natur die ungeheure Kraft und die außerordentliche Variation der Farbe Grün. Sie geht durch alle Töne, der gelben, goldigen, rostbraunen Schattierung bis zum kältesten blaugrün. Manchmal sind die Ränder am Felsen durch leuchtend gelbes Moos oder durch blühenden Steinbrech eingefaßt. Auf den Felsen wuchern die silbergrünen und schwärzlichen Flechten. Weiß rinnen die kleinen Bäche ins Meer, das eine durchsichtig weißgrüne Farbe hat. Wie Perlenmuster erscheinen die Vogelmassen, die sich an den Uferrändern in die Felsformationen hingesetzt haben.

In einer engen Bucht hinter einer Insel liegt Alexandrowsk. Kahl sind die Häuser in die Felsen eingenistet. Wir nahmen Kohlen auf. Am Kai standen Massen leerer Fischtonnen. In Alexandrowsk befindet sich ein wichtiges biologisches Institut. Von nun an begann ein besonderer Charakter der einzelnen Häfen am Nördlichen Eismeer. Tiefe gute sichere Häfen, aber mit so engen natürlichen Einfahrten, daß unser Schiff vor den Einfahrten sich verankern mußte. Es lag dann häufig im Schutze schwer umbrandeter Klippen. Die Navigation in diesen Gewässern verlangt eine außerordentliche Geschicklichkeit. Die mächtige Hochseebewegung des Polarmeeres wiegt den Dampfer in großen Schwingungen und es müssen die Fischtonnen, das Seehundsöl eingenommen werden und die Passagiere sind ein- und auszubooten. Manchmal weitet sich in der Ferne die Küste zu einem breiten Strand, auf dem die großen Schuppen, Wohnhäuser und auch die Kirche liegen. Man sieht noch gute schwere Kühe weiden. Je mehr nach Osten desto schwieriger die Häfen. Die Bewohner machen einen gesunden, äußerst rassigen, zähen Eindruck. Ihr Leben ist auch gut organisiert. Da hier oben kein Holz zu haben ist, so verlassen die meisten Fischer zum Herbst die Küste und fahren über das Weiße Meer nach Kem oder Kandalakscha, wo sie ihre Familien haben. Sie kommen dort hin zu einer Zeit, wo ein feinschmeckender kleiner Hering unter dem Eise gefangen wird. Nach unserer Einfahrt in das Weiße Meer flaute die Hochseebewegung ab, es kommen kurze Stoßwellen. Das Wasser verliert seinen durchsichtigen Charakter und wird schließlich gelb. Die waldigen Ufer des Gouvernements Archangelsk werden sichtbar.

Die Einfahrt nach Archangelsk auf der Dwina ist wohl einer der großartigsten Eindrücke eines indrustrialisierten Flusses. Schon von weitem empfindet man den Holzgeruch. Dann reihen sich am Ufer Flöße an Flöße. Die einfachen Hebemaschinen (Paternosterwerke) lassen in kurzen Absätzen Stamm auf Stamm, abgeschält und in gleicher Länge geschnitten, auf einen Stapel gleiten, der viele hundert Meter ins Land hineingeht. Diese mächtigen Stapel machen von weitem den Eindruck wie Salinenwerke. Dazwischen liegen die Holzbearbeitungsfabriken, wo das Holz zu breiten Bohlen und Brettern geschnitten wird. Auf langer Fahrt sieht man nur die leuchtenden Farben des Holzes, die Bewegungen der Maschinen und der Holzarbeiter und Flößer. Dann kommen die Seeschiffe, Norweger, Engländer und Russen mit praktisch eingerichtetem Ladebau für die Verfrachtung von Holz.

Die Hauptverkehrsader von Archangelsk geht parallel mit dem Fluß. Am Hafen liegt der ausgedehnte Markt von Bauernprodukten und Fisch. Vorzügliche Butter, Milchprodukte, Obst und Waldfrüchte. Die Stadt war von durchreisenden Bauern außerordentlich überfüllt, das „Haus der Bauern" bis auf den letzten Platz besetzt. Überall fallen Reinlichkeit der Speisehallen und Kooperativen sowie ihre moderne Betriebsorganisation auf.

Die Rückfahrt nach Moskau ging über die Dwina hinauf. Der Verkehr auf der Dwina von Archangelsk ins Binnenland nach Kotlas wird von mächtigen Flußdampfern aufrechterhalten. Die Dampfer haben amerikanische Bauart, um für die Passagiere viele Kabinen und große Speiseräume zu erhalten. Alles ist auf Licht, Luft und großen Raum eingestellt.

Der Fluß hat zuerst eine große Breite mit vielen flachen Inseln, die zum Teil gutes Wiesenland sind und von vielem Vieh beweidet werden. Direkt an den Ufern kommen zuerst noch Flöße, Holzlager und Holzbearbeitungsfabriken, später erhöhen sich die Ufer. Tannenhochwald tritt bis an den Uferrand. Den Dörfern sieht man eine gewisse Wohlhabenheit an. Die Kirchen sind schablonenhaft. Der Viehbestand in dieser Gegend ist besonders gut. Ein großer Teil von Rußland und auch vom ausländischen Markte wird von hier aus über Wologda mit Butter versorgt. Die Käseproduktion hat holländische Art. Am Unterlauf des Flusses sieht man Windmühlen, die dem Lande mit seinen flachen Inselweiden einen Charakter geben, der Holland ähnelt. In den Waldgegenden wird von den Bauern in primitiver Form die Bereitung von Holzteer und Terpentin betrieben. Der Vertrieb dieser Produktion ist in Verbänden konzentriert. Die Ufer der Dwina ändern sich. Eine Strecke des Flusses geht durch steil abfallende Kreidefelsen; an Stellen mit seichten Sandbänken sieht man viel aufgestellte Fischnetze. Die Ufer sind fruchtbar, mit der Kreide wechselt lehmiger Boden. Viel Gerstenbau und Viehzucht; die Pferde sind klein. Die Häuser tragen den Charakter des zweistöckigen nordrussischen Bauernhauses, mit einer Einfahrt in die zweite Etage über eine schräge Brücke. Die Türen und eingebaute Möbel findet man häufig geschnitzt und bunt bemalt.

An Bord unseres Dampfers, der eine ziemlich große Matrosenbesatzung hatte, befanden sich übrigens auch zwei deutsche Universitätsgelehrte, die die russische Kultur und Volkskunst studierten. Sie gehörten der Gesellschaft der Freunde des Neuen Rußland in Deutschland an, mit deren Hilfe die Reise organisiert war. – Der Endpunkt der Flußfahrt war Kotlas; von hier aus ging die Bahnfahrt über Wjatka nach Moskau zurück. Der Eindruck des nördlichen Rußlands war: moderne Organisation der Wirtschaftsquellen, überall reges Leben im Aufbau neuer Formen des gesellschaftlichen und wirtschaftlichen Lebens.

1926

ZENTRALASIEN TURKESTAN TATSCHIKISTAN

Veröffentlicht unter dem Titel „Reisen in Zentralasien" in der von Vogeler mitherausgegebenen Zeitschrift „Fontana Martina", Ronco, in Fortsetzungen Heft 4–7, Dezember 1931 – Januar 1932

Von Berlin über Moskau nach Taschkent, Ura-Tjube, Samarkand, Baku. Danach Moskau, (bis Dezember 1926). Diese Reise ist mehrfach geschildert worden: Von Heinrich Vogeler in einem weiteren Bericht, der von Erich Weinert in das Buch „Heinrich Vogeler", Erinnerungen" (Berlin DDR, 1952) aufgenommen wurde. Daraus ist zu entnehmen, daß Vogeler von Samarkand aus die Fahrt allein fortsetzte, mit der Eisenbahn durch die Wüste über Aschchabad nach Krasnowodsk fuhr und mit dem Schiff über das Kaspische Meer nach Baku gelangte. Seine Reisegefährten kehrten indes nach Moskau zurück – das waren, nach einer weiteren Beschreibung der Exkursion von seiner Frau Sonja Marchlewska in ihrem Buch „Eine Welle im Meer" (Berlin DDR, 1968) zwei Studenten, der Hund Lajka und sie selbst.
Oktober/November 1926

Der lange Eisenbahnzug der Strecke Moskau–Samarkand setzt sich langsam in Bewegung. Auf den breiten bequemen Holzbänken richtet man sich für die Fünftagereise ein. Kein Platz ist zuviel ausgegeben; jeder hat seine volle Bequemlichkeit für die Nacht.

Bald hat der Zug schnelle Fahrt; er überquert die Oka und die Moskwa und durchzieht eine weite Kornebene. Der Wald verschwindet, Haferfeld an Haferfeld reiht sich auf. Herbst. In den Erdfalten liegt der Nebel in langen Fladen. Stoppelgraue Häuser ziehen sich in Gruppen, Reihen und einzeln zu den saftgrünen Mulden hin; bilden breitgelagerte Dörfer, eingebettet in grüne hohe Hanffelder, aus denen bei den Hütten viereckige Flächen gelber Sonnenblumenkulturen hervorleuchten. Die mächtigen Erdrundungen wellen sich hin, spalten, brechen auf, borken ab und zeigen an den Rändern krauses üppiges Gras. In Simbirsk kommt etwas Wald auf niederen Gebirgszügen. Tiefschwarz ist die Erde, der Hafer dicht, hoch und schwer im Korn. An großen Strecken Hirse eilt der Zug vorbei. Die Berge zeigen weißgraues Gestein, vom Wald eingedeckt. – Dann kommt die Wolga: aus der Ferne silbern leuchtend mit gelben mächtigen Bänken, tiefen Buchtungen und flachen Waldrändern. So breitet sie sich hin als silberner Spiegel und als biegendes Band bis in tiefe dunstige Fernen. Wir fahren auf dem hohen Steilufer des Flusses.

Nach Samara beginnt die Steppe. Flach, grau, verbrannt, mit wenigen grünen Weideflächen in breiten niederen Mulden; kahle Rundhügel, farblos; winzige Dörfer, Pferde- und Kamelgespanne. Viehherden – Viehherden, Rinder, Pferde. Dann ein tiefliegender, bebuschter Fluß – die Samara. Bei den Dörfern reiche Ernte in hohen Haufen, neben denen die Häuser fast verschwinden. – Fern die flachen Linien kahler Berge. An der Bahn entlang manchmal eine weitgedehnte Pfirsich-Plantage, ein gutgepflegter Obstgarten, Unternehmungen der usbekischen Eisenbahn. Sonst sind Obstbäume selten in dieser Kornkammer Rußlands.

Orenburg, am unscheinbaren Uralfluß hingelagert wie ein breites Dorf, über dem aufdringliche Kirchensilhouetten prahlen. Nachdem – unfruchtbare Steppe. Die Traktoren, selbst die Kamele verschwinden. Das Gebirge ist fort. Einsame Steppe bis zum Horizont. Hockende Steppengeier auf Stoppelrest. Weißgrauer Sand, harte, niedrige rote Pflanzenbüschel. Der Zug eilt durch die 3000 Kilometer tiefe Kirgisensteppe. Weiße schimmernde Salzflächen. Strahlend blau ein See. Eine graue Lehmwürfelstadt. Endlich ein Wechsel: Spitzgewellte Sandhügel, Ginster, gelbhaarige Stachelpflanzen, niedriges Weidengestrüpp, Sandhafer, in den Mulden hartes Schilf – eine Dünenlandschaft. Die Dünenspitzen kronenartig umkränzt mit silberdurchleuchteter Blütenpracht – ein fantastisches Gepräge in der Salzsandwüste, ein verlorener Reichtum. – Einzelne Filzzelte (Jurten) der Kirgisen leuchten auf. – Steppe, braune, tagelang.

An einer leuchtenden Tagesstunde ändert sich das Bild: der Horizont scheint weißglühend, die Wüste sonnengold – hineinschiebt sich das helle Türkisblau des Aralsee in seiner Reinheit, die man nie vergißt. Schiffe liegen am Strand und auf dem See, unwirklich in ihrer farbigen Dunkelheit, wie ausgeschnittene Silhouetten auf leuchtenden hellen Farbtönen. Verwitterte mongolische Fischer verkaufen meterlange geräucherte Fische. Kirgisenfrauen mit Milch sind am Zuge; breite milde Mongolengesichter und ausgetrocknete faltige Frauentypen mit

Ruhende Feldarbeiterinnen, 1928

schlau blinzelnden Schlitzaugen. – Die Köpfe umrahmt von mächtig ausladenden weißen Kopftüchern, wie wir sie ähnlich auf dürerschen Holzschnitten aus dem Mittelalter sahen. – Manchmal wird die vegetationslose Landschaft von kleinen Salzseen unterbrochen; blaue Spiegel von weißer Kruste eingefaßt, um diese einen Kranz von hohem grünen Buschwerk, in denen braune Kamele weiden, die die langen weidenartigen Zweige herunterziehen und sich so durch das Grün des Buschwerks hindurchfressen.

Die Wüste zeigt immer mehr buschartige Pflanzen. – Ruinen von Wohnungen, Kirgisenjurten; zum Kamel kommt der Esel, Schafe, Ziegenherden. Neben dem wolligen, plumpen zweihöckerigen asiatischen Kamel weidet das schlanke afrikanische einhöckerige.

Getrocknetes Grünzeug liegt hochgeschichtet auf den Flachdächern der Lehmhäuser. In der Ferne blaues Bergland. Und wieder kahle Wüste. – Wenn man den Abend auf der asiatischen Flachsteppe erlebt, die sich nach allen Richtungen zum Horizont bis in die Unendlichkeit zu weiten scheint, so sieht man im Westen den glühenden Sonnenuntergang, der vielleicht noch einige kupferfarbene Wolkenfetzen auf schwefelgelbem Himmel zeigt – aber gleichzeitig steigt vom östlichen Horizont die azurblaue Nacht herauf: violett aufsteigend mischen sich ihre tiefen Farbklänge mit dem rötlich verschwindenden Tag. –

Turkestan. Vermehrte Siedlungen, umstanden von grünen Maisfeldern. Starke Baumgruppen, Sümpfe, Wasser, Obst, Wein, hohe Lehmmauern – Baumwollkulturen. Gärten und flache Häuser, weißrindige Pappeln, winklige Straßen, hochrädrige Karren, Reiter, Kamele, – Taschkent!

Unter dunklen Bäumen, vor dem Bahnhof, hocken und lagern an schmalen, grauen, trübfließenden Kanälen reisende Usbeken und schwarzverschleierte Frauen. Das ließende Wasser zieht den Muselmann an – selbst in dieser unhygienischen Form! – Ein mächtiger Verkehr durchflutet die Stadt. Ausgedehnte Basare zeigen den Reichtum an Früchten aller Art. Das Eingebornenviertel, die große alte Stadt ist hügelig und winklig. Die usbekischen Typen der Männer machen vielfach einen behäbigen, genießerischen Eindruck im Vergleich zu den verwitterten mongolischen Steppenreitern und Karawanenführern, die in den engen Gassen mit ihren Kamelen durchziehen. Die Köpfe dieser Nomaden sind wie von Wind und Sonnenbrand gemodelt, ausgehauen und gedörrt.

Die Nacht brachte uns noch nach Ursatevskaja. Auf dem Steinfußboden der Bahnstation ist unser Nachtlager. In der Morgendämmerung, im besetzten Personenauto durch die Steppe. Die Fernsicht grau und kühl. – Tiefer, voller Klang heranziehender Kamelkarawanen. Weißbeturbante Eselreiter eilen zum nächsten Dorf. Würdig wiegend zieht eine Karawane vorbei: Kamele, den Kopf phantastisch geschmückt mit maskenartiger Wollaufzäumung, dicken farbigen Quasten an den Backen herunterhängend, die Traglast mit farbigen Teppichgeweben eingedeckt. Unser Wagen rattert platschend durch schnell rauschende Berieselungswasser, vorbei an kleinen Oasen. Immer dichter schließen sich die Siedlungen zusammen, biegen ab von der Steppe in die Flußtäler; daneben klettert die Wüste weiter, die steilen, zerklüfteten Kahlberge hinauf. Wir biegen ein, das Tal nimmt uns auf. Zwei mächtige Lößhügel lassen eine breite Einfahrt durch; verfallene Wehrtürme, breite Mauerreste schauen auf uns herab. In wenigen Minuten

„Alte Kugelulmen zeigen am Dorfbeginn den schattigen Rastplatz für Wandernde", 1926

hält die Maschine mitten auf dem Basar von Ura-Tjube, im Tagesgewühl des orientalischen Handels, umgeben von Teestuben (Tscheichanas) und Schauläden. Blank bricht die Frühsonne durch die hohen Mattendächer des Basars. Messerschmiede, Seidenhändler und Tuchverkäufer, Fruchthändler und Schlächter, Messingtreiber, eine große Kooperative Töpfer mit mächtigen Tonvasen und anderen Gebrauchsgeschirren. Brothändler schreiten durch das Gewühl, balancieren auf dem Kopf das schmale Brett mit den flachen, runden Broten, der Lipioschka. Eselreiter drängen sich durch, Pferdereiter. Nie sieht man eine Frau. Der Handel unter den bärtigen Muselmännern ist lebhaft, die Qualität der Waren gut, die Konkurrenz groß. Tagsüber hockt, heute wie seit je, der Muselmann auf den tiefrot gemusterten Teppichen der Teehäuser und schlürft aus der henkellosen Schale den Tee. Die breiten, aufgestuften Hallen der Teehäuser sind immer besetzt. Der Teehausverwalter setzt die Wasserpfeife in Betrieb, legt ein Stück glühender Holzkohle auf die Tabakfüllung, mit Saugen und Blasen bringt er den Apparat in Funktion und reicht ihn weiter. Kommt ein neuer Gast hinzu, so erhebt sich einer der Hockenden, geht dem Kommenden entgegen; man reicht sich die Rechte, bedeckt sie mit der Linken; man löst sich, umarmt sich mit Würde, streicht sich den Bart, hockt nieder und empfängt die hingereichte Teetasse des Nachbarn.

Wir steigen durch die engen fensterlosen Gassen hinauf auf den steilen Lehmwall der Stadt. Unter uns liegt das unentwirrbare Gewürfel der niedrigen flachgedeckten Häuser. Moscheen mit Gärten und uralten Bäumen bieten Orientierungspunkte, auch der Fluß und sein breites von Bäumen bestandenes Bett. Schwarzgrün stehen die Laubmassen im Ockerweiß der Hütten. Ein natürlicher Wall umfaßt die Stadt. Turmreste, Mauern und Laufgräben zeigen den früheren Schutz der Stadt gegen Überfälle der Wüsten- und Gebirgsräuber. Steigen wir hinunter in die Gassen: die Häuser haben kein Gesicht. Gelbe hohe Lehmmauern, sehr selten ein flach heraustretender Balkon, verschlossene kleine silbergraue ausgeblichene Haustüren, mit einigen Kerbschnitzlinien verziert, zeigen das Vorhandensein menschlicher Wohnungen. Ein im Teehaus gewonnener usbekischer Freund ruft uns herein. Wir treten in seiner Begleitung durch die Straßentür in einen dämmrigen Stallgang und auf einen sonnenhellen winkligen Hof.

Im Hof ein schöner, bis an die Ohren eingedeckter Grauschimmelhengst und eine Kuh. Ein Brunnen, ein paar kleine Bäume, ein blühender Oleander – aber an der steilen Holztreppe zur hohen verglasten Ballustrade, zu den Balkons und zu den Wohnräumen bäumt sich belfernd ein wüster Kettenhund, ein breiter mächtiger Kerl, der nach den Erzählungen des Besitzers schon manchem Wolf das Genick brach. Ein kräftiger junger Usbeke setzt sich schwer auf den Rücken des Hundes und hält ihn nieder; erst dann können wir mit dem Freund die Treppe hinaufsteigen. Das nach außen so unscheinbare Gemäuer hat Glanz und freudige Wohnlichkeit von innen. Vor uns ein weites, leeres, mit Teppichen belegtes Gemach, Flachwände mit Nischen, Borten und geheimnisvollen niedrigen Türen. Alles aus weißgrau bis hellgrün bemaltem und lackierten Holz, die Zimmerdecke ähnlich aufgeteilt, manche Flächen mit zierlichen, persischen Blumenmalereien, einem Granatapfelbaum oder einer zarten Hängeweide bemalt. Aus den Borten nimmt der Usbeke farbenprächtige, dick wattierte Seidendecken und Kissen, mit denen wir uns ein Lager auf den Teppichen bereiten. Der Gastgeber setzt zwischen uns einen großen, flachen Messingteller auf den Teppich mit Trauben und Mandeln; er hockt nieder und teilt mit seinem krummen Sartenmesser eine Wassermelone (Arbuse). Wir blicken zum Hof, die ganze Wand ist aus Glas. Die Frauen des Gastgebers können wir Männer nicht sehen; aber unsere Reisegefährtin besucht die Frauen in ihren Wirtschaftsgemächern. Die Frauen verlassen das Haus nur unter den dichten schwarzen Pferdehaarschleiern; sie sind im Hausdienst versklavte Geschöpfe. Eine ältere Frau, wohl 40 Jahre, – noch nie in ihrem Leben hat sie das Innere der Stadt, noch nie den Basar betreten. Wenn auch diese ältere Generation resigniert mit ihrem schweren Schicksal fertig wird, finden sie sich alle in Einem: in der freudigen Hoffnung auf ihre Kinder, auf die Jugend. Sieht man diese frohen Mädels und Jungens zusammen aus der Schule kommen, so fühlt man den neuen Geist, der auch in die dumpfe Luft der Frauengemächer dringen muß.

Abends sitzen wir in einem blumigen Teegarten mit kleinen Teichen, auf deren Wasserfläche sich unter dem warmen Licht der Laternen die krause Pracht der Astern spiegelt. Usbeken summen mit geschlossenen Zähnen melancholische Weisen. Ein junger Muselmann gibt uns durch seine persönlichen Sorgen einen Einblick in das Jugendleben der Geschlechter. Der Jüngling ist verlobt, das angelobte Mädchen hat er nie gesehen. Die Mutter des Jungen feilscht seit Jahren um den Preis. Die Mutter knüpft das Verlobungsband, schildert dem Jüngling die Schönheit des Mädchens und gibt die Forderungen für die Ausstattung weiter. Während dieser Zeit führt der junge Mensch ein wahres Bummelleben, in dem die Knabenliebe eine Hauptrolle spielt. Seiner Mutter hält er das Sartenmesser unter das Gesicht, mit der Todesdrohung, wenn die ferne Braut nicht genau so wie die Schilderung ausfallen sollte. – Der junge Asiate hat inzwischen aus den Innenfalten seines Mantels einen schlanken Vogel, eine Kampfwachtel, herausgezogen und massiert ihr während der Unterhaltung die Schenkel. Der Wachtelkampf ist für die Muselmänner das aufreizendste und wichtigste Glücksspiel, das alle Leidenschaften löst und das Messer lockert.

In Ura-Tjube mußten wir uns einen Tragesel kaufen. Das „lange Ohr", der glänzend funktionierende Nachrichtendienst der Eingeborenen, hatte unseren Wunsch sofort bis in jede Hütte getragen. Von nun ab wurden wir von allen käuflichen Eseln der Stadt begleitet. Aber wir fanden auch auf dem Eselmarkt nichts Passendes; die einen zu jung, die andern zu alt, viele durch Schläge und Druckstellen verletzt. Ein witziger Eselagent, der uns bis in das Stadtinnere verfolgte, verlor den Mut nicht. Ritt er einen Esel vor, der uns wieder mißfiel, so nahm er unmerklich mit seinem linken Unterbein den linken Vorderfuß des Esels hoch, so daß das arme Biest nur auf drei Beinen unter dem lustig grinsenden Reiter weiterhumpeln konnte; strahlend und bewundernd lobte er dann unsere außergewöhnlichen Eselkenntnisse. Da kommt nun aber im flinken Trippelschritt ein kräftiger Landesel, belastet mit einem dicken Bäuerlein, die Gasse herauf. Ohne die Situation im ersten Moment zu begreifen, ist das Bäuerlein „abgesessen worden", auf eine Lehmmauer gesetzt und ideologisch für die Situation bearbeitet. Mit 40 Rubel für den Esel werden wir handelseinig und am andern Tag beginnt der Marsch in das Gebirgsland der Tatschiken.

Tatschikistan ist das letzte autonome Sowjetgebiet an der Grenze von Afghanistan. Durch dieses Gebirgsland rauschen die grauen Gletscherflüsse vom Pamir der Wüste zu. Tausendjährige Berieselungskulturen befruchten die eingeengten Ländereien der Dorfoasen in den kahlen, baumlosen Gebirgstälern. – Aus dem breiten Flußbett ziehen wir hinauf über kleine Gebirgsdörfer, die die Bergkegel umtreppen. Auf jeder Stufe eine rauschende Berieselungsrinne, daneben ein schmaler Weg. Durch die Gartenmauer fließt der Bach in den Wein- und Obstgarten. Der Muselmann stellt seine Schlafstätte, die hochbeinige, teppichbelegte flache Holzpritsche gern über das rauschende Wasser; denn er hat das Bedürfnis, das lebenspendende Element auch in den Ruhestunden der Nacht hören zu können.

Die Hochebene. Gerstenstoppel. Große Taubenschwärme. Tiefschwarze Erde. Schwarze Ochsen vor schweren Holzwalzen, die die harten Brocken der aufgebrochenen Erde zerkrümeln. Hohe Kornpacken kommen auf der breiten Straße heran; unter ihnen wird der schwarze, weißbeschnauzte Eselskopf sichtbar und die unentwegt trippelnden Füße der kleinen Tragtiere. –

Im tatschikischen Gebirge. – Schneewolken hängen grau bis zum Schneerand der Berge. Finster schwingen sich die Wolkenlinien über die Hochebene. Die Sonne sinkt. Ein graues Lehmdorf. Ein weiter baumloser Dorfplatz. Von den Dächern der Häuser und von den Mauern stürzen sich wüste Wachhunde. Männer in phantastischen bunten aber verwitterten Gewändern: Rufe und Steinwürfe nach den Hunden. – Die Männer treten aus dem Dämmer des Platzes auf uns zu, in dem Augenblick bricht die Sonne noch einmal durch: breite, faltige Männergesichter leuchten rot auf. Groteske, tiefviolette Schatten wachsen auf der geröteten Lehmwand hoch. Herbstkälte. Die Bauern mit uns in das „Mimon Chana", in das Unterkunftshaus: ein langer, kahler Raum, Wände mit hohen Nischenfächern. Am Ende des Raumes ein mächtiger Kamin mit eingebauten Sitzen. Die Bauern machen ein Holzfeuer. Kuhfleisch, Zwiebeln, Kartoffeln und Reis dünsten bald in einem halbkugelrunden Eisentopf unter einem Holzdeckel.

Dem Hochgebirge zu. Ferne Schneespitzen. Steilaufragende Bergschroffen. Flachgelagerte fruchtbare Muränetäler, in denen tiefeingegraben zwischen senkrecht abfallenden Uferbrüchen der Fluß tobt. Manchmal zeigt das ausgewaschene Ufer Formationen wie Orgelpfeifen, kunstvoll ziehen sich durch diese auf gewisser Höhe die schmalen Berieselungsrinnen, verschwinden in wohlkonstruierten Tunnelbauten und treten an anderen Stellen wieder rauschend ans Tageslicht.

Im schnellen Schritt eilt ein Reiter vorbei, belastet mit einem Holzpflug. In den letzten Dörfern vor dem Paß wird besonders eine Ölpflanze gebaut und auch gleich ausgepreßt: in einem stubenbreiten, tiefen, runden Loch, das mit einem Dach überbaut ist, steht in der Mitte ein großer, mörserartiger Trichter, in dem ein Schwengel sich dreht und die Ölfrucht zerquetscht, wenn der in der Grube rundum laufende Gaul sich an dem Gestänge fortbewegt.

Das Land ist waldkahl. In den unbewohnten Seitentälern soll es noch große Zedernbestände geben. Wir treffen den letzten Europäer, einen langen, sehnigen jungen Reiter in der üblichen schwarzen Lederjoppe des russischen Arbeiters: Forstinspektor, hat hunderte von Kilometern nach Raubbau des Zedernbestandes

Das Tal des Serafschan, 1927

zu beobachten und die Holzräuber abzufangen. – Nun wird das Tal wilder und völlig unbewohnt. Letzte Stadien vor dem Aufstieg, – eine rauchgeschwärzte Höhle. Eine Jagd auf wilde Truthühner fällt ergebnislos aus, wir müssen uns mit einigen muskelzähen Berghühnern begnügen. Schwerer Aufstieg. Nacht, Mondschein. Ein zweiter Esel mit Treiber begleitet uns vom letzten Dorf. Die Traglast ist auf beide Esel verteilt.

Oben liegt Schnee. Eine frische Bärenspur kreuzt den Weg. Vor dem Abstieg meldet sich bei einem von uns die Bergkrankheit; unendliche Schwäche, Übelkeit, Schwindel. Zwei fassen an zum Abstieg. Kahles, steilabfallendes Trümmerfeld aus losem Schieferschotter. Hohe schwarze Bergmauern bauen sich auf. Der Mond verschwindet. Stundenlang kein Wasser. Abstieg. Wegloses Tasten. Abstieg. Nur schwarze Bergmauern bauen sich auf. Das Tal engt sich. Wasser! -rauschen. Tasten über hängende Brücken. Einem Rieselgraben entlang. Wasserläufe. – Dunkle Lehmmauern. Hundegebell. Wecken fremder Menschen. Führung auf ein Hausdach. In Decken und Felle gewickelt frierender Schlaf.

Erwachen auf einem breiten Hausdach, unter uns das Lehmdorf. An der schmalen Lehmtreppe steigt ein müllerweißer Mullah hinauf. Er trägt einen großen Messingteller mit getrockneten Pfirsichen, mit Mandeln und trockenen Maulbeeren; dann bringt er grünen Tee und rundes, hartes Gerstenbrot. Die Unterkunft ist ein mächtiger Lehmbau; der Mullah ist der frühere Besitzer, dann wurde das Haus Kaserne für die Rote Armee, die das Land von den Gebirgsräubern säuberte. Auffallend ist hier in diesem Gebirgsnest, fern von aller Kultur, daß die Kulturarbeit der roten Armee überall erkennbar sich zeigt, – und zwar vor allem unter der Jugend, die sich russisch verständigen kann.

Man trifft in diesem Land äußerst selten Europäer. Auf der anderen Seite des Gebirges hatten wir noch eine Zeltexpedition von Wasserbau-Ingenieuren getroffen; hier trafen wir später nur einen gut berittenen Studenten vom Landwirtschaftlichen Institut Taschkent. Er reitet von Dorf zu Dorf mit Saatgutproben, empfängt die Versuchsresultate und hält überall kleine aufklärende Besprechungen ab.

Das Reisen in Zentralasien hat eine große Erleichterung darin, daß es seit den ältesten Zeiten Sitte war, den Wandernden in einem Unterkunftshaus, das jedes Dorf besitzt, kostenlos zu beherbergen. Die Bevölkerung der Berge ist ein elastischer, mittelgroßer iranischer Stamm; dunkelhäutig, spitzbärtig, manchmal rothaarig und blauäugig. Zuerst mißtrauisch, nie unterwürfig, gastfrei. Die primitiveren Berghirten sind frei, wie ihr schlanker, wiegender Schritt, offen und zutraulich. In einigen Dörfern findet man indische Eingewanderte.

Frauen die im Gebirge manchmal schleierlos arbeiten, verschwinden bei der Annäherung von Männern sofort hinter dem nächsten Lehmgemäuer oder niederhockend in einer Geländefalte. – Mit Stolz und Freude empfängt der aufgeklärte, junge Tatschike den wandernden Europäer in seinem Obstgarten, ruft Frau und Kind heran, die sich zu uns auf dem ausgebreiteten Teppich unter die Obstbäume setzen. Später, beim Abmarsch, sehen wir den jungen Dorfkommissar am Ausgange des Dorfes, mit den Dorfarmen und einer kleinen Gruppe von Pionieren einen großen vertrockneten Garten durch Anlegung von Berieselungsrinnen zu neuem Leben zu bringen.

Mondnacht in der usbekischen Wüste, 1940

Die Wege: kahl sind die steinigen Gebirge, in deren Randabfällen die schmalen Eselpfade eingeritzt sind. Die Schluchten überbrückt mit schwankenden Stegen. Kommt man zuerst über den Paß in dieses Land und sieht die dünnen Weglinien in die Bergkanten eingeschnitten, sieht ganz unten in die Gletschermoräne eingegraben den eisgrau dahinbrausenden Serafschan und über der dünnen Weglinie die erdrückenden, steilen Gebirgsmassen aufgebaut, dann hat man das Gefühl der völligen Ungangbarkeit dieser einsamen Gebirgswelt. Aber bald ist man gezwungen, selber auf diesen schwindelerregenden Linien mit dem Packesel zu wandern und schnell gewöhnt sich Körper und Geist an diese neue Wirklichkeit. Auf weite Entfernung sieht man das Herankommen einer Eselkarawane, eines Reiters oder eines Packesels und sucht sich einen Fesspalt oder einen Vorsprung, um den Entgegenkommenden Platz zum Passieren zu machen. Auf dem Marsch finden wir an einer Stelle glatte Basaltsteine, in die runen-artige Zeichen und sehr lebendig geformte Zeichnungen von Steinböcken eingeritzt sind. Der Wüste zu breitet sich das Tal, der Serafschan verzweigt sich in viele Wasserarme, die wieder künstlich gefaßt und den Baumwoll-Kollektiven und Dorfoasen zugeführt werden. Nie mündet dieser mächtige Gletscherfluß – die letzte Baumwollpflanze verarbeitet seinen letzten Wasserrest!

Von Penjikent sind es noch 60 Kilometer nach Samarkand. Feiner Lößstaub bis zum Knöchel, brennendster Sonnenschein. Unmöglich zu Fuß zu laufen. Wir fahren nachts auf einem Karren mit zweimeterhohen Rädern. Über uns wölbt sich ein tonnenförmiges Sonnendach, die hohe Einspänner-Scherendeichsel liegt auf dem Rücken des Pferdes, hinter dem Widerrist; an der Stelle, wo die Deichsel aufliegt, sind beide Scherenschenkel durch ein Bockbrett verbunden; hierauf hockt der melancholisch vor sich hinsummende Muselmann. Den sinnenden Alten befällt später die Angst vor den Wüstenräubern, den Basmatschiks. Häufig hält er an, zeigt mit dem kurzen Knüppel auf die blauen Bergzüge unter dem leuchtenden Mond; er steigt von seinem Hockbrett in den Wüstenstaub, wandert neben der hohen Karre, steckt aus irgendeiner abergläubigen Furcht ein Streichholz an, das er sich beim Vorwärtswandern in der hohlen Hand vor das Gesicht hält, bis es verglüht. Dann sucht er sich auf russisch verständlich zu machen. Es sind Verhaltungsmaßregeln: „Nehmt die Schußwaffen (die wir gar nicht bei uns hatten) und schießt viel, wenn sie kommen, – aber trefft nicht, sonst sind wir verloren!" – Doch nichts rührt sich in dieser silberblauen Mondnacht.

Bei Tage ein Kreuzungspunkt alter Karawanenstraßen. Wilde Gestalten verwitterter Kirgisen in verstaubten grauen Pelzen schaukeln auf hohen Kamelen an uns vorbei, gefolgt von Lastkamelen. – Eine alte Karawanserei, ein Hof zur Aufnahme und zum Schutz von Hunderten von Kamelen, ummauert von haushohen Lehmwänden. – Teesstuben. Arbusenverkäufer.

Gegen Abend Samarkand. – Bewegtes Leben. Zuerst noch zwischen mauerumgrenzten Baumwollfeldern und Obstgärten. Dann der Basar und über ihn hinwegragend die kunstvollen Reste der Priesterseminare aus der Zeit Tamarlans. Unter ihren Mauern, auf dem breiten Platz, drängen sich die Bauern, hockend auf Pferden, Eseln und Kamelen, starren hinauf zur Tempelfront und hören den – – Radio-Lautsprecher! In usbekischer Sprache sendet er die Nachrichten über die Arbeit der Wasserbau-Ingenieure, über die landwirtschaftlichen Aufgaben in den

Rote Karawanserei in Turkmenien, 1926

Kollektiven der autonomen Republik Usbekistan im Rahmen des Fünfjahrplans der Sowjetunion. – Neben der uralten muselmanischen Berieselungstechnik setzt hier die Technik des modernen Ingenieurs ein, um die brachliegende reiche Fruchtbarkeit des Wüstenbodens für den Baumwollbau zu wecken. Das vermittelt der große Schalltrichter.

Samarkand muß zu Zeiten seiner Hochblüte, vor etwa 1000 Jahren, einen außergewöhnlich farbenprächtigen Eindruck gemacht haben. Die besten chinesischen, persischen und arabischen Künstler arbeiteten hier, um die hochaufragenden Lehmbauten mit dem Schutz und Schmuck der blaugelbweißen Blumen- und Tierkeramik zu bekleiden. – Rücksichtslose Raubzüge abendländischer sogen. Kulturvölker haben Schmuck und Schutz von den Wänden abgerissen für ihre Museen. An einzelnen Resten kann man sich noch ein Bild machen von der vergangenen Pracht: Helle türkisblaue Majolikakuppeln in schwarzgrünen Laubbäumen, seltsam leicht zum tiefblauen Wüstenhimmel aufsteigend, getragen von lichtweißen Wänden mit kraftvollen, blumigen Fliesenbändern. Die Höfe der Seminare sind umschlossen von Zellenwohnungen der Gelehrten und Studenten. Hochaufragende Minaretts betonen die vier Ecken der Architektur. Verschiedene Moscheen beherbergen die Gräber der Anverwandten Tamarlans, Moscheen, deren keramischer Schmuck zu dem schönsten gehört, was wir in der mohamedanischen Kunst kennen.

Für den oberflächlichen Beschauer scheint das privat-wirtschaftliche Handelswesen auf dem ausgedehnten Basar, der sich unter den hohen Kunstbauten hinbreitet, noch ein bedeutender Wirtschaftsfaktor zu sein; doch im Herzen des Basars wächst die Kooperative, durch deren Apparat das Brotgetreide, die Industriewaren für den Hausgebrauch und für die Landwirtschaft dem Konsumenten zufließen. Nur von dem ausschlaggebenden Rohprodukt des Landes merken wir an dieser Stelle wenig: der Baumwolle. Abseits hinter den Häusern und Lehmmauern liegen zwischen rieselnden Gräben die wohlbehackten Buschbeete der Reichtumsquelle Zentralasiens. Fruchtbarster Lößboden, rieselnde, künstliche Wasserrinnen, dauernde Sonnenbestrahlung und sorgfältige Hackkultur der usbekischen Bauern und Bauernfrauen legen hier den Grund für die wirtschaftliche Unabhängigkeit der Sowjetunion vom ausländischen Rohstoff für die Textilindustrie. Wir erkennen in der planmäßigen Arbeit der Wasser-Ingenieure und Agronomen, in der Verausgabung von 102 Millionen Rubel im laufenden Jahr für Berieselungszwecke und in dem vollendeten Ausbau der Turksib-Bahn vom Herzen der sibirischen Kornkammer über Wüsten und Steppen und durch das mineralreiche Altai-Gebirge in dieses Zukunftsland, den weit ausschauenden Blick der Sowjetregierung, die planmäßige Arbeit einer sozialistischen Bedarfswirtschaft. Die Bahn von Nowosibirsk über Semipalatinsk-Frunse nach Taschkent erweckt die wirtschaftlichen Kräfte einer Fläche von 700 000 Quadratkilometern mit 1,5 Millionen Einwohnern, die zu über 50 % Weizenanbaufläche ist. Von den Bewohnern dieser Fläche sind 930 000 Ackerbautreibende, 600 000 Nomaden. Ein außerordentlicher Viehreichtum wird erschlossen. Holz kommt in das waldarme Turkestan. Vom extensiven Körnerbau wird das wertvolle Land der intensiven Baumwollkultur zugeführt. Das Land erhält sein Brot aus den reichen Kornkammern Sibiriens. Die modernste Technik bringt neue Wasserzufuhren aus

Zentralasien, Komplexbild 1927

dem Pamir und aus dem Altai-Gebirge. Überall wachsen mit den wirtschaftlichen Aufgaben auch neue Kulturaufgaben. Praktische Arbeit auf Sowjetgütern und Kollektivwirtschaften. Weitertragung der Erfahrungen durch Radio. Agronomen bereisen das Land zur Aufklärung und zum Studium. In den großen Oasen und Ansiedlungen wächst die neue Schule, räumt die traditionellen Hindernisse fort, lockert die schöpferischen Kräfte der heranwachsenden Jugend und bereitet sie vor für die planwirtschaftlichen Aufgaben. Die Jugend marschiert; froh und lebendig sehen wir in Samarkand die Mädchen und Jungen zusammen aus der Schule kommen, – gleiche Lebensziele binden sie – scheu drückt sich die schwarzverschleierte Frau durch die Lehmgassen wie das Symbol einer sich selber ausschließenden, sterbenden Welt; aber ihre Schwestern kämpfen auch für sie, wollen für alle Frauen des Orients die Fesseln zerbrechen.

Helfend zur Seite in diesem Kampf stehen ihnen die Kinder, steht die Jugend und die Schule!

Baku, Komplexbild 1927

1934/1936

KARELIEN

Veröffentlicht unter dem Titel
„Landschaften und Menschen
des Sowjetnordens"
in „Internationale Literatur"
Moskau, Jg. 8, Heft 12, 1938.
Der Bericht wurde auch von
Erich Weinert für das Buch
„Heinrich Vogeler/Erinnerungen"
als Schlußkapitel – „Die neue
Heimat" – herangezogen

Malauftrag für das ethnographische
Museum in Petrosawodsk.
Die hier veröffentlichten Aquarelle
befinden sich heute im Staatlichen
Landesmuseum in Petrosawodsk.

FAHRTEN

„Aha, Chudoshnik!" („Aha, der Künstler!") Mit diesem Ausruf beugte sich ein mächtiger Rotarmist über mein Lager auf dem Fußboden eines karelischen Bauernhauses und hängte Koppel und Mütze an das weitausladende Elchgeweih, an dem auch meine Sachen hingen. Müde von weiten Wegen und von unterbrochenem Schlaf war ich aus meinem ersten Schlummer erwacht und sah, wie sich das niedrige große Zimmer mit Rotarmisten füllte, die sich ihr Lager auf dem Fußboden bereiteten und die das Nachtmahl einnahmen. Wo war ich denn? Von der Bahnstation war ich vor vier Tagen als einziger Fahrgast auf einem Lastauto meine hundertdreißig Kilometer gefahren und hatte bis Mitternacht, auf meinem Gepäck hockend, vor einem Bauernhaus gewartet. Es war bitterkalt, aber vor einer eiskalten langen Nachtfahrt hätte die überhitzte Bauernstube mir schaden können. Endlich löste sich von der fernen hellbeleuchteten Autostation die merkwürdige Silhouette eines Lastautos und schwankte heran. In der Dunkelheit erkannte ich: im Ladekasten baut sich ein Gebirge von Mehlsäcken auf, darüber ruht ein mächtiges Ruderboot, mit Stahltrossen am Wagenkasten kunstvoll vertaut. Das Boot wiederum dicht beladen mit Preßheu bis in schwindelnde Höhe. Ich kletterte hoch, ließ mein Gepäck auf gut Glück zwischen den Heuwürfeln versacken und verankerte mich, so gut es ging, zwischen Säcken und Drähten, eingehüllt in Pelz und Schlafdecke, selber nur noch ein Sack, aber gefüllt mit dem Bewußtsein: nur nicht schlafen, nur nicht von der schwankenden Fuhre hinausgeworfen werden in den verschneiten, verödeten nächtlichen Wald. So begann die rasende schleudernde Fahrt bei mehr als dreißig Kältegraden über die ausgefrorenen Wegspuren. Hundertdreißig Kilometer Wald, Wald, Wald. Manchmal hatte man den Blick auf einen Fluß. In zaristischer Zeit waren nur der Fluß und einige halb versunkene Bohlpfade die Verkehrswege. Man benutzte ein Boot und arbeitete sich im Sommer mühselig den reißenden Waldfluß hinauf. Immer wieder mußte man bei Stromschnellen und bei Wasserfällen das Boot tragen, zu Lande über holprige Bohlpfade, die wie schwimmende Brücken auf den Sümpfen lagen, oder über steile Granitfelsen. Jetzt ist das Lastauto das Hauptverkehrsmittel und überwindet in Stunden das, wozu man einst Tage brauchte. Auf einigen Seen verkehren im Sommer Motorboote; im Winter bringen Propellerschlitten die verantwortlichen Genossen über die Seen in schnellster Fahrt in die entferntesten Gegenden ihres Rayons.

Nach hundertdreißig Kilometer wechselten wir den Wagen. Das neue Lastauto war mit Schaufeln und mit weißgestreiften Matratzen beladen. Die kannte ich schon: der Scheinwerfer unseres Autos hatte während der rasenden Fahrt am Wegrand im Wald ein paar Exemplare beleuchtet, die aus dem voranfahrenden Auto herausgehupft waren. Die nächsten sechzig Kilometer waren mit dieser leichteren Last leichter zu ertragen. Es war hell wie am Tag. Der Wald hatte einen seltsamen Charakter. Kahl und knochenbleich, manchmal auch schwarz verkohlt, reckten sich die mächtigen Stämme mit ihren krummen Ästen hoch. Jede dieser toten Kiefern war umkränzt von Generationen grüner frischer Tannen, die größten nah angelehnt an die toten, die kleinsten in weitem Umkreis. Wüst und ungangbar mußte der schneebedeckte Waldboden sein, denn wilde

Arbeitsplatz der Holzfäller,
Siedlung Isku, 1934/36

Unebenheiten und dunkle Höhlungen ließen die Trümmer vergehender Waldreste ahnen.

Am Seerand stieg die Straße an. Eine schnurgerade, breite Bärenspur überquerte den See, umschleifte irgendeine interessante Entdeckung auf dem Eis und setzte ihre Richtung zum Ufer fort . . . Es kam ein offener Fluß, schwarz glänzend, mit silbernem Gekräusel. Am Hochrand des Ufers standen alte verfallene Blockhäuser, und ein Wachtturm, aus dünnen Stangen gezimmert, mit einer verfallenen Leiter und mit einem schief gesackten Holzschindeldach, offenbar eine alte verlassene Sträflingskolonie. Die Maschine nahm Wasser. Am Fluß war eine Raststätte für Pferdeschlitten. Aus einem querliegenden hohlen Baumstamm kräuselte feiner Rauch. Das ist die übliche, von allen und für alle gepflegte Feuerstelle an der karelischen Waldstraße. Wir kochten uns Tee und Reis. Fast nie trifft man Fußgänger auf den tage- und nächtelangen Fahrten durch die Wälder, selbst Schlitten sind eine seltene Erscheinung in diesen unbewohnten Gegenden. Zeitraubende Begegnungen haben die Lastautos jedoch oft, wenn ihnen andere auf den schmal festgefahrenen Wegen entgegenfahren. Wer beim Ausweichen von der Spur kommt, sackt ab in den meterhohen Schnee und versinkt halbseitig oder ganz. Dann wühlt man sich bis an die Brust durch den Schnee zum Baumbestand und muß Holz schlagen, Wege bauen, Hebel ansetzen, damit die Räder des gestrandeten Wagens harte Unterlagen fassen können. Einmal überholten wir eine ganz phantastische Erscheinung im Urwald, die uns zuerst den schmalen Weg zu schließen schien: vor uns wurde ein großes schwarzes Motorboot mit einem roten Kiel auf mächtigen Schlittenkufen von Raupenschleppern durch den verschneiten Wald gezogen.

Der Weg stieg wieder an, er wand sich auf ein Plateau. Ein paar Baracken, ein langer Pferdestall, ein Magazin, eine Militärstation, eine kleine Holzbude. Hier war die Autoverbindung zu Ende. Die Holzbude ist das Büro des Stationsleiters. Innen: ein Fenster, davor ein Tisch und ein Hocker, an jeder Seite eine eiserne Bettstelle. Inmitten des Zimmers ein eiserner Ofen.

Tag und Nacht, fast immer sind sowohl die Betten wie auch der Fußboden mit schlafenden Menschen belegt. Unter diesen müden Gästen lag ich und horchte gespannt auf Gespräche, die mir das Weiterkommen ermöglichen könnten. Der nächste Tag war sonnig. Die Spechte hämmerten im Wald. Auf den Fässern des Magazins saßen rotbraune und grüngelbe Kreuzschnäbel und pfiffen.

Zwei Tage vergingen. Endlich. Es fehlte eine Person, um auf sechzig Kilometer die Führung eines Pferdeschlittens mit fünf Sack Mehl, mit einer Kiste Getränke und einem Sack Zucker zu übernehmen. Diese Person wurde nun ich, warf Pelz und Schlafsack auf die Ware und nahm den großen schwarzen Gaul am Zügel. Es folgte ein zweiter und ein dritter Schlitten mit dem Transportleiter in Rotarmistenuniform. Hügelige Landschaft. Wald, dann Sumpf mit dünnen Zwergkiefern, deren Zweige mit ihren dürftigen gelb-grünen Nadeln sich krümmten wie bei uralten Bäumen. An einzelnen Stellen des Sumpfs fing sich das schwindende Sonnenlicht golden auf blinkenden Eisflächen. Weiter, durch Wälder und über Seen. Einmal hatten wir auf sechzig Kilometer Nachtruhe.

In der Abenddämmerung, als wir einen großen See überquert hatten, erhoben sich vor uns am Ufer die klotzigen schwarzen Silhouetten breitgiebeliger Bauern-

Holztransport in Karelien, 1935

häuser. Wir spannten aus, stellten die Pferde unter und fütterten sie. Aus einem kleinen hochliegenden Fenster kam ein Lichtschein. Ich erkannte dann und wann den scheinbar überlebensgroßen Schattenriß eines bärtigen Bauern vor einer flackernden rötlichen Beleuchtung: sie ging von einer Hand aus, die einen Kienspan hielt. Es näherte sich eine andere Hand mit einer Tasse dem Samowar, bediente sich, und dann versank das Ganze wieder in Dunkelheit . . . Über breite feste Treppenstufen tasteten wir uns in das Haus hoch, überquerten einen geräumigen Vorplatz mit Fässern und Truhen und fanden die niedrige Tür zur Stube. Zu Ehren der eingetretenen Gäste wurde der Kienspan mit einer Petroleumlampe vertauscht.

Eine karelische Bauernstube ist niedrig, aber sehr groß, meistens mehr als acht Meter im Quadrat. Eine breite Bank läuft um den ganzen Raum an den Wänden entlang. Neben der niedrigen Tür hängt von der Decke eine Kippkanne mit Wasser aus Messing, darunter steht ein hölzerner Bottich zum Auffangen des gebrauchten Wassers. Bettstellen kennt man in Karelien in den Bauernhäusern nicht, man schläft auf den breiten Bänken und auf dem Fußboden, die ehrwürdigen Alten haben ihren Platz auf dem mächtigen Ofen, der einen großen Teil des Zimmers einnimmt. Gäste werden in diesem Land stets freundlich aufgenommen.

Meine rückwandernden Gedanken schwanden, ich versank in festen Schlaf. Beim Erwachen sah ich, wie die Rotarmisten sich zum Abmarsch fertigmachten. Ich suchte nach einer Fahrgelegenheit zu meinem Endziel. Vor dem mit schwedisch-roter Farbe gestrichenen Lagerhaus mit den weißen Fensterrahmen stand eine blonde Rentierkarawane; die sonnenbeleuchteten Geweihe der vielen Tiere wirkten wie ein verästelter Frühlingswald. Jedes Rentier war vor einen Schlitten gespannt, der zwei Sack Mehl trug. Je zehn Schlitten waren hintereinandergebunden. Bald ging die Fahrt unter der Führung verwitterter Bauerngestalten über Seen und Sümpfe in ferngelegene Siedlungen. Bei der Unzugänglichkeit dieser wasserreichen und sumpfigen Gegend wird die Verproviantierung über Eis und Schnee ausgeführt. Im Winter ist alles mit Schlitten und Schneeschuhen erreichbar.

EINE INDUSTRIE-INSEL IM WEISSEN MEER

In der Flößerkolonie unterhalb der letzten Stromschnellen hielt ich mich einige Tage arbeitend auf. In dem breiten Fluß wurden die Stämme zu mächtigen Flößen zusammengestellt. Die Gestalten der Flößer und ihre Arbeit fesselten mich. Aber ich mußte weiter zu meinen künstlerischen Aufgaben im Sägewerk. Man wies mich zur Flußmündung, von dort aus, vom Anleger, würde mich schon ein Bugsierer mitnehmen. Aber es kam keiner. Lang saß ich auf einem hohen Granitfelsen und hielt Ausschau. Ein Boot, überfüllt mit Arbeitern, setzte zum andern Ufer hinüber. Ein hartes Stück Arbeit. Der reißende Fluß versuchte das Boot zu drehen mit dem unentwegten Verlangen, den Kahn in der Richtung zum offenen klippenreichen Meer, zu romantischen Abenteuern abzudrängen. Der Brückenwächter wies auch mir ein Boot zu. Ein Ruder war da, eines schlug er mir aus einer alten Planke mit der Axt zurecht. Ich solle das Boot am andern Ufer ver-

Entladen der Schere beim Flößen, 1934/36

tauen, von dort könne man zu der Insel auch zu Fuß gelangen. Ich wollte nicht auf eigne Faust, ohne die Erfahrung, die die Einwohner haben, die gefahrvolle Fahrt unternehmen, wenngleich ich so manches Mal auf der Ruderbank eines größeren Fährboots voller Passagiere neben einer kräftigen Bauersfrau oder neben einem Jungen das zweite Ruder geführt hatte. Man konnte da ohne Gefahr über alle Fährnisse des Flusses setzen, aber die verantwortliche Hauptarbeit lag dann nicht bei uns, bei den Ruderern, sondern bei dem Mann am Steuer, bei dem Fährmann, der mit außerordentlicher Geschicklichkeit dem Boot in den Schnellen die richtige Wendung gab und dem Stoß der heranschießenden treibenden Stämme auswich. Hier trieben zwar keine Stämme mehr, aber die Gewalt der wirbelden, rasenden Gewässer verschlug mir jede Lust zu romantischen Abenteuern. Endlich, im Fluß aufwärts, drehte ein Bugsierer bei und pumpte in zwei schwere hölzerne Schuten Trinkwasser für die Insel. Der Wächter ruderte mich hin und setzte mich in einer der Schuten ab. Nachdem die Schuten gefüllt worden waren, drehte der Bugsierer im weiten Bogen stromabwärts, und langsam fuhr er mit den Wasserschuten im Schlepptau ins offene Meer. Offen kann man es eigentlich nicht nennen. Auf der einen Seite verschwand das Ufer nicht, auf der andern tauchten immer wieder Riffe und Schären auf. Einige hatten sogar Baumbestand, ja kleine Fischersiedlungen. Es war Ebbe. Goldrot angestrahlt von der tiefstehenden Sonne, leuchteten die granitenen Felsen aus dem Meer, als lägen sie auf einer weißglühenden Metallplatte. Meeresvögel schwebten und flatterten über den Riffen.

In einem kleinen Hafen der Insel; zwischen dem Sägewerk und dem unabsehbaren Holzlager landeten wir. Hier beginnt der Ladekai. Griechische, englische, norwegische Ozeandampfer machen hier bequem vom Meer aus fest, um ihre Laderäume mit fertiggeschnittenen Brettern und Kantholz zu füllen, mit karelischem Holz, welches infolge seines langsamen Wachstums und seines stetigen Kampfs mit der rauhen Natur eine so zähe Festigkeit erlangt hat, daß es sich eine wichtige Position auf dem Weltmarkt zu erobern vermochte.

Der Ladekai wurde mein Hauptarbeitsplatz auf der Insel. Hier war tags und nachts lebendiges Leben bei der Verfrachtung von Holz auf ausländische Dampfer. Im Hochsommer bleiben die Nächte hell. Die Autotransportmaschinen der Komsomolzen, die ganze Stapel Bretter erfassen und in schnellstem Tempo auf den gedielten Holzbahnen zur Ladestelle heranrollen, kommen in regelmäßigen Arbeitsrhythmus, die Ladebrücken vom Kai zum Schiffsdeck bis an die Luken sind aufgerichtet, die Windeketten an den Schiffsmaschinen klirren, die Ladebäume schwingen vor, die Stahltrossen erfassen die Holzstapel, rutschen die Verladeschräger hinauf, schweben hoch und versenken sich in den Bauch der Ozeanriesen. Unten am Kai messen und buchen die Verladebrigadiere die angerollten Stapel. So geht es pausenlos Tag und Nacht. Indes haben die arbeitenden Sowjetmenschen immer noch Zeit und großes Interesse für die Arbeit des Malers. Da bemerken sie irgendeine Anordnung auf dem Bilde, die ihnen nicht gefällt, die nur zufällig, aber für den Arbeitsprozeß nicht typisch ist. Oder sie machen mich auf einen bestimmten Arbeitertyp aufmerksam: „Sieh dir diese kleine Dicke dort an, die haben wir uns aus einem Kolchos geholt, und nun ist sie schon unser bester Brigadier."

Im Sägewerk, um 1936

Die Matrosen gehen in ihrer Freizeit auf die Insel in den Klub, spielen Schach und Domino und lesen Zeitungen, die in den verschiedensten Sprachen im Lesezimmer ausliegen. Wenn der Abend kommt und wenn die Handharmonika im Freien auf dem gedielten Tanzplatz vor dem Klub ertönt, mischen sich die Matrosen der ausländischen Dampfer unter die tanzende Jugend.

Jetzt hört man aus der Ferne die festen Marschrhythmen eines herrlichen Gesangs, fast nur Frauenstimmen, und bald erscheinen zwischen den dunklen Holzhäusern hell und farbig gekleidete Frauen und Mädchen mit weißen Kopftüchern in freier Marschordnung. Schichtwechsel. Sie ziehen zum Sägewerk. Frohsinn und Freude an ihrer Arbeit und dem neuen Leben spricht aus diesen kräftig ausschreitenden Menschen.

Die karelischen Frauen lieben ungemusterte Kleiderstoffe in bunten Farben. Sie stellen ihre Kleidung auf vielfältige Varianten einer Grundfarbe und entwikkeln dabei einen ungewöhnlichen Farbensinn. Da ist eine Frau in Gelb, eine in Blau, eine in Rot oder Braun; eine versteht aus allerlei Abtönungen von Weiß bis Mausgrau eine warme Freude und Sympathie zu erwecken. Aus der Ferne, aus der schwergrünen moosigen Küstenlandschaft mit den vom Schneesturm zerfetzten und verkrüppelten Kiefern und Tannen leuchten manchmal diese heiteren Farben der Frauen, die Waldbeeren sammeln, hervor, oder die Farben flammen auf, wenn das scharfe nordische Sonnenlicht die Kleider der Mütter mit ihren Kindern bestrahlt, die in kleinen Gruppen über die goldbraunen, in der Flußmündung hingelagerten Holzmassen belancieren um einen geeigneten Badeplatz für die Kleinen zu finden. Mittags begegnen wir den Kindern der Insel von neuem in der öffentlichen Speisehalle unter der unauffälligen Leitung ihrer Lehrerin. Mit einer auffallend disziplinierten Lebendigkeit besetzen die Flachsköpfe in Gruppen ihre Plätze. Die fröhliche Gesellschaft durchaus neuer und charakteristischer Kindertypen erregt freudige und zukunftsfrohe Gedanken. Durch alle Lebhaftigkeit hindurch spürt man das in diesen kleinen Sowjetmenschen erweckte Verantwortungsgefühl und seine organisatorische und schöpferische Auswirkung.

Fast alles, was man auf unserer granitenen Insel sieht, ist aus Holz, nur dann und wann liegen zwischen den Häusern graue Granitblöcke und kleine smaragdgrüne Wiesenfetzen, auf denen weiße Ziegen weiden. Auf der silbergrauen gebleichten hölzernen Fahrbahn steht vor jedem der dunklen Häuser ein rotgestrichenes und ein gelbes Wasserfaß, eins gegen Feuer, eins für den Haushalt. An der Straße haben die Raucher ihre abgeschlossenen Plätze mit Bänken um eine Wassertonne. Täglich natürlich auch nachts, kann die Feuerwehr zu einer beliebigen Zeit alarmiert werden.

Meine Schlafstelle befindet sich im „Haus des Zugereisten", in einer kleinen Gemeinschaftswohnung für etwa zwölf Personen. Hier übernachten junge Holzarbeiter aus den verschiedensten Teilen der Sowjetunion. Werkführer vom Sägewerk machen sich mit der hiesigen Praxis bekannt und gliedern sie in den Betrieb ein. Nach einiger Zeit kommt ein Ingenieur, erhält inmitten der Arbeiter ein Bett, packt Pläne und Photos der neuesten Maschinen aus, und nun beginnt für die Insassen die technisch-wissenschaftliche Arbeit. Nach einigen Wochen erscheint ein höherer wissenschaftlicher Arbeiter in unserem Raum als neuer Bewohner, der die bisher geleistete Arbeit der Studierenden kontrolliert und

Neue Wohnung eines Arbeiters, 1934/36

prüft. Die ausgebildeten Holzarbeiter reisen mit ihrem Ingenieur zur Weiterbildung an andere Plätze. Außer dieser lehrreichen Schlafstelle war mir ein ausgezeichneter heller Raum in der Schule, die grade renoviert wurde, für die Bearbeitung meiner Malstudien zur Verfügung gestellt worden. Überall, auf meinen vielmonatigen Wanderungen und Arbeiten in der Karelischen Autonomen Sowjetrepublik, erfuhr ich durch die Praxis, wie stark die Stalinsche Sorge für den Menschen bei den Arbeitern und Bauern dieses Landes verwurzelt ist; aber ich fühlte auch, welch tiefer Lebensverbundenheit mit diesen Menschen wir Künstler bedürfen, um zu einem sozialistischen Realismus gelangen zu können. Und zu einem der Stalinschen Epoche würdigen monumental-heroischen künstlerischen Ausdruck, der den schaffenden Kräften des sozialistischen Aufbaus ein dauerndes Denkmal setzt.

SIEDLUNG „INTERNATIONALE"

Es fährt sich nicht schlecht auf einem federlosen karelischen Bauernwagen. Man liegt wie in einer abgerundeten Schale. Da sind keine kantigen Winkel und Ecken. Die Seitenwände sind halbrund, und eine Graspackung, auf der man liegt, trägt dazu bei, die grausamen Stöße der granitenen Steinblöcke auf den Waldwegen abzufangen. Ein schnelles, kleines, rotbraunes Pferd mit hellem Schwanz und heller Mähne reißt das eisenbeschlagene, dunkelgrün gestrichene Fuhrwerk über alle Fährnisse des Wegs hinweg. Es braucht keinen Ansporn durch den Wagenlenker. Dieser, ein alter Kolchosbauer, dessen Blicke aufmerksam und unermüdlich über die Gegend schweifen, hat eine offenkundige Ähnlichkeit mit der bekannten antiken Senex-Büste, selbst die Haarsträhnen hängen bei ihm so in die verwitterte Stirn wie bei dem tausendjährigen Abbild.

Ich kam aus jenem waldlosen südwestlichen Teil des Landes, den die Einwohner gern „karelische Ukraine" nennen. Manches ähnelte hier den norddeutschen Marschen: Baumlosigkeit bis zum Horizont und weite Wiesenflächen. Aber in der „karelischen Ukraine" war der schwere Boden früher versumpft, er trug nur saure Gräser, Flechten und Moose. Zur Zeit der zaristischen Herrschaft konnten die Bauern mit ihrem primitiven Holzpflug den Boden nicht aufreißen. Der Zusammenschluß der Bauern zum Zweck kollektiver Bewirtschaftung hat das Bild völlig verändert. Die Sowjetregierung versorgte die Kolchose mit mannshohen eisernen Pflügen, die sich, von Raupenschleppern gezogen, tief in den Grund senken, ihn aufreißen und Entwässerungsgräben auswerfen. Die Kolchosbäuerinnen reinigen dann den Graben nach dem Modellwinkel. Nun konnte man den Boden für den Anbau von Korn und Gemüse herrichten. Dank der Entwässerung verschwinden die sauren Gräser, und kräuterreiche Wiesen geben dem Vieh kräftige Nahrung. Die Dörfer liegen längs der Flußufer: eine einzige langgestreckte Kolchosstraße mit modernen Standardviehställen. Das tiefliegende, in den Lehm eingegrabene Bett der Flüsse läßt im Sommer keinen Wasserspiegel sehen. Dort liegt jetzt Baumstamm an Baumstamm, langsam treiben sie den Abfangstellen der Sägewerke zu.

Später auf der Rückfahrt in das karelische Waldgebiet, sah ich Land von ande-

Brigade beim Bau von Entwässerungsgräben, 1936

Neulandpflügen in der Kommune „Sjade“, 1934/36

Das alte und das neue Soroka, 1934/36

rer Art. Der Boden wurde leichter. Klare, nicht sehr tiefe Seen, an denen Dörfer lagen, wechselten mit Landstrichen jungen Waldes. Das letzte Kolchos vor dem Waldrand gab mir den Wagen zur Fahrt nach der Siedlung „Internationale".

Jetzt kamen wir über den letzten Hügel, und vor uns lag der unübersehbare Wald. Eine prächtige Herde kleiner feister Kühe weidete hier oben. Ein hagerer, langbeiniger Hirt mit Axt und Gewehr, begleitet von einem schwarzen zottigen Hund, folgte den Tieren langsam zwischen den Büschen. Der Weg fällt ab. Bei einer verfallenen Kapelle biegt unser Wagen in den Hochwald ein. Grünes Dämmerlicht nimmt uns auf. Die Sonne durchdringt das Tannendach nur an wenigen Stellen und kann kaum Unterholz zum Leben erwecken. Während im mittleren Karelien die Kiefern vorherrschen, überziehen hier uralte Tannenwälder das Land, auch alte Birken und Pappeln kommen vor, doch ihre mächtigen Stämme gleichen denen der hohen Tannen: Schneebruch rasierte ihnen die Zweige ab, gerade steigen die Bäume hoch, um ihre schmale Krone entwickeln zu können. Alles ist gleichartig pelzig überzogen mit graugrünen Flechten. Wir passieren eine niedere Brücke fast wie einen schwimmenden Bohlpfad. Man sieht keinen Fluß, es fällt nur auf, daß die Bäume zurückgetreten sind und daß ein dicker dunkelgrüner Moosteppich ohne Baum- und Pflanzenwuchs sich zwischen den Bäumen hinbreitet. Ein schmales, schwarzes Wasserband windet sich mitten durch die Fläche. Jetzt kommen vereinzelte Rodungen mit kleinen Wiesen, eine Baracke mit einer amerikanischen Holzarbeiterfamilie und eine Arbeitsstelle im Walde. Das Tageslicht nimmt gegen Abend wenig ab. Es muß um Mitternacht sein. Wir fahren aus dem Wald. Dichter Nebel liegt vor uns über Kartoffelfeldern. Wir öffnen ein Gattertor und fahren durch bebautes welliges Ackerland. Sicheren Schrittes betritt der kleine Hengst den unsichtbaren vernebelten Weg. Das Gelände steigt. Der Nebel bleibt unten. Breit hingelagerte Holzhäuser werden sichtbar. Der Wagen hält. Ich klettere hinunter, um mich zu orientieren. Zwischen den Häusern bewegen sich Menschen. Ich gehe dem Schall vielfältiger Stimmen nach, die vom Kirchplatz kommen. Plötzlich umspielt das weißliche schattenlose Licht der Sommernacht eine zunächst unverständliche eigenartige Szene: ein alter weißhaariger zaristischer General in abgetragener Uniform wirft den Volleyball mit jugendlichem Eifer zu einer Krankenschwester hinüber, der zwei Rotarmisten zu Hilfe eilen. Der Ball fliegt hin und her zwischen zwei Gruppen seltsamer Männer und Frauen. An der Kirchenwand hocken noch einige auffallende Gestalten und mischen sich jetzt unter eine muntere Gesellschaft, die festlich gekleidet in einer soliden amerikanischen Eleganz auf dem Kirchhof herumspaziert. Vom Kirchturm fällt ein einzelner, volltönender Glockenschlag. Der ganze Spuk verschwindet in der Kirche. Alles sitzt bald diszipliniert in geordneten Stuhlreihen, der Vorhang öffnet sich – und der letzte Akt eines Schauspiels aus der Zeit des Bürgerkriegs rollt vor uns ab.

Ich war nun in der Siedlung „Internationale", einem früheren Klosterbesitz, weit entfernt von andern menschlichen Behausungen. Amerikanische Holzarbeiter finnischer Nation, die während der Krise in Kanada arbeitslos geworden waren, hochqualifizierte Facharbeiter, fanden hier eine neue Heimat. Das Leben dieser dreihundert Menschen ist gut und kulturell organisiert. Eine Kinderschule ist da, eine Bibliothek, ein Klub in den Kirchenräumen mit mannigfaltigen Bil-

Holzsammelstelle, 1934/36

Auf dem Elevator, 1936

Bildnis eines Flößers, 1937

dungsmöglichkeiten; Theater und Kino sind bisweilen zu Gast. Die Speisehalle, ein wunderschöner hochgewölbter Kirchenraum, muß jeden Maler architektonisch entzücken: die Wandflächen scheinen wie aufgespart für eine große monumentale Malerei. Die Klostergebäude liegen hoch, gleich hinter ihnen fällt es steil ab zu einem klaren Waldsee mit prächtigem sandigem Badestrand. Das Interesse für meine Arbeit war groß, weitgehende Hilfe und warme Gastfreundschaft wurden mir zuteil. „Come again!" war der letzte Gruß, den man mir bei der Abfahrt zurief.

EIN NEUER FREUND

Der neblige Regen, der mich frühmorgens empfangen hatte, als ich mich an der Waldstraße auf einen Baumstamm setzte, um ein Auto abzuwarten, hörte auf. Der Wald erwachte und erklang von lockenden Vogelstimmen. Die Schneehühner fühlten offenbar das Nahen des Frühlings. Ein Schneehase hockte nieder und verschwand unter einer Tanne, langsam die langen Hinterbeine nachziehend. Ich hatte in einer Holzarbeitersiedlung gearbeitet, in der russische und karelische Arbeiter lebten. Der Wald bot besonders starkes, gesundes, regelmäßiges Holz. Die Unterkunft, ein großer gutgelüfteter Schlafsaal mit Kochgelegenheit, hatte sechs bequeme Schlafstellen. Auf jeder Holzpritsche lag ein dickes Elchfell als Unterlage. Ich befand mich jetzt auf dem Rückweg zur Hauptstadt. Im Walde wartete ich, bis das angekündigte Militärlastauto erschien, das mich mitnehmen sollte. Endlich, in schneller Fahrt, kam die Maschine heran, hielt, kräftige Rotarmistenarme zogen mich mit meinem Gepäck hinauf in den Ladekasten, wo ich mich auf meinem Rucksack und auf dem Bettsack bequem einrichtete. Unwillkürlich zogen meine Gedanken in das Jahr 1919 zurück, wo mich in Worpswede auf der Dorfstraße vor meinem Haus die robusten Arme der Baltikumer Reichswehr, die das Hakenkreuz am Stahlhelm trug, in den Ladekasten eines Militärautos hinaufrissen. Vergnügt und höhnisch grinsend standen ein paar unserer Großbauern mit der Gendarmerie an der Straße; ich war verhaftet durch ein Aufgebot von vierzig Mann in vollem Kriegsschmuck. Das war so fern. Inzwischen bildete das Hakenkreuz seine bluttriefende Fratze aus; mordete unsere Besten, trieb Tausende außer Landes und versuchte, das Kulturerbe des deutschen Volks zu vergiften und zu vernichten . . .

Spätnachmittags kamen wir zu einem kleinen Verkehrszentrum an der Landstraße, von wo aus verschiedene amerikanische Siedlungen leicht zu erreichen waren. Der Leiter der Transportkontrolle orientierte mich über alles. Gleich bei der Ankunft war mir ein etwa vierzigjähriger Mann sympathisch aufgefallen. Er trug eine Kleidung, die an die der Kosaken erinnerte. Der Mann sprach deutsch. Beim Vorsteher tranken wir Tee, dann nahm mich jener andre in seine Wohnung als Gast mit. Er wohnte in einem langen zweistöckigen Standardholzhaus für etwa dreißig Familien. Von dem breiten dämmrigen Korridor aus öffnete mein Gastgeber die Tür eines leuchtend holzgelben Zimmers mit zwei weißbezogenen Betten. Ein Herd war da, der auch als Ofen diente, ein Wandschrank, an dessen Tür eine Abbildung des Bildes „Gorki spricht zur Jugend" geheftet war. Mein

Karelisches Dorf im Winter, 1934/36

neuer Freund war weder ein Russe noch ein Karelier, sondern ein Afghane. Er hatte sich aber schon die angenehmen Besonderheiten der karelischen Gastfreundschaft angewöhnt, ließ sofort das Dampfbad in einer kleinen Hütte am Fluß heizen, und bald genossen wir die Lockerung unserer Haut und unserer Glieder. Dann traten wir, erfrischt und voll Wohlbehagen, ins Freie.

Der Afghane war nach einem sehr bewegten revolutionären Leben in diese zentralgelegene Siedlung gelangt. Er war hier angestellt, um die Lebensmittelversorgung der angesiedelten Amerikaner zu verwalten. Die Regierung hatte besondere Vorsorge getroffen, daß die Ansiedler nichts entbehrten. Ich war überrascht von der außerordentlich guten Ernährungsweise der Holzarbeiter, bedachte jedoch, daß hier die Frauen der Ansiedler unter Verwertung sowohl des ungeheuren Waldbeerenreichtums dieses Landes als auch der gelieferten Produkte, diese gesunde Ernährungsbasis geschaffen haben.

Die Siedlungen, die ich nun sah, zeigten gleich, daß Waldarbeiter mit großen Erfahrungen, mit großem Verständnis für die Struktur des Geländes die Siedlungsplätze ausgewählt hatten. Der Reichtum an Holzmassen, die Nähe eines zum Flößen benutzbaren Flusses, die Staumöglichkeit der Gewässer bis dicht an den Arbeitsplatz heran, zugleich eine gute Möglichkeit zur Entwässerung des abgeholzten Bodens, um ihn gleich zum Anbau von Kartoffel- und Gemüsekulturen auswerten zu können, das sind die ausschlaggebenden Faktoren. Verbunden mit einer straffen Arbeitsdisziplin, sind sie die Bedingungen, dank denen man hier die höchsten Arbeitsnormen erzielt.

Abends nach der Arbeit wanderte ich in mein Quartier zu dem Afghanen zurück. Ich lernte allmählich das Leben meines Gastgebers kennen. Seine schwarze Tscherkeska, die militärische und nationale Kosakentracht, die im Wandschrank hing, gab den ersten Anstoß zum Erzählen:

Seit früher Jugend Pferdehirt in der afghanischen Steppe, schlug sich der Junge mit wilden Tieren, Tigern und Panthern herum und lernte das Gewehr mit unfehlbarer Treffsicherheit gebrauchen. 1906 kamen englische Agenten nach Afghanistan und mobilisierten die Jugend, um sie in die indischen Baumwollfarmen zu verschicken. Da floh unser junger Afghane über die Grenze durch Turkestan in das zaristische Rußland nach Moskau. Hier wurde man auf seine ungewöhnliche Schießfertigkeit aufmerksam. Eine Firma bildete ihn als Harpunierer aus und entsandte in zu Schiff nach Kleinasien, wo er an der Mündung des Euphrat und des Tigris einen für den Zarentisch unentbehrlichen Fisch, eine besondere Delikatesse, erlegen mußte. Nach seiner Rückkehr in das zaristische Rußland wurde er in den Kosakendienst genommen und mußte mit der Kosakeneskadron des Generals Kessel in den Krieg gegen Deutschland ziehen. Er wurde gefangen, kam in ein badisches Gefangenenlager, erlernte die deutsche Sprache, verschaffte sich eine deutsche Uniform, gelangte unter dem Namen und der Regimentsnummer eines deutschen Bekannten durch die Postenkette und schlich sich über die französische Grenze. In Frankreich wurde er gut aufgenommen und in ein russisches Reiterregiment gesteckt, das man aber 1917 wegen Unzuverlässigkeit über Marseille nach Odessa abschob. Da er in Saloniki den Dampfer zu verlassen versuchte, wurde er wegen Spionageverdachts in eine Kabine gesperrt. Im Hafen von Odessa kamen Bolschewiki an Bord; den Offizieren wurden die

Beratung in einem Betrieb, um 1936

Achselklappen heruntergerissen, der Afghane wurde frei. Er trat sofort in eine Reiterabteilung der Roten Garde ein. Diese erhielt Aufträge in Ostgalizien – und kam grade zu einem großen Soldatenmeeting zurecht, auf dem ein General gegen die Bolschewiki eine wütende Hetzrede hielt. Die Reiter der Roten Garde umschlossen das Meeting; der Afghane erschoß den General; Offiziere, die zu den Waffen griffen, wurden niedergeschlagen. Die Reiterabteilung wurde nun nach dem Nordkaukasus geworfen und vernichtete vier von den sechs Hauptbanditentrupps. Es ging nach Moskau, in Bürgerkriegskämpfe, und dann erfüllte die Reiterabteilung ihre letzte Aufgabe: sie eilte nach dem Norden und säuberte Archangelsk von den Interventionstruppen. Hernach war der Afghane als Harpunierer von Walfischen im Weißen Meer und im Polarmeer tätig, ferner als Bärenjäger bei Kandalakscha. Nach drei Monaten kehrte er mit einem schwerbeladenen Rentierschlitten zu seinem Ausgangspunkt zurück, wurde jedoch bald wieder hinausgeschickt und blieb acht Monate mit seinen Hunden in der Tundra auf der Halbinsel Kola. Im Dienst der proletarischen Touristik berichtete er von dort über Flora und Fauna, über Fischerei und Jagd. Ergriffen von der Schönheit des Südufers der Halbinsel Kola, schilderte er die steil ins Meer fallenden Gebirgsformationen, ihre reißenden lachsreichen Flüsse und die schärenreichen Ufer des Weißen Meers.

Am nächsten Tag nahm ich Abschied von ihm und von dieser Gegend. Ich fuhr an einen Ort, den ich 1925 als ein Barackenlager von Arbeitermassen und Ingenieuren kennengelernt hatte.

INDUSTRIE

Von dem Barackenlager des Jahres 1925 existiert nichts mehr. Man kann sich mit den alten Eindrücken überhaupt nicht mehr zurechtfinden. Aus dem See schafft ein riesiger Elevator das Holz unmittelbar in den Fabrikeisenbahnzug. Der fährt es bis an die Maschinen der erbauten Papier- und Zellulosefabrik heran. In dieser Fabrik lag meine nächste Arbeitsstätte. Riesenhafte kombinierte Maschinen beherrschen den ganzen Prozeß der Holzverarbeitung bis zur mannshohen fertigen Papierrolle, die von Arbeiterinnen sorgfältig auf ihren glatten Ablauf geprüft und behandelt wird. Natürliche Kräfte des Kiwatsch-Wasserfalls stürzen sich in die Turbinen; sie sind durch die Schöpferkräfte der sozialistischen Gesellschaft gebändigt worden und eingegliedert in die Arbeit für den sozialistischen Aufbau.

Man begann mit dem Bau des Zuleitungskanals für die Wasserkräfte im Jahr 1924, als ich mich zum erstenmal in diesem Lande befand. In den hell erleuchteten Baracken arbeiteten damals die Ingenieure fieberhaft an den Plänen zum Aufbau der Papierindustrie. Im fernen menschenleeren Urwald donnerte der Wasserfall, der seine Kräfte zu diesem Aufbau hergeben sollte. In jener Zeit reiste ich mit einem Motorboot über breite Seeflächen durch verwachsene Kanäle, die einst auf Geheiß Peters I. gebaut worden waren, damit aus Karelien wertvolles Gestein für den Bau von Kirchen und Palästen nach Petersburg geschafft würde. An dem sumpfigen See-Ende lag ein Dorf. Ein zweirädriges Fuhrwerk führte

Elevator in Kondopoga, 1934/36

mich durch Birkenwälder die Hügel hinauf. Als sich der Wald lichtete, befanden wir uns auf einer flachen Wiese, durch die sich, fast in Wiesenhöhe, ohne sichtbaren Uferrand, ein schwarz-brauner Fluß wälzte. Ein donnerndes Tosen schwang in der Luft. Unser Pferd ließen wir grasen, nachdem wir es vom Geschirr befreit hatten. Ich ging dem abfallenden Waldrand zu, dem donnernden Getöse nach. Bei jedem Schritt, mit dem ich näherkam, entwickelte sich vor meinen Augen eine phantastische Landschaft, die im völligen Gegensatz zu der umgebenden Urwaldwildnis stand: Holztreppen führten zwischen flechtenbehangenen dunklen Tannen hinab in ein Felsengewirr: Brücken überspannten feuchte Schluchten; Pavillons ragten wie Laternen vor grundlos erscheinenden Abstürzen, deren Tiefen durch Wasserstaub verhüllt waren. Verfallene Sitzbänke, umgitterte Aussichtspunkte durchsetzten die Abhänge eines wildwuchernden Tannenwalds. Schon hatte der Wald begonnen, diese ganze Herrlichkeit mit Flechten und Moosen zu überziehen und zu zerstören. Der Schneesturm hatte die Dächer eingedrückt, die Treppen zeigten nur noch wenige Stufen, und diese konnen keinen Menschen mehr tragen. Der ewige Wasserstaub des Kiwatsch, dessen weiße Gischt den Hintergrund dieser grotesken Architekturphantasie abgab, vollendete gründlich das Zerstörungswerk. Tosend und donnernd schlugen die Gewässer des schweren Waldflusses über die Felsen hinunter, zwängten sich durch enge Schluchten des Gesteins und versprühten ihre Kräfte über dem gurgelnden Abfluß-Strudel. Eine flüchtige Laune des Zaren Alexander hatte diese grandiose Urwelt für den jeweils einstündigen Besuch „Seiner Hoheit" in die Stätte einer hoffähigen Tee-Unterhaltungsstunde verwandelt. Die Natur zerstörte allmählich die Spuren dieser Zarenlaune. Es kam die Große Sozialistische Oktoberrevolution, und im Jahre 1924 beschlossen die Arbeiter und Bauern Kareliens, die Wasserkräfte des Kiwatsch in den Dienst des sozialistischen Aufbaus zu stellen. Seine Kräfte bewegen jetzt die Turbinen. Mächtige Papierrollen eilen in die Druckereien der Verlagsanstalten, um das unentwegt steigende Kulturbedürfnis der Massen zu befriedigen, die sich bilden und die lernen wollen.

Außer der Papier- und Zellulosefabrik gibt es viele holzbearbeitende Fabriken in Karelien: Möbelfabriken und eine große Schneeschuh-Fabrik; das zähe und elastische karelische Birkenholz eignet sich besonders für solche Fabrikation. Es existieren dort ferner Fischkonservenfabriken. Landwirtschaft und die Viehzucht beginnen sich in diesem Waldland Raum zu schaffen. Eine große Entwicklung steht noch dem Bergbau bevor, da hier viele seltene Erze vorhanden sind. An einem Fjord im Norden arbeitete ich bei einem Spatbergwerk, einem Tagebau: der große, rosafarben aufgerissene Berg, umkränzt von einer dunkelgrünen Tannenlandschaft mit Durchblicken auf den blauen Fjord, bleibt mir ein unvergeßlich malerisches Bild. Aber allem voran stehen die vielen mächtigen Sägewerke, mit denen das ganze Land besät ist.

Papierfabrik in Kondopoga,
Hauptanlage, 1934/36

Anlegestelle Tschupa, 1934/36

Samoilow-Bergwerk, Komplexbild 1934/36

Zusammenstellen der Flöße, 1934/36

FRÜHLING

Erntezeit der Holzarbeiter. Die Wege im Innern des Landes werden ungangbar. In den Sümpfen hört man es quellen, gurgeln und sausen. Die Lastautos haben große Not durchzukommen. Von den Anhöhen strömen ihnen auf der Straße Schlamm-Massen entgegen, die Räder wollen nicht fassen. In den Holzarbeiter-Siedlungen rollen die Baumstämme von den Uferstapeln in den Fluß. Das schäumende, reißende Wasser trägt sie zum Sägewerk oder zur Flußmündung am See; dort treiben sie in eine große Maschine mit vorgelagertem Bassin und werden für längere Flößtransporte über die Seen auf mechanischem Weg mit Stahltrossen zusammengebunden.

In den hügeligen Straßen der Hauptstadt kommen die Schmutz- und Schuttansammlungen des Winters, die der Schnee verbarg, zutage. Alle Einwohner erfaßt ein fanatisches Reinlichkeitsbedürfnis. Sümpfe und Unebenheiten der Straße werden überbrückt, die breiten Holzbahnen für Fußgänger in freiwilliger Arbeit erneuert, wilde Wege, die der Winter schuf, aufgehoben und praktische Zugänge und Treppen geschaffen. Man pflanzt Bäume und Büsche, und die Ruhebänke und Holzgitter leuchten bald in einem hellen Blau. Der Arbeitsschwung der Menschen, getragen von der Liebe zu ihrer Sowjetheimat, ist wie die freudige Vorbereitung zu einer großen Feier. Der Frühling kommt.

Die Jugend, die großenteils aus den Kindern der zugewanderten Holzarbeiter besteht, hat ihre vielen Ausbildungskurse beendet. Der Sportplatz ruft. Der letzte Arbeitstag des Kurses über Kunsterziehung war der Plastik gewidmet. Jeder nahm seine eigene Faust als Modell. Jeder wollte diesem plastischen Symbol der Roten Front den drohenden Charakter geben, der den unauslöslichen Haß gegen das faschistische Banditentum und gegen dessen Helfershelfer ausdrückt. Man fühlte den drängenden Willen der Jugend, alle Kräfte für die Verteidigung des sowjetischen Vaterlandes zu stählen.

Der Sportplatz erwachte zu neuem Leben. Wer könnte sich die Hauptstadt Petrosawodsk ohne diesen Sportplatz vorstellen? Im Herzen der Stadt weitet sich in der Tiefe ein flaches Flußtal. Baumbestandenen Boulevards umschließen es in der Höhe. Amphitheatralische Sitzplätze durchqueren den Grashang. Jeder Einwohner, jeder Besucher der Hauptstadt nimmt unwillkürlich teil an dem, was dort unten sportlich geschieht. Das Fußballspiel, das Training der Läufer und Läuferinnen, das Ringen und das Boxen interessiert die Zuschauer und die Vorübergehenden. Musik ertönt, und die tadellos disziplinierte rhythmische Gymnastik der farbig gekleideten Jugend fesselt die Blicke aller.

Das war mein letztes Erinnerungsbild, als ich das Nordland verließ, das mir die reichste Möglichkeit geboten hatte zu künstlerischem Schöpfen aus den reichen Quellen der sozialistischen Wirklichkeit.

1939

ARMENIEN ASERBAIDSHAN KARABACH KURDISTAN

Veröffentlicht unter dem Titel
„Menschen und Landschaften
im Sowjetsüden"
in „Internationale Literatur",
Moskau, Jg. 10, Heft 1, 1940

Kirowabad, Baumwollkolchos „Lenin",
Schuscha, Sowjetgut Lissogorsk,
Latschin, Stepanakert, Baku, Mardakian.
Juni–August 1939

In der Nacht wachte ich auf. Der Freund lag auf der Totenbahre. Hoch über uns wölbten sich die maurischen Spitzbogen der mächtigen offenen Vorhalle einer Moschee.

Ich war erwacht, weil das friedliche Plätschern des runden Wasserbekkens im stillen, steinernen Gartenhof plötzlich von dem heulenden Brausen, Pfeifen und Krachen eines Bergsturms übertönt wurde, der in den Wipfeln der alten Tschinarabäume wühlte. Doch im Hof bewegte sich kein Blatt. Eine elektrische Birne brannte für den Nachtwächter und modellierte alle Dinge flach in Hell und Dunkel; sie wirkten wie riesenhafte Theaterkulissen: die gelblichen Grüns der zweihundertjährigen Bäume auf dem Schwarz ihrer eigenen Schatten, die dunklen Blätterschatten auf der hellen Mauer, die den Hof umgab, die spitzbogige schwarze Höhlung, die das Eingangstor markierte, und zu beiden Seiten des Tors die rosafarbenen Minaretts auf dem Dunkel des nachtblauen Himmels.

Die ehemalige Moschee barg die Schätze des Museums der aserbaidshanischen Stadt Kirowabad. Man hatte uns dies Quartier für die Nacht zur Verfügung gestellt, weil alle Gasthöfe überfüllt waren. Ich saß aufrecht auf meinem Lager, das man mir auf zwei nebeneinander geschobenen Holzbänken ausgebreitet hatte; aber auch der Freund, der es sich auf einer Totenbahre bequem gemacht hatte, drehte sich langsam hoch und äugte in die Nacht, als komme er aus einer fernen Welt.

Ja, dies Land hat eine eigenartige Atmosphäre. Täglich suchen die kalten Luftströmungen aus dem Hochgebirge einen Weg, um in die subtropische heiße Baumwollebene einzudringen. Schon Baku mit seiner mächtigen Naphtha-Industrie, mit seinen herrlichen Parkanlagen, mit seiner guten, modernen Architektur hat seine eigenen schweren Stürme. Aber die kommen aus der Wüste und drängen zum Kaspischen Meer. Sie sind heiß und sandig, pressen sich in die Häuser, streuen ihren Wüstensand in Zimmer und Treppenaufgänge. Die Menschen arbeiten sich in Diagonalstellung durch, halten sich dicht an die Hauswände, denn von oben kommt Glas und was sonst der Sturm fassen und werfen kann. Kinder torkeln, Frauen umklammern ihre Einkäufe. Alle Konturen gehn verloren, Bäume, Büsche und Menschen – alles flimmert.

Die vielen geschlossenen Glaswände der innern Höfe bei den alten Wohnungen machen sinnfällig, daß sich eine besondere Architektur herausgebildet hat, die Schutz gegen die Landstürme bietet. Hier in Kirowabad kommt das Wetter aus dem Hochgebirge und bringt elektrische Entladungen und Regenschauer mit sich, nur manchmal trägt die Gegenströmung Sandstaub aus der Ebene in die Stadt. Der Kampf der Strömungen macht einen besonders starken Eindruck, wenn man ihn von fern über der Landschaft beobachten kann. So waren wir kaum 15 Kilometer von Kirowabad entfernt auf einem Baumwollkolchos, als wir an einem Spätnachmittag ein schweres Unwetter mit größter Schnelligkeit nachtschwarz aus den Bergen herunterschießen sahen. Drohend hing es über der Stadt. Scharfe Regenstreifen schraffierten den Himmel. Graue Vorpostenwolken eilten mit rasender Geschwindigkeit auf uns zu in die Ebene. Man sah sich unwillkürlich nach einem Unterstand um, – aber hinter uns in der Ebene blieb es sonnenklar, und über uns entwickelte sich ein seltsames Abbild der Vorgänge des Luftkampfs: die balligen, kalten grauen Regenwolken wurden von der stärkeren heißen Luftströmung im wahren Sinn des Worts aufgerollt. In wenigen Sekunden hingen die Wolken wie Orgelpfeifen oder wie Papierrollen senkrecht in der Luft. Auf uns fiel nur ein leichter Sprühregen.

Das Kolchos, in dem wir waren, trägt den Namen Lenins. Es ist eine Baumwollwirtschaft. Das Land, ehemals Besitz eines armenischen Großgrundbesitzers, wurde nach der Oktoberrevolution einer Gruppe von Armbauern, landlosen Landarbeitern und Nomaden zur Verfügung gestellt.

Vom Chan bis auf die letzte physische Kraft, bis auf die letzte Kopeke ausgebeutet, lebten die Armbauern in fensterlosen Erdlöchern. Wer die Abgaben aus Anlaß der Geburt, der Heirat, des Todes und aus vielen andern Anlässen nicht rechtzeitig an den Chan abführte, wurde an einen Pfahl gebunden und bekam Hiebe auf die Fußsohlen, bis er bewußtlos war. Die Batraken, die Ärmsten der Armen, diese versklavten Hirten und Landarbeiter, wurden erst durch die Große Oktoberrevolution von ihren Peinigern befreit. Die Sowjetmacht übergab ihnen die Ländereien zum Baumwollanbau, schickte ihnen Berater und technische Hilfsmittel. Unermeßliche schöpferische Kräfte wurden in den befreiten Menschen gelöst. Die Berieselung der Baumwollfelder wurde organisiert und später weiter ausgebaut, die Hackarbeit mit größter Sorgfalt für jede der Millionen Pflanzen ausgeführt, das Ungeziefer bekämpft, – die Ernte wuchs und wuchs. Noch wohnten die Menschen in niederen Erdwohnungen ohne Fenster, aber das Kolchos wurde reich.

Je arbeitsamer und verantwortungsfreudiger der Kolchosbauer im neuen Leben stand, desto höher konnte er seine materiellen und kulturellen Ansprüche stellen. Im Jahr 1935 waren alle so wohlhabend, daß sich jeder ein gutes, solides Wohnhaus bauen konnte: mit zwei großen Zimmern, einer Küche und weiträumiger von Holzsäulen oder Pfosten gestützter offener Vorhalle, wie wir sie bei vielen asiatischen Wohnhäusern finden. In ihr vollzieht sich ein großer Teil des Lebens; an ihrem Ende ist deshalb auch noch eine kleine kaminartige Feuerstelle eingebaut.

Was sind nun in erster Linie die Bedürfnisse, die ein Brigadier, ein Stachanowarbeiter dieses Kolchoses hat? Was kauft er sich für sein neues Haus? Zunächst zwei Bettstellen allererster Qualität, die er mit musterhaftem Bettzeug ausstattet. Die Schönheit der Form und Farbe ist ihm dabei wichtig. Ein quadratisch in allen Farben bemustertes seidenes Oberbett, die Reinheit der Kissen geben dem zweifenstrigen hellen Raum ein heiteres Gepräge. Als einzigen

Schmuck tragen die weißen Wände mit dem blumigen, blauen und roten Schablonenfries ein großes Bildnis Stalins. Dann kauft der Brigadier seiner Frau eine Nähmaschine; zwischen den Fenstern hängt der Schalltrichter des Radios. Ein Tisch trägt den blanken Nickel-Samowar; dort steht auch das Grammophon; und neben der Eingangstür, auf einer tiefen tellerartigen Messingschale, leuchtet der goldne Glanz einer formschönen, schlanken Henkelkanne. Sie ruht auf dem ornamental durchbrochenen Doppelboden der Schale, der dazu bestimmt ist, das verbrauchte unreine Wasser zu verdecken. Der Gastgeber, mit dem Handtuch über der Schulter, übergießt aus der Kanne die Hände des Besuchers, bevor er ihn mit grünen Zwiebeln, Radieschen, mit dem Schaschlik (am Spieß gebratenem Hammelfleisch) und mit Wein und Brot bewirtet. Der Schaschlik wird mit den Händen gegessen und erfordert nachher wieder den Gebrauch der schlanken, bauchigen Wasserkanne.

Zu den lebensnotwendigen Bedürfnissen rechnet der Aserbaidshaner vor allem auch Teppiche aller Art. Auf einem Teppich hockt er mit seiner ganzen Familie beim Teetrinken und bei den Mahlzeiten. In den Wandnischen der dicken Lehmziegelwände liegen Teppiche gerollt und Kissen in allen Formen für die Nachtlager. Der aserbaidshaner Teppich ist kein Knüpfteppich, sondern ein flaches festes Handgewebe: ein Gebrauchsgegenstand für Haus und Feld. Seine Muster zeichnen sich durch streng geometrische Formen aus; die vorherrschenden Farben sind sattes Braun, Schwarz und Rot in allen Nuancen; auch Weiß, farbiges Grau und eigentümliche Grün- und Orangetöne treten auf; seltener verwendet ist Blau. Diese Teppiche, die einen hoch entwickelten Farbensinn offenbaren, findet man hauptsächlich in der weiten Baumwollebene; im Gebirge sind die Muster ärmer, haben andre Farben – zum Beispiel die Zusammenwirkung von Gelb, Rot und Schwarz findet man dort –; und bei der kurdischen Bevölkerung Aserbaidshans zeigen sich noch die Nachwirkungen der früheren Armut dieses Volksstamms, der seine Behausung unter der Erde hatte: hier wiegen die Farben Braun und Schwarz auf hellem, weißlichen Grund vor.

Kunstvolle Gewebe sind auch die Packsäcke der Esel. So begegnete uns in der Ebene eine kleine Zigeunerkarawane, deren Packsäcke von auffallender Schönheit waren; darüber war das Zeltgestänge gepackt. Dann kamen auf andern Eseln, unter aufgespannten schwarzen Schirmen (es war sehr heiß) die Männer. Ihnen folgten die farbenfroh gekleideten Frauen. Schließlich auf einem Esel eine Henne, an einem Bein mit Bindfaden befestigt, gefolgt von einer Kindergruppe, ebenfalls auf Eseln reitend, hinter denen ein kleiner Bär an der Kette trottete. Im Gebirge zog gegen Abend eine Karawane gutgepflegter brauner Maultiere an uns vorüber. Es waren Kolchosbauern, die vom Feld kamen. Zwischen den Reitern und Fußgängern (zu Fuß gingen eigentlich nur einige über und über grünspanfarben bespritzte Männer mit dem Gerät zur Ungeziefervertilung auf dem Rücken) liefen Maulesel mit Grünfutter beladen oder – mit Teppichen. Wir hatten schon tagsüber beobachtet, wie der Teppich auf dem Acker als Zelt, als Lagerstätte und als Sonnenschutz benutzt wurde; im Gebirge sahen wir sogar den Traktor bei Regenwetter mit einem Teppich zugedeckt.

Selbst der Transport eines Toten aus dem Krankenhaus in seine Heimatstätte fern im Gebirge vollzieht sich auf dem Rücken eines Pferdes, das zwei Holzstan-

Studien auf einem Baumwollfeld

gen trägt: in einen Teppich eingewickelt, der an den Stangen befestigt ist, ruht der Tote. Der Teppich hat so in Aserbaidshan vor allem praktische Fuktionen – unbeschadet der Forderung nach Schönheit.

Auffallend als Zeichen eines neu erwachten starken Schönheitsbedürfnisses ist es, daß man bei den bewußtesten, fortgeschrittensten Arbeitern, Hirten und Bauern, bei den Stachanowleuten, immer wieder außergewöhnlich gute Teppiche sieht, die eine hohe Kultur der Farbe und Form zeigen. Ich zeichnete einen Stachanowez, einen Kälberpfleger in einem Gebirgssowchos, der ein einfaches, ja primitives, aber räumlich großes Zimmer mit seiner Familie bewohnte – es war ganz beherrscht von einem fünf Meter langen Teppich. Das selten schöne Stück hing an der Wand, und der Mann war sich dieses Werts voll bewußt, er hatte den Teppich unter vielen gesucht und unten in der reichen Baumwollebene gekauft. Oder ein anderer Fall von vielen: im Hochgebirge bei den kurdischen Schafhirten läßt mir der alte Hassan Dschumschud, der den Leninorden trägt, in dem Zimmer seines neugebauten Hauses auf dem hölzernen breiten Bettgestell ein Lager bereiten, bei dem die Unterlagen, wie auf den übrigen drei asiatischen Bettstätten des Zimmers, außergewöhnlich schöne Teppiche sind. Der Alte hat keine kurdischen Teppiche gewählt, sondern aserbaidshaner Gewebe in tiefen Rot-, Schwarz- und Brauntönen. Nie wirkt der gute aserbaidshanische Teppich durch den Reichtum seiner kleinen wiederkehrenden farbigen Ornamente, – es ist die Kraft der großen Formen, der Mut eines kultivierten Farbengefühls, was uns auf den ersten Blick fesselt. Die Muster zeigen kantige Formen, stufenförmige, kreuzförmige, fünf- und sechseckige; bei den besonders guten Stücken wiederholen sich die Farben nicht, sie sind mit großer Sicherheit des Farbgefühls ausgewechselt. So nehmen die Rots andre Nuancen von rosa bis bordeaux-rot an und haben Beziehungen zu kalten und warmen Grüns, zu Orange, zu einem tiefen, rötlichen Schwarz und mannigfaltigen Brauns; Blau kommt auch hier seltener vor. Bei den gewebten Esel- und Pferde-Packsäcken wird häufig das helle Blau mit Rot gewechselt. Leider übernimmt man bei neuen Nachbildungen manches aus den orientalischen Teppichen andrer Sowjet-Nationalitäten, man wird auch in der Farbe ganz mild und dumpf.

Eben beginnt die Frau unseres Gastgebers im Baumwoll-Kolchos die Schlafstätte für einen neuen Gast, einen jungen Lehrer, auf dem Fußboden unseres Zimmers zu bereiten. Da kommt nun der ganze farbige Reichtum an Teppichen, Kissen in allen Formen und Oberbetten aus den Wandnischen zum Vorschein, die bisher mit einem Vorhang verdeckt waren. Immer wieder macht man die Erfahrung, daß die Stachanowarbeiter in Aserbaidshan auch die Träger und Erhalter der alten nationalen Kulturwerte sind.

Das schnelle Wachstum der sozialistischen Kultur wird uns im aserbaidshaner Kolchos besonders sinnfällig. Es äußert sich vor allem in den schöpferischen Beziehungen von Mensch zu Mensch. Grade bei jenen Landarbeitern, die in der zaristischen Zeit das schwerste Sklavenleben zu ertragen hatten, bildete sich durch das gemeinsame Ziel der Arbeit innerhalb des Kolchosbetriebs ein neues Verhältnis zwischen den Menschen heraus, eine neue, sozialistische Art von Freundschaft, die in den Notwendigkeiten der Produktion wurzelt. Man kann sich auf seine Mitarbeiter und Mitarbeiterinnen verlassen. Die Baumwollpflanze erfordert zu Zeiten die Hingabe der letzten Kraft, vom Hellwerden bis in den späten Abend. Dann kommen wieder Tage, wo ein Teil der Arbeiterinnen ruhen, die Kinder versorgen und für das eigene Vieh das Heu bereiten kann; denn jeder hat bei seinem Haus Stallung für eine Milchkuh, eine Büffelkuh, und für zehn Schafe. Die Ernteerträgnisse des gemeinsam bestellten berieselten mannshohen Weizens, des Weinbaus, der Melonen- und der Zwiebelfelder werden nicht verkauft, sie kommen den Kolchosbauern zugute.

Baumwollpflückerinnen im Ruhehaus

Für die kleineren Kinder, die die Frauen beim Hacken mit ins Feld nehmen, steht dort ein Haus mit zwei Räumen. Hier verbringen die Arbeiterinnen und Arbeiter ihre Ruhepausen während des Essens und Teetrinkens; im offenen Nebenraum steht eine Reihe sauberer Kinderbetten. Eine Pflegerin versorgt die Kleinen. Angenehme Kühle herrscht hier; das Haus hat kein Dach, nur einen lockern Schilfbelag über Knüppeln. Der läßt keinen Sonnenstrahl durchdringen.

Die Baumwollfelder erstrecken sich weit ins Land. Fern liegt der Komplex der Wirtschaftsgebäude, langgestreckte, flachgedeckte, weißgekalkte Lehmhäuser: das Verwaltungsgebäude mit Klub, das Verkaufsmagazin der Kooperative, der Kindergarten, das Speisehaus, die Schmiede, die offenen großen Hallen für Lastautos, Maschinen und Gespanne, die Lagerräume für Baumwolle und die für Korn, ferner die Ställe, – ein mächtiger Komplex, aufgelockert durch große Plätze. Alles ist so sauber gehalten, als sei es eben entstanden. Ein großer Platz neben dem Verwaltungsgebäude ist noch freigehalten für eine Gartenanlage, in der das Lenindenkmal steht, das über der niedern Mauer, wenn man sich dem Kolchos nähert, sichtbar wird als Wahrzeichen, unter dem das Kolchos arbeitet und seine schöpferischen Kräfte entfaltet. Neben dem weißen Hofkomplex liegt im üppigen Grün der Bäume das Dorf der Kolchosbauern mit seinen neuen Häusern; die alten Erdhütten sind in Lagerräume verwandelt, neben ihnen wird das Baumwollstroh (als Brennmaterial) aufgestapelt.

Die meisten dieser Kolchosbauern, unter denen es auch ganz alte Leute gibt, arbeiten auf Stachanow-Art. So lernten wir hier einen rüstigen Achtundsechzigjährigen kennen, der ein Jahreseinkommen von 7000 Rubeln hat.

Doch trotz aller Arbeit fanden wir jede mögliche Unterstützung. Mein Freund, der für ein Moskauer Museum hauptsächlich primitive Werkzeuge und Geräte aus vergangenen Zeiten sammelte, brauchte diese Hilfe oft, da doch manches aus weit entfernten Dörfern herangeschafft werden mußte. Und immer geschah es gern! Auch für meine künstlerische Arbeit war großes allgemeines Interesse vorhanden.

Arbeiter beim Verpacken der Baumwolle

Maschine zum Säubern der Rohbaumwolle

Aserbaidshanische Textilarbeiterinnen an der Maschine und beim Sport

In kurzer Zeit war zwischen uns und den Kollektivbauern ein richtiges Freundschaftsverhältnis entstanden. Als wir am letzten Tag in der Dämmerung heimkamen, fanden wir die Vorhalle unseres Hauses hell beleuchtet. Unser Gastgeber hatte einen Hammel geschlachtet. Die Kolchosbauern kamen. Man aß aus einer Schüssel Schaschlik, nahm sich Grünzeug und Brot und trank Wein. Reden wurden gehalten; einige erzählten von ihrem früheren armseligen Nomadenleben; jeder zeigte auf seine Art, wie er die errungene Freiheit und die Förderung seiner Kräfte durch die Oktoberrevolution fühlte. „Denkt euch nur", sagte einer, „wie wir hier – Russen, Deutsche und Aserbaidshaner – von einem Teller essend! Das war doch in vergangener Zeit ganz undenkbar!" Um zwölf Uhr abends sagte der Gastgaber beiläufig: „In diesem Zimmer schlafen unsre Gäste." Sofort verabschiedeten sich die Kolchosbauern, – auch ein Zeichen der sowjetischen Kultur, die bei diesen einfachen Menschen so natürlich wächst.

Das nahegelegene Kirowabad ist das zweite Industriezentrum Aserbaidshans, nach Baku. Ein Textilwerk und eine Ölraffinerie ist am Ort. Die weiträumigen modernen Gebäude, die hellen Zugangskorridore und Maschinenhallen mit den gut gekleideten Arbeiterinnen und Arbeitern machen einen gepflegten Eindruck. Verschleierte Frauen sieht man hier nicht mehr. Die Stachanowbewegung ist stark, man staunt zum Beispiel über die Behendigkeit, mit der eine sechzehnjährige Arbeiterin drei große Spindelmaschinen bedient. Manche der jungen Arbeiterinnen sieht man auf dem Sportplatz wieder, wo sie sich trainiert im Laufen, Springen und Handgranatenwerfen.

In allen Industriezentren der Sowjetunion, also auch hier, kommt die hohe technische Kultur zum Ausdruck. Fährt man zum Beispiel nach dem fast 55 Kilometer von Kirowabad in einsamster Bergwaldgegend liegenden Baritbergwerk, so bewegt man sich während der ganzen Fahrt auf einer erstklassig gehaltenen Landstraße. Zunächst geht es durch eine kahle, hügelige Wüste. Manchmal sieht man die Silhouette vorgeschichtlicher Grabhügel, an denen die aserbaidshaner Vorberge sehr reich sind. Die alte deutsche Kolonie Helenendorf, jetzt ein Kolchos, das durch seinen Weinbau bekannt ist, liegt in einem der Nebentäler. Es hat eine der interessantesten Sammlungen aus der Bronzezeit. Die vielen ausgegrabenen Vasen haben Linien, Ornamente, die mit Weiß ausgelegt sind. Da gibt es weiter bronzene sternartige Waffen, Schlagwaffen, stumpf zugespitzt, mit seitlich abstehenden stumpfen Dornen; Schmuckketten aus einem rötlichen Achat, bronzene Anhänger, die Hirschen, Adlern oder Wildschafen nachgebildet sind. Hier sahen wir auch eine ganz eigenartige Bronze-Skulptur: einen Götzen, dessen Form sowohl an Mensch wie an Säugetier, Vogel und Fisch erinnert. Auch Goldfunde wurden hier gemacht; wichtig war die Entdeckung von Resten der

Grundmauern eines Hauses, in deren Mittelraum sich eine fast mannshohe Vase befand, gefüllt mit Körnern verschiedener Art und Größe.

Unser Auto legt die Wüstenstrecke auf dem tadellosen Weg mit größter Geschwindigkeit zurück. Kein Baum, kein Strauch. Raubvögel. Eine hochkuppelige, staubgraue Landschildkröte bewegt sich träge durch den Sand.

Die Landstraße steigt höher. Vereinzelte stachlige Wüstengewächse. Plötzlich ein schmales, saftgrünes Tal: Walnußbäume breiten ihre Kronen aus, rot und gelb leuchten die reifen Kirschen aus dem Grün; Felsen, steil zum Fluß abfallend, selbst der kleinste Erdfetzen des Hangs ist bestellt mit Kartoffeln, Bohnen, Mais und Wein. Auf alle Stufen der Hänge ist das Wasser geleitet. Auf der Straße ziehn breit mit Grünfutter beladene Esel an uns vorüber. Eine Karawane von Kolchosbauern auf braunen Mauleseln, die Tragtiere mit Teppichen beladen.

Unser Wagen steigt und steigt über kurze Windungen bergan. Die Wälder lichten sich, Bergwiesen, durchsetzt mit Felsenhängen. Große Schafherden hügelaufwärts. Feistes Rindvieh steht aufblickend am Weg. Eine Pferdeherde kommt vom Tal herauf. Unter uns liegen die langgestreckten Ställe eines Vieh-Kolchoses. Erdbraune breite Spurwege, vom Vieh getreten, führen in das bergige Wiesengelände. Eine Reihe alter hoher Bäume und ein Rieselgraben trennen den braungetretenen Viehhof von einer üppig grünen, landwirtschaftlich bebauten Fläche. Die ganze Anlage und ihr Übergang in die großartige Bergwildnis wirkt wie ein natürlicher Organismus und vermittelt uns eine der neuen Schönheiten des planvollen Wirtschaftsaufbaus.

Das Auto windet sich höher und höher. Wir überfahren den letzten Bergrücken und sehen vor uns eine kleine, moderne weiße Stadt auf einem vorspringenden Hügel, umgeben von dem hellen Grün der Bergwiesen und dem dunkeln der Wälder. Die Berge zeigen an vielen Stellen bei den Stolleneingängen des Bergwerks rötlich scheinende Steinhalden. Ein bequemer Autobus befördert die Bergarbeiter zu den weitverteilten Arbeitsstellen. Die kleine weiße Arbeitersiedlung, mit ihren sich am Hang hochschachtelnden Häusern, wirkt von weitem wie eine romantische Burganlage.

Jetzt halten wir vor dem Speisehaus; sehn im Vorübergehen einen reizenden Spielraum für die Kinder, daneben den Schlafraum mit den sauberen Betten. Der Klub hat eine Bühne und nun richtet man ihn auch für Kinovorführungen ein. Die Häuser haben helle geräumige Wohnungen, Zentralheizung und große Fenster; eine gute Wasserleitung versorgt die Bewohner. Und das in dem weiten, einsamen Meer der aserbaidshanischen Bergwälder!

Wir steigen zu einem der Stolleneingänge hinauf. Im Innern des Bergs leuchtete uns ein Bergarbeiter mit einer offenen Azethylenlampe. Gase gibt es hier nicht. Das Bergwerk gewinnt Baryt (Schwerspat), der vor allem bei der Naphthaproduktion zum Bohren gebraucht wird. Die Stollen sind gut durchlüftet. Das dumpfe, ferne Summen eines elektrischen Bohrers wird lauter und lauter; durch die dunkle Umrahmung der stützenden Einbauten werden die Silhouetten der einseitig beleuchteten Körper zweier Arbeiter sichtbar. Das ohrenbetäubende Geräusch des Bohrers verstummt. Wir stehn einem Stachanowez gegenüber, der uns mit strahlender Genugtuung über seine Arbeitsleistung unterrichtet: 14 Bohrmeter in Norm – 30 Bohrmeter schafft er.

Nach diesem kleinen Abstecher kehrte ich nach Kirowabad zurück, verabschiedete mich von meinem Freund, der unterdes seine wissenschaftliche Arbeit beendet hatte und nunmehr nach Moskau zurückkehrte. Ich schnürte mein Bündel und machte mich auf den Weg, um noch weitere künstlerische Aufgaben zu lösen, die man mir gestellt hatte.

Um in das Autonome armenische Gebiet Karabach zu kommen, fährt man mit der Bahn und dann noch stundenlang mit dem Autobus durch sumpfige Steppen und an berieselten Baumwollfeldern entlang, bis man sich endlich dem Gebirge nähert. Die ersten Dörfer mit Baumwoll-Kolchosen kommen. Am Vorgebirge wird Wein angebaut. Die Berge rücken näher: alte Festungsmauern und Verteidigungstürme, die einst den Taleingang verriegelt haben, ziehen sich als romantische Ruinen durch die Landschaft, die nun ihren Charakter völlig ändert. Im Tal jenseits des Flusses liegt eine Obstfarm, das armenische Sowjetgut Askeran; die regelmäßig gepflanzten Pfirsich-, Aprikosen- und Kirschbäume geben auf eine weite Stecke der Landschaft das Gepräge. Das Gelände wird fruchtbarer: Obstanlagen, Getreidebau, Wiesen. Dann klettert der Autobus noch einige Vorberge hinauf und erreicht die karabachische Kreishauptstadt Stepanakert. Die Stadt liegt auf einem Hügel, der sich inmitten eines Talkessels erhebt, in den viele kleine, intensiv bebaute Täler münden. Die Stadt hat solide Steinhäuser, umgeben von Gärten; die Häuser der Kolchosbauern an den Hängen der Nebentäler sind aus Lehm. Stepanakert ist der Sitz der Regierung des Gebiets; eine Möbelfabrik und eine Seidenspinnerei zeugen vom industriellen Aufschwung.

Hoch oben auf einem steil abfallenden kahlen Berg erblickt man die einstmals so wichtige Stadt Schuscha. In vielen Windungen arbeitet sich unser Auto den Fahrweg hinauf. Vor dem Eingang der Stadt in der kahlen Bergwüste bemerken wir eigenartige Friedhöfe: unzählige kantig zugehauene Steine wie kleine Särge, schmale aufgerichtete Steinplatten im armenischen Stil, dazwischen prunkvolle russische Gräber, – alles weiß, wie gebleichte Knochen, alles wirkt chaotisch, schief, umgestürzt, sieht aus, als habe ein Paketbote seinen ganzen Kram im Überdruß über die Berghänge ausgekippt. Schafe grasen die dürftigen Halme ab, Zigeuner haben Teppiche zwischen den Steinen ausgebreitet und lagern.

Wir kommen in die Stadt: alte Mauern und Tordurchgänge, Häuser mit breiten Einfahrten, Straßen von orientalischem Charakter mit vielen gleichmäßig großen, zellenartigen Läden und Werkstätten. Barbiere, Schneider und Schuhmacher arbeiten hinter den Glaswänden. Schlanke Minarette aus buntfarbigen Backsteinen. An andern Straßen am Abhang kleinere Häuser in Gärten, und wieder andre Straßen mit monumentalen Palästen, die, außer hoch angebrachten verglasten Balkonen mit maurischen Holzsäulen, der Straße ein fensterarmes, abweisendes Gesicht zeigen. Durchschreitet man jedoch die hohen Torbogen, so gelangt man in einen kühlen, mit alten Bäumen bestandenen Hof; ein Wasserbassin ist da, große steinerne Treppenanlagen führen in die oberen Räume, die nach dem Hof zu eine zierlich vergitterte Verglasung haben, und im Innern manchmal reiche, kunstvolle Ausmalung, die mit ihren Blumenranken, Vögeln und Rehen an alte persische Miniaturen erinnert. Dieser Teil der Stadt hat mohammedanischen Charakter, wenngleich die Bevölkerung jetzt zum größten

Jungvieh im karabachischen Bezirk

Teil aus Armeniern besteht. Im Zentrum der Stadt bemerkt man auffallend viel Männer und Frauen aller Altersstufen mit Büchern und Schreibheften. Es ist die Zeit, in der sich viele in Kursen für das pädagogische Studium vorbereiten. Das bestandene Examen gibt ihnen dann, mit Hilfe eines Staatsstipendiums, die Möglichkeit, das Studium in Baku zu beenden.

Sieht man die Hauptstraße des hochgelegenen Stadtzentrums entlang, so schließt das orientalisch anmutende Bild mit dem Blick auf einen langen Bergrücken ab, auf dem sich die Ruinen der Armenierstadt erheben, die ehemals von dem Mohammedanerviertel scharf getrennt war. Die alte Armenierstadt Schuscha ist in den neunziger Jahren des vorigen Jahrhunderts von den Türken völlig zerstört und die gesamte Einwohnerschaft abgeschlachtet worden. Diese reiche Stadt der Händler, die der wichtigste Stapelplatz für Waren von und für Persien und den russischen Goldhandel war, ging zugrunde. Die Häuserreste mit ihren großen Torbögen und Durchblicken in Höfe, die gepflasterten Straßen lassen noch den früheren Reichtum ahnen. Bei den Kirchen- und Klosterruinen sieht man noch die tiefen Zisternen zum Auffangen des Wassers; auch die alten Wasserleitungen haben sich erhalten. Selten trifft man Menschen in dieser toten Stadt. Vereinzelt weiden Kühe zwischen den Hausruinen, größere Flächen sind mit Korn bestellt.

Bei der Weiterfahrt durch armenisches Gebiet muß man zunächst um das Bergmassiv, auf dem Schuscha liegt. Als wir aus dem Schatten des Bergs in die Sonne kamen, lag alles vor uns wie vergoldet. Ein zauberhaft aussehender Schimmelreiter, der an einem dicken Strick einen kleinen zaushaarigen blonden Bären hinter sich herzog, kam von unten den Steilhang herauf; ein berittener Milizionär mit einem Karabiner sprengte heran. Dann verschwanden die beiden unseren Blicken.

Wir waren jetzt hinter dem Bergmassiv, das hier mit einer mächtigen grauen Felsenmauer das Tal wie eine natürliche Festung abschließt. Die Fahrt ging nun durch vegetationslose, schokoladenbraune Felsenberge. Seitlich von uns, über ein Flußtal hinweg, erhoben sich Waldgebirge; nach einiger Zeit rückte das Grün wieder heran. Kleine, primitive Lehmhütten, Siedlungen, Angoraziegen, Schafe, Kühe. Und wieder verwandelte sich der Charakter der karabachischen Landschaft: baumlose hohe Wiesenberge umschlossen uns. Der Paß war erreicht. Man konnte auf die Windungen der abfallenden Straße hinuntersehen, die ins Gebiet des kurdischen Volks führte. Diesseits sah man auf grünem Wiesenhang die langen weißen Stallgebäude des Sowjetguts Lissogorsk.

Als ich, der Fremde, mit Gepäck auf dem Rücken auf den Hof kam, war ich sofort von kläffenden Hunden umgeben. Da ich die hier herrschende Sitte, mit einem Stein oder mit einem Stock gegen die Hunde vorzugehen, nicht angenommen habe, meinen Wanderschritt nicht änderte und überhaupt kein Interesse für die Aufregung zeigte, trat Beruhigung ein, aus der in den nächsten Tagen eine treue Freundschaft wurde, zum Erstaunen der Büro-Angestellten, die, nachdem sie schon vier Jahre an diesem Platz arbeiten, die Behandlung der wachsam kläffenden Hunde mit Steinwürfen nicht aufgegeben haben.

Diese tatkräftigen großen Hirtenhunde haben ein langhaariges seidiges weißes oder gelbliches Fell und einen sehr schönen, rassigen Körperbau. Der gefürchtetste unter ihnen entdeckte mich immer bald, wenn ich am Vorberg saß und malte; dann stürmte er auf meinen Platz los und meldete sich, indem er mir seine breite Tatze auf den Arm oder auf die Schulter legte, und wir teilten unser Brot. Unangenehm ist hingegen beim Malen der Besuch der schweren grauen Zuchtbullen, die hier oben auf der Alm frei weiden und in ihrem Bereich, den sie beherrschen, keine Fremden lieben.

Unten im Sowjetgut steht der junge Nachwuchs, die Kälber, und wird sorgsam gepflegt; es sind hellgraue Simmentaler und dunkelbraune Schwyzer Rassekühe, von denen die Kälber stammen. In der Nähe des Kälberstalls auf dem Vorhof jenes Teils des Guts, der einmal die Poststation für den Verkehr über den Paß war, ist die Tränke. Quellwasser sprudelt aus einer Leitung in einen langen, ausgehöhlten Baumstamm. Im kalten Wasser der Tränke stehn die mächtigen Milchkannen, die die Esel von der Alm mit Nahrung für die Kälber herunterbringen, denn jetzt im Sommer wird das Großvieh im Hochgebirge gehütet. Der Weg, den man hinauf über die blumenreichen Wiesenteppiche zu reiten hat, ist von einer grandiosen Schönheit, da durch die Baumlosigkeit der Charakter der übergrünten Bergformation außergewöhnlich klar modelliert und monumental zum Ausdruck kommt. Die Herde zieht mit den Hirten weit in die Berge und kommt zum Melken zur Unterkunftshütte. Die Melker und Melkerinnen in ihren sauberen leinenen Überkleidern benutzen alle hygienischen Hilfsmittel bei ihrer Arbeit. Überall in Aserbaidshan kann man beobachten, wie weit die einheimische Hornviehrasse schon durch das Simmentaler und Schwyzer Zuchtvieh verbessert wurde: der Nachwuchs ist groß und außerordentlich muskulös gebaut.

Auf der Paßhöhe bei dem Sowjetgut gibt es gegen Abend häufig schroffe Witterungsumschläge. Wenn der Tag auch mit hellstem Sonnenschein begann, dunkelt es dann plötzlich; auf der Kante des Vorbergs werden die Silhouetten der heimkommenden Sowchospferde sichtbar; die Kälberwärter steigen auf den Berg, um ihr Vieh einzutreiben; eine lange Nebelwolke streckt ihre Zunge über den Vorberg zu uns hinab ins Tal, und bald beginnt eine Symphonie aus Blitz und Donner: hier sind die Gewitter weiß –, man sitzt buchstäblich mittendrin in den Wolken

Wenn man die Paßhöhe von Lissogorsk verläßt, verschwinden bald die baumlosen, wiesengrünen Hochgebirge. Tiefgrün bewaldete Berge fallen zum Flußtal ab. Unser Auto folgt bergab unzähligen engen Windungen, denn viele kleine Schluchten müssen umfahren werden, weil aus ihnen Bäche kommen und Flüßchen, die sich tief unten mit dem breiten Nebenfluß der Akera vereinigen. Im engen Waldtal haben die Bäche und Flüßchen meist kein Felsenbett, sie sprudeln und stürzen schäumend zwischen Felsen über rötlichen Schwemmsand dahin, hervor aus Schluchten, die dicht bewachsen sind. Alte Walnußbäume geben der Landschaft den Hauptcharakter.

Sowchos Lissogorsk, 1939

Wir erblicken von hier oben eine ganz eigentümliche Landschaft: die rötlichen felsigen Ufer eines breiteren Flusses zeigen viele frühere Höhlenwohnungen; aber das Eigentümlichste ist ein einzelner kahler zuckerhutförmiger hoher Fels, der einsam aus dem Fluß ragt und wie ein Insektenbau von vielen Höhlen angelöchert ist. Auf welche Weise die Menschen einmal in diese „Wohnungen" geklettert sind (wahrscheinlich auf Leitern), ist heute nicht mehr erkennbar. Hier macht die Landschaft wegen ihrer tiefen Abgründigkeit, wegen der dunkeln Grautöne der Bäume an den Hängen, wegen des roten Schlemmsands, über den der dann und wann aufblinkende Fluß langsamer fließt, und dem kahlen Höhlenfelsen im Grund einen ernsten, düsteren, fast unheimlichen Eindruck.

Wir kommen jetzt ins Land der Kurden und schließlich in ihre Hauptstadt, Latschin, die erst fünfzehn Jahre alt ist. Bis dahin, ehe sie aus einer Siedlung zu einer kleinen sozialistischen Stadt wurde, hausten die Bewohner in Erdhöhlen. Latschin ist auf einem Bergrücken über dem engen Tal des reißenden Flusses Akera gebaut. Alle Landstraßen münden bei dem modernen hochgelegenen Gasthaus, von wo man den Blick auf die Hauptstadt, die einzige Straße der Stadt, hat. Gleich nebenan befindet sich die Speisehalle mit dem freien Blick ins Tal. Hinter dem Gasthaus liegt der Markt der Kolchosbauern, mit viel Raum zum Abstellen der Pferde, da hier jeder Mann und jede Frau beritten ist. Hinter dem Markt, hangaufwärts, kommt jener Teil der Stadt, der im asiatischen Stil niedrig aus Bruchsteinen mit flachem Dach gebaut ist. In einer Blumenanlage bei dem Gasthaus steht ein Denkmal Lenins; in Mütze und Mantel schreitet er vorwärts, den Blick auf die Berge gerichtet, dorthin, wo sich der Stolz und der Reichtum des früher so armen kurdischen Volks befindet; die mächtigen Schafherden und mit ihnen die Stachanowbewegung unter den Hirten.

Vor dem Gasthaus beginnt die Straße mit einem breitem Platz, umgeben von einem Basar mit Verkaufsläden, Apotheke und Autobus-Kontor. Es folgen die Wollablieferungs-Zentrale mit einem Hinterhof für Pferde und Kamele, die Post, das Rayongebäude der Behörden, das Krankenhaus, die Miliz, die Vertretung des Kommissariats für Innere Angelegenheiten. Die Straße schließt auf der einen Seite ab mit der Staatsbank und einem Lager für landwirtschaftliche Maschinen und andre technische Bedürfnisse der Kolchosbauern. Hier, von wo aus man das ganze Tal überblickt, vollzieht sich der Hauptzuzug der Kolchosbauern, die meist von jenseits des Flusses aus dem Gebirge in die Stadt kommen. Auf der andern Straßenseite befindet sich die Abteilung des Kommissariats für Landwirtschaft und der Klub. Überall sieht man viel Platz zum Anhalftern der Pferde. Überall sieht man große neue Gebäude im Bau. Weiter die Straße hinauf, dem Lenindenkmal zu, bemerken wir die Schule und die modernen Wohngebäude der Angestellten; auch eine Garage ist vorhanden, denn die Stadt hat großen Lastauto-Verkehr.

Ich mußte einige Tage warten, bis der telephonisch bestellte Hirt, der mich führen sollte, mit den Pferden aus dem Gebirge kam. Ich hatte Zeit, mancherlei zu bedenken, vor allem: wird der Nebel, werden die Unwetter mir keinen Streich spielen? Ist die Furt durch den reißenden Fluß passierbar? Wohl gibts eine gute, bequeme Brücke – aber die liegt auf dem weiten, weiten Kamelweg, der ins

Verlassenes kurdisches Höhlendorf

Gebirge führt. Die Pferde steigen wie Bergziegen einen felsigen Richtweg hinauf.

Schließlich kommt eines Tags aus einer kleinen Pferde- und Ochsenkarawane ein junger Hirt auf mich zugeritten: „Bist du der Maler? Hier ist dein Pferd. Die Fracht", – das Pferd war schwer mit Steinsalz beladen – „wird nach dem Flußübergang von Ochsen übernommen, dann reitest du." Nun war ich wieder einmal Pferdeführer. Es ging steil bergab zum Fluß. Das eisgraue Wasser sah nicht sehr einladend aus – vor allem drüben, dem andern Ufer zu, schäumte es in rasenden Strudeln. Doch alles machte sich zum Übergang fertig. Das Pferd wurde mir abgenommen, meine Hand ergriff ein starker älterer Hirt und – obgleich ich mitten im Stom das Gefühl hatte, kein Mensch, kein Tier könne diesem Druck standhalten – war ich unter der sichern Führung bald am andern Ufer.

Es war höchste Zeit gewesen: ein Unwetter brach herein, das Wasser stieg zusehends. In einem Maulbeerhain ruhten wir aus, packten, nachdem der tollste Regen vorüber war, die Lasten um und schüttelten uns Maulbeeren von den Bäumen.

Der Weg führte durch Schlammbäche, dann steil hinauf durch karstartige, vegetationslose Steinhänge, die dem Wasser keinen Halt bieten; es stürzt in kahlen Steinrinnen herab. Nach einigen Stunden waren Führer, Pferd und Reiter so ermüdet und durchnäßt, daß wir das einzige in der Nähe des Weges liegende Kolchos aufsuchen mußten. Überdies begann es rasch zu dunkeln. Der Weg war in einem unbeschreiblichen Zustand: wo kein Felsenboden war, hatte das Unwetter ganze Inseln von Gras und Büschen auf den Weg geschwemmt, die den Weg versperrten.

Wir bogen ab in ein kleines Nebental und standen bald über einem Höhlendorf, an dessen Seite ein Schlammbach floß. Auf der Wiese arbeitete der Kolchosvorsitzende mit einem jungen Bauer, sie steckten eine Wasserrinne ab, denn das Unwetter hatte sich bis an den Kartoffelacker herangewühlt. Die meisten Höhlen haben eine Vorhalle, die aus Stein vor dem Eingang aufgerichtet und deren Grasdach von Pfählen gestützt ist. In einer dieser Hallen übernachteten wir. Ein Feuer wurde angezündet, die Sachen getrocknet und Tee getrunken. Als wir am andern Morgen bei Sonnenaufgang loszogen, sahen wir das Drohende, das für dieses Gelände charakteristisch ist: ein zu normalen Sonnenstunden völlig wasserloses Gebirge, zerrissen von zwanzig bis dreißig Meter tiefen, schmalen Schluchten, die bei jedem Unwetter tiefer aufgerissen werden und Schlamm über Wiesen und Äcker wälzen und die Arbeit der Menschen immer wieder in Gefahr bringen. Schwer muß das Leben und die Arbeit hier gewesen sein, als man den Kampf gegen die Natur noch nicht kollektiv und organisiert führte!

Wir stiegen weiter hinauf, durch Felsschluchten, die vom Regen wie poliert aussahen. Das Pferd kletterte wie eine Gemse: wo es einen nur hufgroßen Halt fand, setzte es den Fuß auf und zog den Körper mit dem Reiter nach, – Gelegenheit zum Lenken hat man nicht; aber das was der Reiter über Gewichtsverteilung beim Reiten gelernt hat, muß er hier gut verwerten, um dem Pferd die nötige Hilfe zu geben. Trense oder gar Kandare hat das Packpferd nicht, selbstverständlich auch keine Steigbügel; man sitzt auf dem Packsattel wie ein Kunstreiter in der Manege. Beim Aufsteigen kniet man in die gefalteten Hände des Hirten; er wirft einen hoch, und man krabbelt auf seinen Platz.

Als die Sonne etwas höher stand, kamen wir auf einen Wiesenplatz, wo durchreitende Kolchosbauern ihre Pferde grasen ließen. Hier ruhten in Gruppen an die fünfzig Hirten; ihre Pferde liefen frei umher und weideten. Das war vor dem letzten steilen Aufstieg über ein Bergjoch.

Schwer beladen mit langen Säcken Wolle kam eine Kamelkarawane an uns vorüber: ein überraschender Anblick, wie diese langsam trottenden, schwankenden Wüstentiere durch den lehmigen Grund einer Hochgebirgsstraße stapften. Tief unten im Tal war alles bebaut. Auf dem braunen, sonnebestrahlten Acker erkannte man die perlgrauen Oschengespanne: je zwölf Ochsen vor einem Pflug. Dann verschwand der letzte Tiefblick, und wir zogen am Rand einer hohen grünen Bergwand hin, uns zur Seite eine unabsehbare Ebene, bestanden mit Roggen. In der Ferne grüßten die Schneeberge. Dicht vor uns leuchtete an einem Wiesenberg ein einzelnes Haus, offenbar ein Neubau mit frischgedecktem Holzschindeldach: das Haus des alten Hassan Dschumschud, – den wir später kennenlernen sollten – in einer Landschaft von Grashügeln, unter denen sich noch die unterirdischen Wohnungen der kurdischen Hirten befinden. Kleine Mauern mit Türlöchern lassen die Eingänge erkennen. Aus einigen der Hügel stieg blauer Rauch empor. Auf andern saßen weißgekleidete Frauen und unterhielten sich. Das friedliche Bild wurde nur gestört durch das wütende Gekläff und das Herumtoben der großen Hunde, die auf diese Weise den Ankömmling mißtrauisch begrüßten. Vor dem steinummauerten Eingang zur Wohnung meines Pferdeführers lag ein weißer Hund; sein Herr versetzte ihm einen Hieb mit der Knute, stieß die schmale, dicke Holztür auf und gab mir ein Zeichen, abzusteigen und

Das neue Haus des Hassan Dschumschud, 1939

Kurdischer Wachhund über einer Erdwohnung

einzutreten. Der Raum bekam sein Licht durch ein holzumrahmtes Loch in der Decke, wo auch der Rauch der daruntergelegenen Feuerstelle abzog, um die sich die Familie sammelt. Da hockten in weißes Leinen gekleidet Frauen, eine Mutter mit halbwüchsigen Mädchen. Man legte eine Filzdecke auf den Boden, auf die ich mich hinhockte. Eine ältere Frau rollte den Teig aus für den Lawasch, ein dünnes zusammenrollbares Brot, das auf einer flachen Pfanne blasen ziehend röstet. Bei Regenwetter bildet die gleiche Pfanne den Deckel für die Öffnung in der Decke.

Schräg durch das Lichtloch fiel jetzt ein Sonnenstrahl in den rauchigen Raum mit seinen dunklen Wänden – er wirkte wie ein langer, hellblauer Balken. Es ist naheliegend, daß das Lichtloch auch als Sprachrohr dient. Die Höhle ist tief, und das Lichtloch liegt wenige Schritte vom Pfad entfernt, der zwischen den Hügeln durchführt.

Nur wenige Gruppen von Schafen waren draußen zu sehen; denn die Masse, dreitausend Stück, weidete jetzt im Juli in der höchsten wiesenreichen Zone. Man sah an den Hängen nur noch Ochsen, Kühe, Angoraziegen und Pferde.

Die kurdischen Hirten in ihren von Regen und Sonne verwitterten Kleidern zeigen einen kindlichen Frohsinn; sie sind wißbegierig und aufnahmefähig. Gebliebt und in allen Dingen des Lebens und der Arbeit um Rat befragt, wird der vierundachtzigjährige Träger des Leninordens Hassan Dschumschud. Seine Leistung ist einzig dastehend: im Jahr 1938 brachten je hundert Mutterschafe, die er pflegte, einhundertvierundsechzig Lämmer zur Welt. Die Schafe sind Kreuzungen vom aserbaidshanischen Fettschwanzschaf und Merino. Die Hirten haben dem Alten oberhalb seiner alten Höhlenwohnung das schöne Steinhaus mit zwei großen Zimmern und einer offenen Vorhalle gebaut, das uns eingangs aufgefallen war.

Inmitten der Siedlung liegt der Versammlungsplatz. Dort wird alles besprochen, dort werden die Entschlüsse gefaßt. Der alte Hassan Dschumschud kann von der Vorhalle seines Hauses verfolgen, was da geschieht. Sieht er an den Bewegungen der Arbeitsgenossen bei Diskussionen den Ausdruck von Heftigkeit, so geht er hin, hört aufmerksam zu und bringt Richtung und Hilfe. Klug ist der alte Hassan, lebenserfahren. Sein Antlitz ist nicht heiter, ein schweres Leben hat es beschriftet, er schaut aufmerksam, ernst und tief. Die Ruhe und Sicherheit, die von ihm ausgeht, gibt allen ein festes Vertrauen. Auch physisch hat der Alte zähe Kräfte: er braucht keine Hilfe, um sein Pferd zu satteln, – er selbst hilft, falls es

Kurdische Erdwohnung, 1939

Studie zum Gemälde
„Versammlung kurdischer Hirten", 1939

notwendig ist, widerspenstige Ochsen ins Joch zu spannen. Sein Sohn Akper ist ebenfalls Ordenträger und seit langem Leiter der Farm. Die Stachonowbewegung ist im ganzen Kolchos außergewöhnlich stark.

Hassan Dschumschud

Unwetter kamen. Wir saßen in einer dikken, dichten Nebelwand. Mein Aufbruch verzögerte sich von Tag zu Tag, denn bei Nebelwetter geben die Kolchoshirten kein Pferd. Endlich flog eines Morgens ein Wolkenfenster auf: alles auf unserm Wiesenberg lag klar da. Raubvögel kreisten nun droben in der Helle, in der Hoffnung, ein im Nebel abgeirrtes Ziegenlamm rauben zu können.

An diesem Tag trat ich den Rückweg an. Der Abstieg in den Felsenrinnen und Schluchten ist beschwerlich. Was die aserbaidshanischen Pferde bergauf wie Bergziegen überwinden, ist für sie bergab eine schwere Sache. Man muß sie ganz entlasten, weite Strecken zu Fuß gehen. Der Kamelweg war an den Stellen, wo wir ihn überqueren, zu einem zähen Morast aus Lehm geworden. Endlich kamen wir gegen Abend an den Fluß. Dort fanden wir viele berittene Kolchosbauern vor, aber niemand konnte daran denken, in den Fluß zu steigen: schäumend und lehmgrau wälzte er sich heran; Baumstämme drehten sich torkelnd in dem brausenden Wasser, als ob Ertrinkende zum letztenmal ihre Arme ausstreckten. Es blieb uns nichts anders übrig, als auf dem schmalen Fußsteg am Steilufer des Flusses entlangzuklettern, der sich in schier endlosen Krümmungen um die Schluchten der Nebenflüsse windet, bis er endlich die bequeme Brücke erreicht, über die der Kamelweg führt. Nach zwölf Stunden, bei Einbruch der Nacht, waren wir wieder in Latschin.

Ich benutzte nun die Gelegenheit, mir auch hier unten im Vorgebirge die Höhlen anzusehen, die nur noch selten bewohnt sind. Sie liegen häufig in versteckten Schluchten, die für den Höhlenbau besonders geeignet waren. Heute haben die Bauern in dem etwas höher gelegenen, fruchtbaren Gelände ihr Kolchos mit allen kulturellen Einrichtungen, – vor allem Schulen und moderne technische Einrichtungen für die Landbebauung. Die alte Zeit mag auch unsicher genug gewesen sein, denn die Höhlendörfer sind häufig strategisch sehr geschickt angelegt. Ich denke da an eine derartige Anlage, die ich zeichnete. Eine dunkelfarbige breite Schlucht schwarzer Basaltfelsen, in die sich unten die lange Welle eines tuffartigen Gesteins schiebt, begrenzt von einem Bach, der sich durch das Höhlendorf windet. Von den Höhlen zieht sich eine flache Felsplatte zur Furt hinab; sie bildet über dem Ufer des Bachs eine natürliche Steinbarrikade. Kleine Felsblöcke, die man darauf schichtete, erhöhen und vervollständigen den Schutz. Oberhalb der Felsplatte beginnt die Siedlung mit einem von einer Mauer für den Wachtposten geschützten Platz. Dort befindet sich keine Höhle, nur Sitzgelegen-

Versammlung kurdischer Hirten, 1940

heiten höhlen die Steinwand des Hangs aus. Erst dann folgen die Höhlenwohnungen, die ersten noch mit einem kleinen, ummauerten Vorhof. Bei ihnen ist der Eingang zwischen zwei mächtigen Felsstücken so schmal, daß ein Mensch grade noch durchschlüpfen kann. Die Höhlen aber sind geräumig, Sitzgelegenheiten, Viehkrippen oder Wasserbehälter sind aus dem Stein herausmodelliert; einige Luftlöcher zur Beobachtung des Vorlands bringen etwas Licht. Anfangs sind je zwei Wohnanlagen noch miteinander durch ein Türloch verbunden. Dann wird die Siedlung auf zwei Bergfalten, die sich übereinanderschieben, offener, weniger festungsmäßig. Breit angelegte Viehställe und viele Wohnungen befinden sich dort unter der Erde. Heute ist die Gegend sehr einsam; vielfach haben sich Giftschlangen in den Höhlenwohnungen angesiedelt. Schon in den ersten Jahren der Sowjetmacht hat man den kurdischen Bauern dieser Siedlung Gelegenheit gegeben, ihre unterirdischen Behausungen zu verlassen und sich auf besserem Boden anzusiedeln. Ein Kolchos entstand, das den Namen „Kaganowitsch" trägt.

Ich verließ das Gebiet der Kurden und kam zurück in die Kreishauptstadt des armenischen Gebiets Aserbaidshans. Es war Abend. Die elektrisch beleuchteten Hausnummern der Stadt gaben mit ein behagliches, fast heimatliches Wohlgefühl. Da ertönte aus einem geöffneten Parterrefenster ein Radio: eine Sonate von Haydn. Erschüttert von der Kraft und Einfachheit des Ausdrucks, setzte ich mich auf die Hauskante nieder. Nach drei Monaten aserbaidshanischer Musik, die die unsagbare Melancholie und Eintönigkeit einer Zeit bewahrt hat, in der verskalvte Menschen das schwere Joch der Ausbeutung tragen mußten, kam es über mich wie eine Erlösung. Aber da knallte und summte der Apparat wieder: Haydn schwieg, der armenische Besitzer suchte den Äther ab, um orientalische Musik zu finden. Da war ich sehr niedergeschlagen. Mich verfolgten die Erinnerungen an die klagenden Gesänge meiner Führer in den Bergen. Die dumpfen Töne der aserbaidshanischen Trommel, das Schluchzen der Streichinstrumente und, alles übertönend, der überaus ernste eintönige Gesang eines Volkssängers im Speisehaus wurden in mir lebendig . . . da, in diesem Augenblick, rissen alle diese Erinnerungen jäh ab; von der Kaserne her ertönte der kraftvolle, lebensfrohe Gesang einer aserbaidshanischen Abteilung der Roten Armee und beschwingte meinen Heimweg zum Quartier mit dem Rhythmus der neuen Zeit.

Die Kreishauptstadt des Karabachischen (Armenischen) Autonomen Gebiets ist erst nach der Großen Oktoberrevolution aus einem günstig in den Vorbergen gelegenen Dorf entstanden. Stepanakert ist eine Gartenstadt. Alte Maulbeer-, Apfel-, Aprikosen-, Pfirsichbäume umgeben die Häuser; mit Bohnen, Mais und Kartoffeln sind die sonnigen Teile der Gärten bepflanzt, es zeigt auf den ersten Blick den hohen Stand der sozialistischen Kultur bei den Organisatoren dieser Umwandlung.

Kommen wir aus der heißen, subtropischen Baumwollebene in die kühleren Vorberge des Hochgebirges, so empfängt uns ein breit angelegter, runder, architektonisch ausgebauter Platz. Der Reichtum und die geschmackvolle Anordnung herrlicher Blumen und blühender Büsche zeigen die gute armenische Tradition. Der südliche Himmel spiegelt sich in einem steinernen Springbrunnenbecken. Die vielen bequemen Bänke sind am Abend voll besetzt. Pioniere musizieren und

Festtag in Stepanakert, 1939

umtanzen das Wasserbecken; über ihnen steht das Standbild Lenins. Der erhobene rechte Arm, die geöffnete Hand, die ganze Energie in der Bewegung des Körpers, der lebendige Kopf zeigen eine Kraft, vor der sich die Berge torähnlich zu öffnen scheinen. Die Hand deutet in der Richtung auf die alten, askeranischen Befestigungsanlagen, die das von Armeniern bewohnte Gebirgsland gegen den Einfall feindlicher Nationen schützen sollten. Verfallen sind sie, sinnlos geworden, nachdem die Große Oktoberrevolution unter der Führung Lenins alle Schranken der nationalen Gegensätze niederriß und in der Stalinschen Epoche der sozialistische Aufbau mit seinen Wechselbeziehungen zwischen den Völkern die unzerstörbaren Grundlagen für die feste brüderliche Freundschaft der Sowjetvölker schuf.

Breite Promenaden umlaufen kreisförmig das Wasserbecken. Das Haus der Partei, die Staatsbank und das Haus der Regierung umschließen den Platz. Das vielstöckige Haus, in dem die Behörde arbeitet, hat im Erdgeschoß Verkaufsläden; sieht man sich die Hinterfront an, ist man überrascht, daß der Architekt auch ihr intime Aufmerksamkeit gewidmet hat. Dort fällt das Gelände. Äußerst geschickt führen Steintreppen und Terrassenanlagen in einen bisher nur angedeuteten Garten, dessen Mittelpunkt ein rundes Wasserbassin bildet. Die neuen Gebäude, Museen, Institute, Schulen, Fabriken, Krankenhäuser, die Neubauten bei der Kaserne und die Wohnungsbauten tragen modernen Charakter. Architektonische Spielereien sind völlig vermieden: die Fensterverteilung, die architektonische Zusammenziehung von Fenstern zu Gruppen, schlichter Ausbau der Balkone, keine ängstliche Vermeidung von Säulen, wenn sie wirklich tragende

Im Bohrturm bei Baku

Funktionen haben – alles fügt sich zu schöner Einheitlichkeit und formt das Stadtbild dieser typisch sozialistischen Stadt. Sie endet aufsteigend vor dem ummauerten Stadtviertel der Roten Armee, deren Hauptgebäude eine alte Kosakenkaserne ist. Hier enden die Wohnanlagen der Stadt mit einem schattigen Boulevard von alten Linden, der sich unter den Mauern der Kasernenstadt hinzieht. Vor dem Eingang zur Stadt sieht der Ankömmling den Markt, dessen Ausgestaltung er nicht leicht vergißt: das von Rundpfeilern getragene ovale Sonnendach für die Milchverkäufer, die seitlich angeordneten Läden, alles in ultramarinblauer Farbe gehalten, dahinter der breite Platz für die Pferde und Esel – alles das zeigt, daß die führenden armenischen Genossen sich ihrer kulturellen Verantwortung bewußt sind und ihre Aufgaben mit ausgesprochen künstlerischem Geschmack zu lösen verstehen.

Meine Arbeiten hier waren beendet. Ich fuhr nach Baku zurück, das durch seine Blütenpracht – der Oleander stand in Blüte – einen festlich-heitern Eindruck machte.

Die Fahrt geht durch Baumwollfelder und Kornländereien, dann durch die vegetationslose Wüste am Kaspischen Meer. Auf einer Station, in deren Nähe sich eine Eisenbahnwerkstätte befindet, stiegen zusammen mit Arbeitern, deren selbstbewußte freie Gesichter mir auffielen, ältere Frauen von großer Schönheit ein. Sie trugen Nationaltracht, schwarze Seidentücher mit violettem Randornament oder violette mit weißem Ornament und alten Goldschmuck: schön geformte Ohrringe und Halsketten. Ähnliche Typen sah ich in einem Erholungsheim der Gewerkschaften im Mardakian am Kaspischen Meer, wo ich meine letzten künstlerischen Aufgaben zu erfüllen hatte.

Die elektrische Schnellbahn läßt den Reisenden hinter Baku noch einmal den Schwung und das Tempo zum Aufbau der reichen Naphtha-Industrie empfinden. Nach der Fahrt durch die weitausgedehnten Industrieanlagen der Hauptstadt wird man überrascht durch den schroffen Wechsel der Landschaft: wüste Steppe mit Ziegenherden; menschenleere Wälder, schlanke Bohrtürme aus Eisenkonstruktion mit geräuschlos und automatisch arbeitenden Naphthapumpen; alte Dorfreste zwischen Telephondrähten, Röhrenleitungen und tiefblau spiegelnden Naphthasümpfen; ganz moderne Städte mit Speise- und Warenhäusern, plötzlich ein großes offenes Schwimmbad und weite Sportplätze. Später Kolchose mit Wein- und Feigenkulturen; Windmühlen heben das Wasser zur Berieselung der Felder.

Endlich die alten Befestigungstürme von Mardakian und die hellen Mauern seiner Parks. Hier befinden sich Kinderheime, Heime für Pioniere, Häuser mit

Parks für Invaliden, die vielen Heime und Sanatorien der verschiedensten Organisationen. Alles liegt in blumenreichen Parks, die durch hohe Mauern gegen Sandstürme geschützt sind.

Karikaturentänzer

Eine interessante architektonische Lösung zeigt das zweite Erholungsheim der Gewerkschaften: ein Teil ist der frühere Palast eines Chans; man hat geschickt verstanden, die schöne alte aserbaidshanische Architektur auszubauen und den erholungsbedürftigen Arbeitern und Bauern dienstbar zu machen. Drei offene Gartenhöfe mit Wasserbecken und üppigen Blumenanlagen, umzogen von breiten Korridoren mit vielen zellenartigen Schlafzimmern für zwei bis drei Personen. Andere Teile des Parks hat man mit guten Marmorkopien antiker Skulturen geschmückt, die von den Arbeitern und Arbeiterinnen sehr beachtet werden.

In diesem Heim ist alles, die Ernährung, die Bedienung und die Unterhaltung vorzüglich organisiert. Dem unversiegbaren Tanzbedürfnis der Aserbaidshaner ist vor allem Rechnung getragen: ein großer Tanzplatz, national instrumentierte Musik und ein junger Tanzmeister sind da. Er leitet diesen Teil der Erholung und verdient besondere Erwähnung. Er hat das Talent, jede Situation und jeden Charakter tänzerisch auszudrücken oder zu karikieren. Er führte den Tanzfaulen, den Tanzbesessenen, den Verliebten, den Eifersüchtigen vor, griff sich das Umschlagetuch einer Frau und stellte ein kokettes junges Mädchen oder eine stolze Frau dar, alles mit so hinreißender Komik, daß das Publikum nicht mehr aus dem Lachen und dem Händeklatschen herauskam.

Das war der letzte Eindruck der befreiten Lebensfreude, den mir das reiche sowjetische autonome Aserbaidshan gab, dessen Naturreichtümer in Verbindung mit den schöpferischen Kräften der Masse das Land ständig wachsendem Reichtum und größerem Glück entgegenführt.

1940

KABARDINO -BALKARIEN NORDKAUKASUS ELBRUS

Veröffentlicht unter dem Titel
„Studienreise im Nordkaukasus"
in „Internationale Literatur",
Moskau, Jg. 11, Heft 3, 1941

Malauftrag vom „Museum der Völker
der UdSSR", Moskau: Studium deutscher
Kolchosen in Kabardino-Balkarien.
Naltschik – Baksantal – Gundeleen –
Tyrnyaus-Kombinat – Arik, Kolchos
Dschulat, Schwarzerdegebiet – Terektal
September–Oktober 1940

IN DER HAUPTSTADT KABARDINO-BALKARIENS

Endlos scheint die Parkstraße. Zwischen vielfarbigen Blumenbeeten zieht sie sich hin, und fern, als Abschluß, steht der schneeleuchtende Fries des Hoch gebirges, als führe sie direkt zu den Schönheiten des Kaukasus. Abends kühlt sich der heiße Tag erfrischend ab, ohne große Sturmszenen erfolgt der Ausgleich des heißen Steppenklimas mit der Hochgebirgsluft; Naltschik, die Hauptstadt der Autonomen Kabardino-Balkarischen Sowjetrepublik, hat das Klima eines Luftkurorts. Wenn die Dämmerung aus den Büschen und Bäumen aufsteigt, die Berge im warmen Abendglanz liegen und dann die Lichtkuppel der Magistrale zu leuchten beginnen, spazieren hier zahllose Menschen nach getaner Arbeit; es ist, als demonstriere ein festlicher Fackelzug Freude über die grandiosen Schönheiten der Natur, Freude am Leben.

Auf einem langgestreckten Höhenzug liegen Stadt und Park. Der Park ist eine Verlängerung, die, mit kleinen dörflichen Häusern beginnend, sich schließlich in eine Großstadt mit moderner guter Architektur verwandelt. So gut die neueste Architektur in dieser Stadt und in den Industrieanlagen ist, so gut sie den kraftvollen einfachen Charakter, das gesunde Schönheitsgefühl des Volkes offenbart, so schlecht ist die Kleinkunst, die in einigen Läden auf der Hauptstraße Naltschiks zum Verkauf steht: plastische Kaufobjekte in weißem Gips, bunt bemalt oder bronziert; sentimentale Hirtenjungen, zuckersüße Mädchenköpfe und orientalische Frauen, wie sie sich der Spießbürger in irgendeiner kapitalistischen Provinzstadt vorstellen mag. Zum Glück gibt es all diese Typen in der sowjetischen Wirklichkeit nicht mehr. Der Typ des Hirtenjungen und der Typ der Sowjetfrau, des Sowjetmädchens ist ein neuer Menschheitstyp, der bewußte Kraft offenbart. Man sollte aber mit den plastischen Gespenstern aus der Vergangenheit aufräumen, zumal da das Museum der Hauptstadt zeigt, daß hochkünstlerische Holzschnitzereien in Form von Gefäßen mit Hirtenmotiven Beweise einer eigenartigen, echten Volkskunst sind. Auch die mit geometrischen Mustern eingefärbten Filzdecken zeigen einen hohen Sinn für Schönheit.

Neben dem Park liegt ein großer Sportplatz, um den sich die neue Stadt mit dem im Bau begriffenen Sowjetpalast weitet. Die letzten modernen Häuser am Parkrand sind zwei musterhaft geführte Hotels. Das Museum liegt auf dem Wege dorthin. Seine Sammlungen führen aufklärend in die Geschichte des kabardinobalkarischen Volks ein. Die alten Waffen der Fürsten, die Schilde, Helme und Pfeilköcher sind Meisterwerke persischer Waffenschmiedekunst, geziert mit reicher Gravierung, Jagd- und Kampfszenen. Die spätern Feuerwaffen haben reichen Goldschmuck. Mit Kleidern aus schwerem Goldbrokat zierten sich die Frauen der Fürsten. Reichtümer aus der ganzen Welt waren in ihren Häusern zusammengetragen. Neben einer italienischen Meisterarbeit, einem elfenbeineingelegten Schreibtisch, stehen Chippendalestühle aus England, reichdurchbrochene persische Messingständer als Träger für Kerzen, altchinesisches Porzellan, französische Spiegel und vergoldete Standuhren aus Bronze, Delfter Steingut aus den Niederlanden, turkestanische Majolika, gute russische Kleinplastiken und viele Gemälde. Orden und Ehrenzeichen, sowie zwei große französische Porzellanvasen mit den Heereszügen Napoleons lassen erkennen, daß man die kaukasischen Fürsten am Zarenhof gern sah und sie reich belohnte für die niederträchtige Unterdrückung ihres eigenen Volks.

Seit dem XVI. Jahrhundert war Kabardino-Balkarien dem Zarenreich angeschlossen. Russische Kosakenstationen, im Land verteilt, halfen den Fürsten, das Volk niederzuhalten und die maßlosen Abgaben an Vieh, Geld und Dienstsklaven einzutreiben. Sehr geschätzt von den Unterdrückern waren natürlich hier wie überall die Pfaffen, die Mullahs, hielten sie doch das Volk in Unwissenheit und Aberglauben, lenkten sie es doch, indem sie den Fanatismus gegen Andersgläubige schürten, vom Kampf gegen die einheimischen Unterdrücker, die Fürsten, ab. So ein Fürst nahm, wenn der Hirt die Herde an seine Kinder aufteilte, 100 Rubel oder 100 Hammel oder einen Dienstsklaven; verheiratete der Hirt eine Tochter, so kostete ihn das zwei Ochsen und zwei Kühe, die er an den Herrn zu liefern hatte. Schwere Hals-, Fuß- und Handketten zeigen, daß jeder Versuch der Verweigerung mit Kettengefangenschaft bestraft wurde. Ungeheurer Raub an Ackerland, Weideland und Vieh war die Folge, wenn die Versklavten aufständisch wurden. Lesen und Schreiben konnten bis zur Großen Oktoberrevolution nur zwei bis drei vom Hundert. Heute ist in jedem Dorf die Schule das beste der neuen Gebäude. Wenn ich bei meiner künstlerischen Arbeit nur den Wünschen der Bevölkerung hätte nachgeben wollen, hätte ich in jedem Dorf zuerst die Schule abzumalen gehabt. Die Hauptstadt besitzt neben anderm ein Schulgebäude von so hervorragender Architektur, wie wir sie in unserm Riesenland selten wiederfinden. 70 000 Kinder besuchen zur Zeit 243 Schulen.

Bemerkenswert ist auch die Architektur der beiden großen Gasthäuser. Das eine, das „Haus der Touristen", ist Ruhe- und Ausgangspunkt für jene Sowjetjugend, die im Bergsport Erholung von der Arbeit, Mehrung ihrer Kraft und ihrer Ausdauer sucht.

Das Zentralkomitee der Sowjetgewerkschaften hat mit der Organisierung des Bergsports Mustergültiges geschaffen. Auch das „Haus der Touristen" untersteht dieser Organisation. Hier erfährt der wandernde Gast alles, was für seine Versorgung, Unterkunft, Ernährung und bergsportliche Schulung nötig ist. Lange bequeme Korridore, an denen die einfachen, mit erstklassigen Betten ausgestatteten Schlafzimmer für zwei, vier oder sechs Personen liegen, weiten sich an einigen Stellen zu offenen Räumen. Hier laden bequeme Sessel und Tische die Touristen ein, ihre Gruppenberatungen abzuhalten. Ein größerer Raum, den man durch eine Glastür betritt, hat eine ausgezeichnet betreute Beratungsstelle. Eine Wand des Raums ist von einer plastischen Karte eingenommen, auf der man die genaue Lage der Touristenhäuser, der Lager und Bergsportschulen vom Elbrus bis zum Kasbek findet; der Tourist verfolgt genau die Wegrichtungen, Steigungen, Gefälle und Paßübergänge. Außer diesen Einrichtungen ist für große Versammlungen und Filmvorführungen ein Saal vorhanden. Die besten russischen und ausländischen Bergführer sorgen für die Schulung der Neuangekommenen in den Lagern, machen sie bekannt mit der Technik der Bezwingung

felsiger Steinhänge, der Besteigung von Kaminen. Überquerung von Gletschern und Gletscherspalten. Die beste Art von Flußüberschreitungen wird vorgeführt. Außerdem erhalten die Lernenden neben ausführlicher Belehrung über zweckmäßige Kleidung und bis in genaue Gewichtangabe gehenden Hinweisen über Ernährung, sorgsame Anweisungen, was man bei Unglücksfällen im Gebirge zu tun hat; auch der Abtransport von Verletzten bei leichten und bei schweren Fällen wird ihnen gezeigt. Die Instrukteure haben außer ihrer Schulungsarbeit und außer der Bearbeitung neuer Marschrouten auch geologische, geographische und vor allem meteorologische Aufgaben zu erfüllen. Natürlich erfordert auch manchmal das Suchen und Bergen von Verstiegenen in dieser Bergwildnis die Anspannung aller Kräfte und jeder technischen Erfindungsgabe.

Das gilt freilich nur für das eigentliche Gebirge; im übrigen führt bis an das Massiv des Elbrus eine tadellos gepflegte Bergstraße; bis Mitte September verkehren hier täglich bequeme Personen-Autobusse. Dann endet die Saison. Im Winter werden Skikurse abgehalten.

UNTERWEGS ZUM ELBRUS

Als ich meinen Weg durch das Baksantal zum Elbrus beginnen konnte, war die Saison zu Ende. Die Straße lag vereinsamt, der Autoverkehr war schon eingestellt. In Naltschik hatte ich auf gut Glück ein Lastauto angesprochen: „Wohin fahrt ihr?" „Nach Gundeleen", war die Antwort. „Einerlei", dachte ich mir, dann eben Gundeleen, der letzte Punkt meines Arbeitsplans, das erste Ziel im Elbrusrayon; es liegt zwar vom Wege ab, gilt aber als charakteristisches balkarisches Dorf. Ich warf meinen Rucksack in den Ladekasten, kletterte nach, und der Wagen rollte ab.

Herbstlich graue Steppe, manchmal Sumpf, dann und wann ein weitläufiges, riesiges Flußbett, durch das sich schmal das silberne Band des Wasserspiegels windet. Viehherden, Pferde, Ochsen, Kühe, Maisfelder. Kaum merklich steigt der Wagen bergan, hat ein großes russisches Dorf durchquert, es folgen kabardinische Dörfer. Hochgebogene Tore, die in weite Viehhöfe eine Durchsicht geben. Vorüberschreitende Gruppen von Kollektivbauern; die straffen Gestalten mit den energischen Gesichtszügen und den charakteristischen Nasen, die immer etwas gebogen, manchmal fein und schmal sind, manchmal in ansehnlicher Größe kühnen Schwung aufweisen, lassen sofort die eingeborenen Kabardiner erkennen. In ein saubres, gepflegtes Schulgebäude strömen lustige Kinder. . .

Durch hügeliges Gelände und flache Steppen geht es weiter am Fluß entlang. Dann rückt eine Bergwand jäh an die Landstraße. Vom Scheitel des Berges stürzt in drei mächtigen Zuführungsröhren das Wasser des Baksanflusses in die Turbinen des Elektrizitätswerkes „Baksanges". Hier ist im Rahmen einer monumentalen Architektur eine Kraftquelle geschaffen, die für die industrielle Entwicklung der Autonomen Republik – sowohl für die Verarbeitung der landwirtschaftlichen Produkte als auch für die Auswertung des Reichtums an Erzen, die Molybdän, Eisen, Chrom, Nickel, Zinn, Zink, Kupfer, Antimon, Silber und Gold enthalten – von außerordentlicher Wichtigkeit ist, und überdies noch die

Ehemalige Moschee in Gundeleen, jetzt Pionierklub

Kurorte Piatigorsk, Kislowodsk und Essentuki mit Licht und Kraft versorgt.

Nach einiger Zeit zweigt die Fahrstraße nach Gundeleen ab. Am Dorfrand ergießt sich der Fluß Gundeleen breit über ein Kiesbett in die Talebene. Er kommt aus einem tief eingerissenen Felsenbett, einer glattgeschliffenen schmalen Schlucht, an deren Hängen das Dorf mit seinen kleinen Häusern hochklettert. Die Höfe rings um die Häuser haben aus Weidenzweigen geflochtene offene Unterstände für Pferde und Ochsen; die Dächer dieser Umbauten sind aus Stroh, vielfach berankt mit Gurken oder Kürbispflanzen. Hohe, korbähnlich weidengeflochtene Bauten nehmen die Maiskolben auf. Die Wohnhäuser haben meist ein solides Ziegeldach; unter dem Gesims leuchten rote Gehänge von spanischem Pfeffer, der so getrocknet wird. Verläßt man das Dorf auf der Höhe, dann weitet sich der Blick auf eine tiefhingestreckte und hoch sich aufbauende Landschaft mächtiger Wiesenberge. Der Rahmen des Dorfs war goldgelb von Mais; jetzt variiert alles nur in Grün, bis in die entferntesten Berglinien steht in Haufen das Heu gestapelt, der Reichtum dieses Berglandes.

Ich wandere mit dem Sekretär der Jungkommunisten stundenlang durch diese blumige grüne Welt, die sich in den mannigfaltigsten Formen um uns hinaufwellt und terrassiert. Ganz baumlos, gibt sie eine weite Übersicht in die Einsamkeit. Selten sieht man ein paar Reiter mit der breitschultrigen schwarzen Burka, über die die weiße Kapuze, um den Nacken geschlungen, aus der Landschaft leuchten. Wir kommen auf einen schmalen Paßweg zwischen zwei Hügeln. Unter uns im Hochtal strecken sich die langen Gebäude einer Milchfarm hin, die von Jungkommunisten geführt wird.

Da kommt hinter uns, den Berg herauf, ein Bekannter aus der Kollektivwirtschaft, der 75jährige Stachanowmann Schaschaew-Ali, mit seinem Esel, der das Wenige trägt, was der Alte auf seinem tagelangen Kontrollweg nötig hat. Schaschaew-Ali verwaltet die riesigen Heuvorräte der Kollektivwirtschaft, die auf den Hängen des Gebirges liegen. Herzlich begrüßte er mich mit dem hier üblichen Zweihändedruck wie einen alten Freund. (Ich hatte ihn im Dorf gezeichnet.) Die Stachanowbewegung in der Kollektivwirtschaft ist auch unter den alten Leuten stark verbreitet; ihnen kommt die langjährige Erfahrung zu Hilfe, so daß sie die Normen weit überbieten können.

Im Dorf betreut man die Kinder besonders gut. Eine frühere Moschee ist für sie zu einem Pionierpalast mit großen luftigen Räumen umgebaut worden. Das moderne Schulgebäude, oben am Bergrand gelegen, hat einen besonders guten Platz.

Als Marktplatz verwendet man jenes breite Flachufer des Gundeleenflusses, das sich vor dem Dorfanfang weitet. Hier kann man im Gewoge der vielen Menschen gut die nationalen Eigentümlichkeiten der Kleidung, den Farbengeschmack der Menschen erkennen. Bei den Männern sieht man außer der Pelzmütze den breitrandigen dunkelbraunen oder weißen Filzhut als Sonnenschutz; die Frauen lieben Kleider in leuchtenden Farben, vor allem Gelb in allen Nuancen, von Zitronengelb bis Orange, und eigentümliche helle Rots. Dazu tragen sie schwarze Umhängetücher. Manche ziehen es vor, sich ganz in eine Farbe zu kleiden und das große Umhängetuch in einer wenig von der Grundfarbe abstechenden Tönung zu tragen. Vereinzelt kommen Zusammenstellungen von verschiedenen Graus mit braunem Umhängetuch vor, und doch sieht man auch ganz gewagte Zusammenstellungen wie Rosa oder selbst Orange mit Grün. Aber alles wird von den Gebirgsfrauen mit großem Geschick gewählt und mit viel Geschmack getragen. (Die Frauen in der kabardinischen Ebene lieben ausgesprochen rote Farbtöne mit Weiß, die man im Gebirge selten sieht.)

Von Gundeleen braucht man nur eine kurze Strecke Wegs zurück bis zur Hauptstraße, die zum Elbrus führt. An der Wegzweigung liegt ein größeres prähistorisches Gräberfeld. Hier wurden interessante Kleinplastiken aus Bronze, wahrscheinlich großenteils Ziergehänge für Frauen, neben Waffen und Urnen ausgegraben. Das Pferd, der Reiter, der Bär, der Hirsch, das Schaf mit dem aufgerollten Horn und Vogelplastiken sind Hauptmotive der Darstellung.

Große Schafherden weiden jetzt auf den niedern Hügeln. Dabei fällt auf, daß der Hirt keine Hunde benutzt. Die Herde wird von zwei feisten weißen Ziegenböcken mit braunem Hals und Kopf geführt. Sie sind stark gehörnt, und das ruckweise Aufrecken und Umschauhalten der kräftigen Tiere zeigt eine ungewöhnliche Wachsamkeit. Der Weiderhythmus der Herde richtet sich ganz nach der Bewegung dieser Leittiere.

Ich ging auf einen höhern Grabhügel, um Ausschau nach einem Fahrzeug zu halten, das mich eine Strecke hätte mitnehmen können, aber es kamen nur zwei Benzintankwagen, die keinen Platz für Mitfahrer haben. So warf ich denn meinen Rucksack über und legte die nächsten 30 Kilometer nach Nischnij Baksan zu Fuß zurück, durch eine herrliche Landschaft, die das Bett des reißenden Baksanflusses begleitet: manchmal eine enge waldige Schlucht mit üppigem Baumwuchs über steilen Felsenhängen, dann wieder baumlose Felsenwildnis unter schroffen steinernen Gipfeln; dazwischen grüne Bergwiesen mit Pferden und Ochsen. Dörfer, gleich Urgebilden aus Steinen und Baumstämmen, von grünüberwucherten Erdschollen eingedeckt sind der Umwelt angepaßt wie Naturgewächse. Ich sah auch Kolchose liegen, in wohlorganisierter Form neuer Architektur, die von weitem den Gebrauchszweck der Gebäude durch Lage und Bauart erkennen lassen. Dann wieder eine Steinwüste, Wiesen, ein mächtiges Lager fettglänzender schwarzer Steinkohle dicht an der Bergstraße, gleich dahinter den begonnenen Aufbau einer Bergarbeitersiedlung und in einiger Entfernung, wie an den Berg geklebt, den malerischen Ort Bülem. Weiter geht es in Windungen, bergab und bergauf. Die letzte Höhe im Tal bekrönt eine weitläufige Automobilstation. Von hier aus sieht man hinunter auf die ganz moderne kleine Stadt Nischnij Baksan, an der noch gebaut wird. Sie nimmt mich auf in dem saubern Quartier der „Zugereisten“. Ich bin nun in der Siedlung des Tyrnyaus-

Balkarische Gebirgslandschaft mit Reiter, 1940

Kombinats, das durch die Entdeckung der großen Erzlager von Molybdän in Sowjetrußland so bekannt geworden ist. Drüben auf der andern Seite des Flusses liegt die abgeschlossene Fabrikstadt, das Werk, das neben der Herstellung wertvoller chemischer Produkte die Erze verarbeitet. Über der Fabrik steigen kahle Bergformationen hoch. Drahtseilbahnen führen hinauf, und das ununtergebrochene Geratter der auf gewundenen steilen Wegen hinaufkletternden Lastautos mit Baumaterial läßt emsige Bautätigkeit erkennen, die sich in von hier unsichtbaren Höhenlagen des Gebirges vollzieht. Auf der Flußseite, dort, wo die Siedlung liegt, zieht sich in einiger Höhe am Berghang der alte Aul hin. Niedrige, mit Erde überdachte kleine dunkle Hütten, die einen dickbauchigen Schornstein tragen, der aus Weidenzweigen geflochten und mit Lehm und Kalk feuerfest gemacht ist. Den Gegensatz zu diesen primitiven Wohnungen bildet auf der Talsohle die neue Stadt für die Arbeiter und Beamten mit ihrer überraschend guten Bauweise. Zuerst die Verwaltungsgebäude, die mit einem Restaurant und einer sehr schönen hellen Schule, vor denen das Lenin-Denkmal steht, abschließen. Dann kommt die reizvolle Wohnsiedlung, freistehend, einstöckige Zweifamilien-Häuser, drei baumbepflanzte Straßen nebeneinander.

Das Restaurant könnte man als guten Modelltyp für ähnliche Anlagen nehmen: ein paar Stufen führen seitlich zu einem säulengetragenen Vordach, das gegen die Witterung schützt; die breite Eingangstür führt ins Haus durch eine großangelegte Garderobe, dann öffnet man die Glastür, welche auf die Mittelachse des großen Speisesaals geht. Der Saal hat an beiden Längsseiten große Fenster, so daß ein herrliches Licht entsteht; er endet bei dem seitlich eingebauten Buffet, läßt aber den Ausblick offen auf die saubere Speisenanrichte, über die hinweg man einen Blick in die sorgfältig gepflegte Küche hat. Da Stirnwand des Saales, seitlich vom Buffet bis auf Buffethöhe heruntergezogen ist, ziehn die Küchengerüche im hohen Küchenraum ab; sie können die Gäste nicht belästigen. Die Speisenzubereitung steht guten Moskauer Speisehäusern nicht nach; die Speisen sind aber billiger. Die sehr gut gekleidete Bedienung wurde offenbar durch den großen Sommerverkehr, der zum Elbrus geht, vorzüglich geschult. An der Straße stehn für den Sommerbetrieb noch kleine Buffetbuden, die jetzt geschlossen sind. Auch auf meinem nächsten 45-km-Marsch nach Teglenekli begegne ich ähnlichen Einrichtungen, nur in größerm Stil, mit Sitzgelegenheiten und Tischen, die jetzt leerstehn. So ist es bei Werchnij Baksan, einem großen Dorf, das dadurch bekannt ist, daß hier, 1724 m über dem Meer, sehr ergiebiger Anbau von Wintersaat, Weizen, Gerste und Roggen – wie auch von Sommersaat, Weizen, Gerste, Mais und Hirse – betrieben wird.

Inzwischen hat sich das Landschaftsbild sehr reizvoll dadurch verändert, daß sich der Blick auf die Schneeberge einschiebt, auch sieht man wilde romantische Nebentäler und Schluchten, die zu Entdeckungsfahrten reizen, wenn der Wanderer sich die Zeit nehmen kann, in diese Wildnis vorzudringen. Mir, mit meinem Gepäck auf dem Rücken, genügen die 45 Kilometer, deren Ablauf ich gar nicht einmal berechnen konnte. Schließlich war ich vor Müdigkeit schon daran, meinen Schlafsack in einer Höhlung am Weg zum Übernachten auszurollen, als zwei Eseljungen vorbeikamen, die ich anredete. Der eine schätzte die Entfernung, die mir noch bevorstand, auf 3 Kilometer, der andere auf 15. Da rechnete ich mit 7

Alte Siedlung in Kabardino-Balkarien, 1940

Kilometern und packte wieder auf. Etwas dämmerte es schon, als ich durch den hohen Kiefernwald in das menschenleere Teglenekli kam. Vor dem Touristenheim spielten noch einige Angestellte. Nachdem man mein Kommandierungsschreiben durchgesehn hatte, nahm man mich gastlich auf. Wenngleich es nichts Warmes zu essen und zu trinken gab, war die Verpflegung aus den Lagerbeständen recht gut: Melonen, Brot, Käse, Tomaten, Konserven. Mit einer heißen Dusche konnte ich meinen Körper auffrischen und in ein sauberes, bequemes Bett steigen. Das Zeltlager war schon abmontiert, es standen nur noch die Gestelle, unter denen die hölzernen Fußböden lagen.

Einige Kilometer weiter, in einem sehr schönen Hochwald, liegt das Lager „Rot Front"; so ist weiterhin, bis hoch ins Gebirge, für die Unterkunft, die Verpflegung und die alpinistische Schulung gesorgt.

IN EINER KABARDINISCHEN KOLLEKTIVWIRTSCHAFT

Ich kannte die Wege in der Schwarzerde-Steppe bei Regenwetter nur aus unsern guten Sowjetfilmen, in denen Reiter, Bauernwagen oder Rotarmisten durch blanken, tiefschwarzen Morast planschen, bis den Filmbeschauer ein grausiges Gefühl von unergründlichen Verkehrsschwierigkeiten überkommt. Jetzt lernte ich die Wirklichkeit kennen.

Es war Herbst. Ich wollte zu dem Dorf Arik, in das Kolchos Dschulat. Bis zum Fluß Terek ging es von der Bahnstation aus durch wässerigen Lehmschlamm, als stiege man durch Erbsensuppe. Am Terek, von der Fähre aus, sah ich auf dem hohen Ufer die modernen Verwaltungsgebäude des Kleinkabardinischen Berieselungssystems in leichtem Regennebel liegen. Unten rauschte das Wasser über das geradlinige Stauwehr des Terek. Die Fähre, vorwärtsgetrieben durch den starken Wasserdruck, setzte mich schnell über den Fluß. Auf der andern Uferseite ging mein Weg durch wildes Gestrüpp, dann längs des breiten, tiefen ausgemauerten Kanals, der lang sich hinziehenden Uferwand, einem mächtigen hohen Lehmhügel zu. Ein ausgemauerter Tunnel, 450 Meter lang, führt das schnellfließende Kanalwasser durch den Berg. Für mich begann jetzt eine äußerst schwere Kraxelei. Der Lehmberg mußte überwunden werden. Die schmalen, steil hochsteigenden Fußwege, die bei gutem Wetter wohl gangbar sind, waren ausgerissen, Schlamm und Wasser strömten mir entgegen und verwandelten den Weg in eine glatte Rutschbahn. Die Vegetation am Hang war dürftig, mußte mir aber vor allem mit ihrer Wurzelkraft herhalten, damit ich Stabilität in die Kletterei bekam, da die Füße immer wieder abglitten. Endlich oben! Von dem breiten Rücken des Hügels ging es mild abfallend in die Steppe hinunter. Trotz dem feinen Regen war die Sicht so, daß man weithin die braune Herbstlandschaft erkennen konnte, aus deren Ackerflächen, silberblinkend, geradlinige Berieselungsgräben leuchteten. Unten begann die Schwarzerdesteppe. Der Feldweg war durch Fuhrwerke, Reiter, Viehherden und vor allem durch Traktoren so aufgewühlt, daß kein Gewächs für den Wanderer eine Insel bildete, auf die er einen Fuß hätte setzen können. Viele Stunden mußte ich gebraucht haben, um diese kurze Strecke von 9 Kilometern zu überwinden. Menschen und Viehherden sah ich nicht. Nur am

Eingang zur Schule der Alpinisten am Elbrus, 1940

fernen Hang ratterten Maschinen mit Pflügen und Tellereggen. Sie verwandelten die ockergelbe Herbststoppel in tiefschwarze Ackerfläche zur Aufnahme der Wintersaat.

Endlich das Dorf Arik. Die breite Dorfstraße, genau so tief ausgefahren wie der Steppenweg, ein schwarzer Morast. Weit, weit zog sich das Dorf hin bis zu dem Verwaltungsgebäude des Kolchos Dschulat. Ein großer, viereckiger, morastiger, weidenumflochtener Platz mit seitlichem Lagerschuppen, Baumaterial, Wohnwagen und Ochsenfahrzeugen. Unter Bäumen lag das gut gehaltene geräumige Verwaltungsgebäude. Im Büro brannte ein leichtes Herdfeuer, von ausgedroschenen Maiskolben genährt. Angenehm, diese leichte Wärme am kalten Regentag. Ich setzte mich auf den Herdrand. Meine Hose bekam bald säulenhafte Festigkeit, in der meine Beine wie Glockenklöppel baumelten.

Nachmittags nahm mich der Verwalter und Schriftführer des Kolchosstabsquartiers mit hinaus in die Steppe. Auf der Dorfstraße arbeitet sich ein Lastauto heran; es nahm in unbeschreiblichen Schlenkerbewegungen die ganze Breite der Straße in Anspruch. Gewiß bei dieser schmiegsamen Glätte des schwarzen Bodens eine fahrtechnisch glänzende Leistung. Gelenkt von einem Fahrer, der Moskauer Straßen gewohnt ist, würde der Wagen beim Steuern und Bremsen wie ein Kreisel um die eigene Achse geschleudert werden. Der Wagen hielt. Wir kletterten in den Kasten und hatten nun nur mit uns selber zu tun; uns an den Wagenplanken festzuklammern, um nicht hinausgeschleudert zu werden. Die Häuser des Dorfes verloren sich endlich in der Steppe. Dann erschien seitwärts eine kurze einsame Straße, gebildet durch kleine Lagerschuppen für die Saatgetreideaufbewahrung; dann ein primitiver weidengeflochtener Pferde-Unterstand. Die Maschine hielt am Stabsquartier. Man tritt in den großen Mittelraum für Versammlungen. Seitwärts befinden sich je zwei Räume, drei zum Schlafen, einer dient als Verkaufsladen. Ich bekam ein Bett und wurde mit heißem Kalmückentee (Preßtee, in Milch gekocht), mit Brot und Käse reichlich bewirtet. In den Hauptraum kommen an den meisten Abenden die führenden Kollektivisten und Parteifunktionäre zusammen. Draußen ist dann das Haus umstellt von Pferden, auf denen die Versammelten angeritten kamen. Meistens reiten sie nach der Besprechung in ihr Dorfquartier zurück, um die Beschlüsse über die nächste Arbeitsverteilung an die Kollektivisten weiterzugeben. Große Wandtafeln im Versammlungsraum zeigen die geleistete Arbeit in Prozenten, die Brigadiere haben eine besondere Kontrolltafel. Der Verwalter des Hauses des Kolchosstabes hat hier einen Schreibtisch, stellt die Kontrollziffern auf und trägt die Veränderungen auf den Tafeln ein. Über seinem Tisch hängen die Auszeichnungsurkunden der Landwirtschaftlichen Unionsaustellung für das Kolchos Dschulat. Plakate über Pferdezucht, Sonnenblumen-, Tomaten- und Pfefferkultivierung, zwei Rote Hilfe-Plakate, eines in kabardinischer Sprache zum Gedenken an Klara Zetkin mit Reden W. M. Molotows und Wilhelm Piecks.

In einer Ecke ein Haufen Pferdesättel und hohe Bündel von Kenaf, einer Hanfart. Fast drei Meter hoch sind die Stengel. Sie zeigen die Fruchtbarkeit des Bodens. Die Ernten sind sehr groß, vielfach 80 (?) Kilogramm Stengel dieser wichtigen Industriepflanze von einem Hektar. An den Fenstern des Hauses ziehn Herden von Kühen, Ochsen und Büffeln vorüber. Der Hirt ist ein Stachanowmann

Speicher des Kolchos Dschulat

Hanfernte

und hat keine schlechte Disziplin in der großen Herde erzielt. Geduldig warten die Tiere auf der Steppe bei den vereinzelten Häusern auf das Erscheinen der Herde und auf den Anruf oder Pfiff des Hirten. Verspätete Büffel oder Kühe wissen immer noch in scharfem Trab zur Herde zu stoßen, auch wenn diese schon in unsichtbarer Ferne auf den Hügeln verschwindet. Die Traktoren hört man Tag und Nacht. Nachts ziehn ihre Lichter langsam am Hügel hinauf und hinab, und am Morgen liegt die gestrige Stoppel schwarz hingekämmt in gleichmäßigen Schollen. So klebrig die Schwarzerde bei Regenwetter auch ist, so bröckelig und kleinkrümelig wird sie gleich bei Sonnenschein oder bei trockenem Wind. In der nächsten Umgebung meines Quartiers bis weit in die Steppe hinein steht der Hanf zu spitzen Haufen aufgerichtet und in großen Lagern geschichtet. In den abgeernteten Maisfeldern weidet Großvieh. Gänseherden watscheln in der Nähe der Saatschuppen herum. Breite Schafherden ziehn über die Hügel. Die Schafzucht ist mit der Rambuleaurasse aufgebessert, die hohen Wollertrag bringt; für die Aufbesserung des Hornviehs hat man die rote deutsche Rasse und Schweizer Bullen genommen; in den kabardino-balkarischen Schweinen erkennt man den Einfluß des weißen englischen Schweines.

Balkarischer Hirt

Für die Pferdezucht gibt es besondere Zuchtkolchose; sie liegen vielfach dem Gebirge zu, unter besonders günstigen Weidebedingungen. Die Qualität der kabardino-balkarischen Pferdezucht steht sehr hoch und hat sich in der Roten Armee einen großen Namen erworben. Das Gebirgspferd mit dem geradkantigen Kopf, dem langen Hals und der schnellen und wendigen Gangart verrät arabische Abstammung; das kabardinische Pferd der Ebene ist gedrungener, ist kompakter, hat einen kürzeren Hals und kräftigere Beine. Durch Aufbesserung mit englischem Blut ist das kabardino-balkarische Pferd in die vorderste Reihe der sowjetischen Pferdezucht gerückt. Das stete Anwachsen der Stachanowbewegung in den Viehkolchosen zeigt das Verständnis der Kollektivbauern für die große Sorge, mit der unsere Regierung die kabardino-balkarische Viehzucht bedenkt. Die Jungkommunisten spielen hier eine große Rolle. Der Pionier Barachi zog ein Füllen groß, das ein schönes starkes Rennpferd wurde und unter seinem Sattel den ersten Preis gewann. 1100 jugendliche Kollektivbauern und -bäuerinnen beschäftigen sich mit dem Rennsport.

In dem Klub des Dorfes Arik finden die Kolchosversammlungen statt; sehr stark sind daran die Frauen auch als Diskussionsrednerinnen beteiligt.

An dem Bau der ältern Häuser erkennt man noch Überreste der frühern Verkehrsform der Familienangehörigen untereinander. Da ist die auf Pfosten gestützte lange offene Vorhalle mit den verschiedenen Türen und Fenstern: dahinter liegen die einzelnen Quartiere der verschiedenen Frauen und ihrer Kinder. Der einst allmächtige Familienvater konnte jederzeit zu einer seiner Frauen gehn. Die Frauen waren dem Mann völlig versklavt, mußten jede Arbeit verrichten, den Mann ankleiden, auskleiden, die Gäste bedienen, die Pferde pflegen, satteln und dem Mann vorführen. Erst die Große Sozialistische Oktoberrevolution

Frauen bei der Weinlese im Karl-Marx-Kolchos
in Gnadenburg, 1940

befreite die Frau von der Vorherrschaft der Männer. In einsamen Gebirgsdörfern sollen noch vereinzelt Rückfälle vorkommen, was natürlich von den Kommunisten aufs schärfste bekämpft wird. Auch der Pferdediebstahl soll in diesen abgelegenen Gebirgsdörfern noch nicht streng verpönt sein. Die Einwohner sind außerordentlich gut beritten. Reiten ist ihre Hauptbeschäftigung, und beim (ehemals religiösen) Bairamfest ist das „Hammelstehlen" zu Pferde und das Abjagen des „gestohlenen" Hammels durch die andern Berittenen ein Hauptvergnügen der Männer. Vor dem Bairamfest mußten sie früher 30 Tage fasten. Da Mohammed aber über die Nacht nichts gesagt hat, wurde nachts der Hunger des Tags reichlich gestillt. Freilich ohne Weingenuß, streng nach altem Gesetz. Der Wein wurde ersetzt durch Schnaps, den man aus den Restbeständen bei der Weinkelterung herstellte. (Mohammed dürfte diese Methode nicht gekannt haben).

Aber auch in die abgelegenen Gebirgswinkel rückt die sowjetische Kultur, getragen vor allem von der lernbegierigen Jugend, mehr und mehr vor und vernichtet die unsozialistische Vorstellungswelt vergangener Zeit.

DER TEREK

Über dem blanken Wasserspiegel des Terek steigt eine lehmgelbe breite Staubwolke auf. Nachdem die Sicht wieder klar geworden ist, entdeckt man, daß sich der hohe Uferrand des Flusses völlig verändert hat. Vor wenigen Minuten noch begrenzte ein etwa 30 Meter hoher, senkrecht abfallender Steilhang den Wasserspiegel – jetzt modelliert der Sonnenschein Terrassen, stufenförmige Brüche heraus. Der brausende Fluß hat ein Uferstück unterwühlt, heruntergerissen und verschlungen.

Den Gletschern des Kasbek entspringend, hatte der Terek zuerst sein eingeengtes Felsenbett wie andere Gewässer des Schneegebirges: tief eingerissen in Schluchten mit senkrecht ausgeschliffenen steinernen Wänden. In der weiten kabardinischen Ebene schuf er sich dann ein breites, flaches Kiesbett; bei Kolljarewskaja wurden seine Kräfte schließlich durch ein mächtiges Stauwehr zusammengefaßt. Der größte Teil der Gewässer geht hier in einen Kanal oder wird abgeleitet zur Berieselung des Ackerlands und der Wiesen in der Steppe. Dann nimmt der Terek eine ganze Reihe reißender Bergströme aus dem balkarischen Hochgebirge auf. Sein Charakter wird dadurch wild und äußerst veränderlich. Der Terek reißt sich neue Wege auf, formt breite Inseln, verschlingt alte. Hier versandet ein Wasserarm in wenigen Tagen, dort reißt der Fluß Bäume und Ackerstücke mit sich in seine neue Bahn.

Die Struktur der Steppenlandschaft zeigt überall die Spuren der Tätigkeit des mächtigen Bergstroms: steilabfallende, lehmdurchsetzte Kieshänge aus ältester und aus neuerer Zeit; manchmal große Buchten, jetzt versandet, mit wildem dichtem Wald von Krummholz bestanden oder auch von einem Kolchos kultiviert. Der Wald ist verwachsen, sumpfig, vielfach unzugänglich. Laubfrösche geben ihr Dauerkonzert, und über den Wipfeln hört man den kreischenden Schrei der Raubvögel, die hier horsten. Eichen, Pappeln, Erlen, ein Unterholz von Haselnuß, Holunder und Tollkirsche, alles durchwachsen und verdichtet von Brombeerranken, wildem Hopfen und Schilf. Der Wald lädt nicht zum Spazierengehn ein. Die Wege sind gewunden und sumpfig. Überall zeigen sich angebrochene seitliche Schleichwege, die sich nach ein paar Schritten im Dickicht auflösen, wenn man versucht, sie zu verfolgen. Im Winter sind diese Wälder ein guter Unterschlupf für Steppenwölfe.

Eine Fähre bringt Wagen und Autos in schneller rauschender Fahrt über den Strom. Drüben liegt ein großes deutsches Kolchos in einer versandeten Bucht des Flußufers. Dort liegt das Dorf, dort beginnen die Weingärten und ziehn sich bis in die Steppe hinauf, dann kommen Weizen, Mais, Hirse, Hirsegras, Futterrüben, Erdnüsse, Obstanlagen und in weiter Ferne noch Weideland an den Höhenzügen, auf deren Rücken sich Naphthabohrtürme vom Horizont abheben. Nachts erstrahlt dieser Bergrücken von Tausenden von Lichtern, als läge dort eine festlich beleuchtete Großstadt.

IM KOLCHOS JENSEITS DES STROMS

Tiefblau wölbte sich der Nachthimmel über meinem Lager. Das Siebengestirn funkelte seine Begrüßung: wir hatten uns lange nicht gesehn. Die Geräusche auf der Steppe verstummten, der Traktor und die Dreschmaschine hatten beim Dunkelwerden ihr Rattern und Brummen eingestellt. Auch das Singen der Mädchen verklang. Sie waren im Wohnwagen auf das eingebaute Schlafbort geklettert. Die Frauen hatten sichs unter dem Wagen bequem eingerichtet; der Wagen mißt eine Bodenfläche von dreimal sechs Metern, sein Boden liegt auch ziemlich hoch, da die Räder wegen der Breite des Bodens unter der Fläche wenden müssen. Wir Männer hatten es aber wohl am besten. Nach 50 Hitzegraden am Tag lagen wir in der kühlen Nachtluft, die aus dem fernen Gebirge über die Steppe kommt, auf einem weichen Heuhaufen unter dem Sternendach. Die letzten Leute rollten ihre Bettsachen aus und krochen unter die Decken. Man hörte nur noch dann und wann das kurze Rascheln im trocknen Hirsegras, wenn ein verträumter Gaul sich noch eine Schnauze voll Futter nahm.

Ich hatte meine Arbeit und mein Leben gleich hier oben auf der entfernten Steppe am Arbeitsplatz der Kollektivbauern eingerichtet, nachdem ich mich im Dorf gemeldet hatte. Die Kolchosverwaltung gab mir im Klub ein schönes helles Zimmer zum Arbeiten und zum Schlafen, wo ich mein schweres Gepäck verstaute.

Das Dorf besteht aus einer sehr langen, breiten Fahrstraße, beiderseits führen bequeme glattasphaltierte Fußsteige die Häuser entlang, die mit ihren weißen Giebeln über einen kleinen Blumengarten und über eine Gartenmauer auf die Straße schauen. Am Anfang des Dorfs, hinter den Milchfarmen und dem Elektrizitätswerk, liegt in einem kleinen Park der Klub, der 1935 als ein ganz modernes Gebäude errichtet wurde.

Nach Beendigung der Weizenernte beginnt das Maisbrechen, und dann wird auch der Wein schon reif und muß geschnitten werden. Das ist hauptsächlich Frauenarbeit. Der Weinbau bringt viel Geld in das Kolchos. Die deutschen Kolonisten sind Spezialisten in diesem Fach. Der Wein erfordert die sorgfältigste Bear-

Bäuerin im Weingarten des
Karl-Marx-Kolchos in Gnadenburg, um 1940

beitung und Lockerung des Bodens, die Ungezieferbekämpfung und die Winterversorgung der Weinstöcke. Der Wein wurzelt tief. Kieshaltiger Boden, der dem Obstanbau ungünstig ist, tut dem Weinbau keinen Abbruch. Manche Weinstöcke tragen noch mit vierzig Jahren reiche Frucht. Die intensive Bearbeitung der Weingärten zeitigt reiche Ernten, so daß dieses Kolchos mehr als die Hälfte der gesamten Weinablieferung der Autonomem Sozialistischen Sowjetrepublik Kabardino-Balkarien mit 450 Tonnen leistet und für die eigene Auswertung noch ebensoviel behält. Die Lieferung der frischen Früchte an die Kolchosmitglieder, die Lieferung von fertigem Wein und die Höhe der Auszahlung des Arbeitstages resultieren hauptsächlich aus dem Weinbau.

Das Kolchos ist sehr fleißig, aber überall fehlt es an Arbeitskräften, ganz alte Frauen arbeiten noch in den Weingärten. Viele Anlagen könnten auch intensiver bearbeitet werden. So liegt der Stalldünger unausgewertet da; es fehlen die Kräfte, ihn zu verteilen und unterzupflügen. Obendrein kamen in der letzten Zeit noch 1400 Hektar Weideland für das Jungvieh zu dem bebauten Ackerland. Das Kolchos hat einen guten Bestand kräftiger Pferde. In der Steppe wird dreispännig gefahren. Den Wohnwagen transportieren sechs Pferde. Die Begleiterscheinung der Gespanne sind die jungen Fohlen. Es werden alljährlich ungefähr 100 Fohlen aufgezogen, von denen ein großer Teil an die Rote Armee abgeht. Das Weideland liegt, vom Kolchos weit entfernt, an den Hügeln, auf deren Rücken sich Naphthaquellen hinziehn. Mit dem Neuland erhöht sich die Staatsablieferung ganz bedeutend. Das Neuland ist ein jungfräulicher, äußerst fruchtbarer Boden, der sich besonders gut für den Anbau von Feldfrüchten eignet. Ganz in der Nähe läuft auch eine Eisenbahn, die die Naphtaarbeiter mit Lebensnotwendigem versorgt. Somit hat die Kollektivwirtschaft einen Überfluß an Entwicklungsmöglichkeiten, bedarf aber auch dringend einer großen Anzahl neuer Arbeitskräfte. Hier könnte nun die Kollektivwirtschaft einen echten Sowjetpatriotismus und Verständnis für die Lenin-Stalinsche Nationalitätenpolitik, für den Bruderbund der Nationen bekunden, wenn es aus den kabardinischen oder aus den ossetinischen Kolchosen Arbeitskräfte als eingetragene Kollektivbauern aufnähme. Reste einer, vom einstmaligen Kirchenrat vertretene Einstellung „Unser Dorf nur den Eingesessenen!", die selbst eine Heirat mit einem Auswärtigen, vor allem mit Menschen einer andern Nationalität, verbot, müßten endlich ganz verschwinden. Es blieben dann noch einige Schwierigkeiten: zunächst die Beschaffung von Bauholz für neue Wohnungen, die sehr schwer ist, da die Terekwälder nur Krummholz haben, und ferner die Landbeschaffung für die neuen Kollektivbauern zur Haltung einer Kuh. Eine Ziegelbrennerei, eine Fabrik zur Anfertigung von Lehmbausteinen und die Einrichtung zum Brennen von Pfalzdachziegeln hat das Kolchos in eigener Verwaltung. Es würden sich noch überdachte Stallungen und Remisen finden, die heute nicht mehr gebraucht werden, da die Brigaden große Arbeitshöfe mit Stallungen und weitläufige Gebäude zur Unterbringung von Maschinen und Wagen bekommen und bezogen haben.

Auf der Steppe wurde Weizen gedroschen. Die Maschinen fuhren das fertige Getreide zum Elevator an der entlegenen Bahnlinie. Der Motor arbeitete schon seit dem Hellwerden, und überall entwickelte sich eine intensive Tätigkeit: das Heranfahren des Korns, das Bedienen der Maschinen, das Hochschaufeln des

Weizens, das Füllen der Säcke und das Abtransportieren. Zu mächtigen festgeformten Hügeln wuchs das ausgedroschene Stroh an, das als Brennmaterial und in Häckselform als Mischmaterial für die Fertigstellung luftgetrockneter Lehmbausteine benutzt wird.

Der Brigadier kam auf seinem zweirädrigen Einspänner herangefahren, traf seine Anordnungen und setzte sich in den Wohnwagen, um die Arbeitszeitberechnungen für die Kollektivbauern vorzunehmen. Abends mußte er zur Beratung mit der Kolchosverwaltung wieder im Dorf sein.

Am Arbeitsplatz in der Steppe haben die Kollektivbauern an dem Wohnwagen ein tonnengewölbtes Zelt aus gebogenen Zweigen, die mit Leinwand überzogen waren, aufgebaut, einen sonnengeschützten Speiseraum mit Bänken und einen langen Tisch. Draußen steht das Küchenzelt. Zwei Frauen sorgen für die Ernährung. Alles ist sehr sauber gehalten und schmackhaft zubereitet. Brot, Butter, Melonen, Tomaten, Suppen und Fleischsaucen mit Sahne und Tomaten, dazu Kartoffeln bilden den Hauptbestand der stets reichlichen Nahrung.

An einem Tag kamen Genossen aus der Parteileitung in die Steppe gefahren. Unter ihnen ein deutschsprechender. Er entrollte und befestigte an der Wand des Wohnwagens eine Landkarte. Das kleine Meeting fand statt für die Leute, die nicht direkt mit den Maschinen zu tun hatten. Ein kabardino-balkarischer Genosse sprach über die politische Lage in russischer Sprache, und der deutschsprechende ergänzte an Hand der Karte die geschilderte politische Situation. Ich hörte er sei Tischler und leite die Reparaturwerkstatt und Bautischlerei des Kolchos. Mich interessierte es, diesen etwa fünfzigjährigen Mann, an dessen Schläfen sich schon weiße Haare unter dem Filzhut hervordrängten, kennenzulernen. Er erkundigte sich nach meiner Arbeit und den Aufgaben, die mir gestellt waren. Das verschlossene Gesicht, der eigentümliche, hart beobachtende Ausdruck zogen mich an. Vielleicht geht es andern Leuten wie mir: man stößt auf einen Menschen, dessen Antlitz vom Lebenskampf anders gezeichnet ist als bei den Menschen seiner Umgebung. Man möchte forschen: wo sind die Momente im Leben dieses Mannes oder jener Frau, da sich diese vermeintliche Spannung löst, das Antlitz bewegt und frei wird, und das Auge zu strahlen geginnt, als ergieße über ein ernstes, abweisendes Felsengebirge die Morgensonne ihr heiteres, warmes Licht und schaffe neue ungeahnte Formen.

Als das kleine Meeting am Wohnwagen beendet war und die kommunistischen Freunde auf ihren Federwagen in die Steppe weiterrollten, sagte mir ein älterer Kollektivist: „Das war der Mondkieker" – mit einem Unterton, als habe ich nach einem Mann gefragt, der sich mehr auf dem Mond bewegt als daß er mit beiden Füßen auf der Erde und im Leben stände.

Nach einiger Zeit war die Weizenernte beendet, der Plan erfüllt, die Ablieferung des Getreides an die Regierung vollzogen. Das Lager bei der Dreschmaschine wurde abgebaut. Untergebracht auf Wagen mit Kisten, Fässern und Zeltleinenpacken, fuhren die letzten Leute ab, als ich mit den beiden Frauen, die die Feldküche versorgt hatten, und mit dem Wagenführer in den Wohnwagen stieg. Der Steppenherd, die Küchengeräte und meine Malsachen waren auch in dem mächtigen fahrbaren Gebäude verpackt, das sechs Pferde durch die Steppe zogen; auf einem der drei Vorderpferde saß ein Junge, der die eigentliche Führung hatte. Als wir schließlich ins Dorf hinunterkamen, begann der Mond silbern zu leuchten; bleich abwartend hatte er den ganzen Nachmittag schon am Himmel gestanden. Am Klub wurde ich mit meinen Sachen ausgeladen und bezog Quartier. Brot und eine Melone war mein Abendessen, dann eilte ich auf die Dorfstraße, um durchs Radio zu hören, was Moskau berichtete. Da stand vor dem Klub, umringt von der Dorfjugend, der Tischlermeister; er hatte ein längliches Fernrohr aufgestellt, ließ den Mond beobachten und gab dazu seine Erklärungen. Er forderte mich auf, ihn bei Gelegenheit zu besuchen, abends nach sieben Uhr.

Andern Tags orientierte ich mich im Dorf, wanderte die Dorfstraße entlang, durchquerte sie einerseits der Steppe zu, dort, wo die großen Arbeitshöfe mit den Ställen der Brigaden und die Weinkellerei lagen, anderseits dem Fluß zu, von der Mühle aus bis zum Terekwald am Ende des Dorfes, das sich hier auf einen Hügel hinaufzieht. Als ich nun vom Wald aus zu den letzten Dorfhäusern hinaufstieg, fiel mein Blick auf ein hochragendes Gestell mit einer Drehscheibe, das sich neben dem efeubewachsenen einfachen Haus grotesk vom Sommerhimmel abhob. Von dem Zweck und der Verwendung dieser absonderlichen technischen Konstruktion konnte ich mir keine Vorstellungen machen. Im Dorf erfuhr ich, daß das efeuumrahmte Haus am Ende des Dorfes das Haus des Tischlers sei. Abends ging ich zu ihm. Beim Eintreten in den Hof sah ich ihn eifrig beschäftigt mit der Beendigung des Farbenanstrichs an einem mächtigen Teleskop, das in seiner ganzen Länge von dreizehn Metern auf Böcken ruhte. Klar war mir nun der große Unterbau mit der Drehscheibe, der hier in einem kleinen abgezäunten Gartenstück stand. Alles war fertig zum Aufmontieren. In den nächsten Tagen wollte das Kolchos ihm ein paar Urlaubstage geben, damit er diese Arbeit vollenden könne. Fjodor Fjodorowitsch erklärte mir die technischen Einrichtungen für die Beweglichkeit des Telekops. Als es dämmrig wurde, setzten wir uns auf die Rollbacken des Stativs, die den festen tragenden Teil der Konstruktion auf dem Boden mittels Holzrollen kreisend bewegen konnten. Ich war nun sehr begierig zu wissen, auf welche Weise dieser Kommunist, früherer Tagelöhner, Armbauer, dann Tischler, zur Astronomie und zur Optik gekommen war. Schon allein das Schleifen des Okulars, das uns die Himmelskörper bis zu sechshundertfacher Vergrößerung nahebringt, ist wohl eine außergewöhnliche technische Leistung; dabei entwickelte Fjodor Fjodorowitsch eine erstaunliche Kenntnis in allen Fragen der Astronomie. „Ja, Bücher, das ist meine ganze Leidenschaft, jeden entbehrlichen Rubel legte ich darin an, ließ mir alles aus Deutschland schicken, und nun, wenn ich mal nach Moskau komme, ergänze ich meine Sammlung", sagte er. „Mir kams darauf an, stark zu sein im Kampf gegen Religion und Aberglauben. Denn auch nach der Großen Oktoberrevolution änderte sich hier im Dorf zunächst wenig. Der Kirchenrat, eng verbunden mit dem Dorfsowjet, in dem auch die Großbauern saßen, führte das Regime. Sie müssen wissen: dies Dorf ist keine sehr alte Siedlung, es war eine protestantische, christliche Brüderschaft, eine Sekte, die damals über ganz Deutschland verbreitet war. Sie siedelte sich in achtziger Jahren des vergangenen Jahrhunderts mit allerhand zaristischen Privilegien hier im Nordkaukasus an. Sie finden im Dorf sowohl pommersche Familien wie Schwaben und Mitteldeutsche. Der Pastor stand dem Kirchenrat als Berater zur Seite. Er haßte die Wissenschaft. ‚Für uns ist die Bibel das einzige Gesetz-

Mittagspause der Drescher, 1940

buch', sagte er, ,darin steht alles, was wir zum Leben brauchen.' Ich hatte mir aus Holz ein Fahrrad gebaut. An Sonntagen verbot er das Radfahren als teuflisches Vergnügen. Den Mädels verbot der Kirchenrat an Sonntagen das Tragen heller Kleider; alles mußte in Schwarz gehn. Gegen mich richtete sich ein innerer, fühlbarer unterirdischer Kampf, ich mußte sogar aus dem Dorf fliehen." „Waren Sie denn kein Eingesessener?" fragte ich. „Nein, meine Familie stammt aus Akkermann in Bessarabien; eine arme Tagelöhnerfamilie, die arbeitsuchend in den Kaukasus einwanderte."

Fjodor Fjodorowitsch Bek

Eben trat die Frau ins Zimmer, eine breite, kräftige Landarbeiterin, deren Gesicht in der Nähe des ernsten Manns einen heitern Glanz bekam. Sie räumte einige dicke Spiegelscheiben-Scherben auf die Seite des Tischs, altes dickes Glas aus dem vergangenen Jahrhundert, das der Tischler zum Schleifen von Objektiven gebrauchte. Sie trug einen Säugling auf den Arm; mit ein paar praktischen Griffen der andern Hand richtete sie für uns eine Erfrischung her: Melonen, Weintrauben, Brot und Tee.

Allmählich erfuhr ich, unter welchen schweren Kämpfen sich diese beiden Menschen ihr Leben hatten aufbaun müssen.

Von der Einziehung als Soldat in den Weltkrieg blieb der Mann infolge eines Bruchs bis 1916 verschont, dann wurde er zur Hydrotechnischen Abteilung nach Trapezunt beordert. Das war nun eine gute Zeit für ihn: zu tun gab es wenig, und er hatte viel Gelegenheit, sich wissenschaftlich zu bilden. Am meisten fesselte ihn das Studium der Optik und der Astronomie. Mit diesem Wissen kam er in das Dorf zurück, das nach der Großen Sozialistischen Oktoberrevolution seine Struktur erst wenig verändert hatte. Der Kirchenrat saß noch fest im Sattel. Der ins Dorf zugewanderte junge Tischler Fjodor Fjodorowitsch verliebte sich in Tochter einer alten frommen Witwe, die etwas wunderlich und sehr eigenwillig war. Um den Tischler, der viel wußte und der die Jugend über gottlos-natürlichen Begebenheiten im Weltall, also auch im Leben der Menschen, aufzuklären vermochte, sammelten sich die Jugendlichen zu nächtlicher Stunde. Der Kirchenrat war außer sich und bedrängte die alte Mutter: auf keinen Fall dürfe sie dem jungen Paar im Haus Wohnraum geben. Die Alte aber widerstand den unausgesetzten Machenschaften des Kirchenrats und übergab die Wohnung dem jungen Paar. Nun aber wurde das Leben für die jungen Leute unerträglich. Die Großbauern erließen eine geheime Verordnung, wonach niemand dem Antichristen Arbeit geben dürfe. Durch Mittellosigkeit und Arbeitslosigkeit wurden die jungen Leute schließlich aus dem Dorf vertrieben. Sie wanderten in die wasserarme „Hungersteppe", wo Arbeitskräfte gesucht wurden. Schwer war ihr Dasein, ehe es ihnen dennoch gelang, sich ein neues Leben zu schaffen. Endlich erreichte sie ein sehr günstiges Angebot eines unternehmungslustigen Großbauern aus dem Heimatdorf der Frau, der sie aufforderte, zu ausgiebiger und ergiebiger Arbeit ins Dorf zurückzukehren. Der Bauer baute eine Mühle und richtete einen Dorfladen ein.

Ohne einen geschickten Tischler hätte er seine Pläne nicht verwirklichen können; außerdem wurde Fjodor Fjodorowitsch mit der Bedienung jeder Art von Maschinen fertig; er war bereit und fähig, eine Bautischlerei mit mechanisiertem Betrieb einzurichten. In dem Haus der alten Mutter wohnte nun die Familie, die sich noch vergrößert hatte. Fjodor Fjodorowitsch fand im Dorf eine starke Stütze in dem Genossen Ambrosius, einem Armbauern, einem leidenschaftlichen Vorkämpfer der führenden Kommunistischen Partei. Dessen Leben lernte ich durch Erzählungen kennen, die mir bewiesen, daß seine eigentliche Heimat das Wolgagebiet war. Dort hatte der achtzehnjährige Junge all das Schwere erlebt, was ihm den unzerbrechlichen Kampfwillen einimpfte. Früh verlor Ambrosius seine Eltern. Um so inniger verehrte er einen Onkel, einen baumlangen, starken Menschen, der von den weißen Banden als Soldat eingezogen worden und zusammen mit einem Pfarrer, der mit den Kommunisten sympathisierte, zurück ins Dorf desertiert war. Von den Weißen waren aber beide im Dorf aufgestöbert, bis zur Bewußtlosigkeit blutig geschlagen worden und wurden nun zur Erschießung ans Wolgaufer geführt. Ambrosius und seinen kleinen Freund Peter ließ man mitgehn. Erst nach dem fünften Schuß gab der mächtige väterliche Freund, der Onkel, sein Leben auf. Das alles war für den kleinen Peter so erregend, daß er schwer erkrankte, den Verstand verlor und nun in geistiger Umnachtung durchs Leben ging. Ambrosius aber wurde hart und zielbewußt und im Klassenkampf unerbittlich. Er sah, wie die weißen Banditen riesige Mengen von Korn und Mehl auf vollbeladenen Barken in der Wolga versenkten; dieser Anblick trug noch dazu bei, den Haß des hungernden Bauernjungen gegen die Weißen und gegen ihre großbäuerlichen Helfershelfer zu vertiefen. Er entwickelte sich zu einem kräftigen, zähen Jungen, der sich als Lastträger, als Hafenarbeiter am Schwarzen Meer und als Eisenbahnarbeiter in Naltschik durchschlug. Und dann kam seine glücklichste Zeit, auf die er später immer mit strahlenden Augen zurücksah: der jetzt erwachsene junge Mensch, der nichts, weder Lesen noch Schreiben, gelernt hatte und auch die russische Sprache nur ungenau kannte, wurde in die Parteischule aufgenommen. Vierzehn Monate: schönste Zeit seines Lebens, Erfüllung seiner Sehnsüchte. Lernen, lernen, lernen: Sprache, Lesen, Schreiben, Rechnen, Geometrie, Algebra und vor allem die Politik der Kommunistischen Partei. Sein Blick wurde fest, sicher und scharf. Er kam in die Rote Armee; man erkannte bald seine politischen Fähigkeiten, bildete ihn ein Jahr bei der Infanterie aus, dann ein Jahr Artillerie und das dritte Jahr bei der Kavallerie, bei der er politische Führung der Eskadron zu übernehmen hatte. Man beabsichtigte wohl seine Ausbildung für den Kommandobestand. Ambrosius fühlte sich aber auf Grund seiner durch schwere Lebenserfahrungen erworbenen speziellen Fähigkeiten noch mehr dazu verpflichtet, in landwirtschaftlichen Betrieben bei physischer Arbeit seinen Dienst als Kommunist auszuüben – was um so notwendiger war, als es damals in den Kaukasusländern eines besondern Kampfs gegen Korruption und gegen Schädlingsarbeit bedurfte. Jetzt war er in dem sowjetdeutschen Kolchos als Knecht tätig.

1935 wurde im Dorf ein mustergültiger Klub gebaut. Fjodor Fjodorowitsch faßte den Plan, einen guten hellen Raum des Gebäudes mit Hilfe der Partei als antireligiöses Museum einzurichten. In Ambrosius hatte Fjodor Fjorodowitsch eine gute Stütze. Beide Freunde waren durch die Verhältnisse dazu gekommen, sich sehr ernsthaft mit Malerei zu beschäftigen, um dem antireligiösen Museum einen lebendigen anschaulichen Charakter zu geben, so arbeitete man malend und organisierend zusammen. In dem Museum nimmt die Darstellung des Sonnensystems einen wichtigen Platz ein. Klar sichtbar auf schwarzer Tafel mit gelber Farbe sind die Himmelskörper in ihren Größenverhältnissen mit den eingetragenen Bahnen nebst Beschriftung dargestellt. Darunter befindet sich eine Tafel, auf der die Perioden der Entwicklungsgeschichte unseres Planeten Erde eingetragen sind. Die Entwicklungsstadien der ersten Lebewesen und der Menschheit sind dann noch besonders bearbeitet und durch Bilder, die die beiden Kommunisten malten, verdeutlicht. Beide Männer kamen von der Wissenschaft aus zur Malerei, daher brachten sie keinen Kitsch hervor, sondern vor allem eine exakte anschauliche Arbeit. Ambrosius malte z. B. die Ausgrabung eines Mammuts aus der nordsibirischen Eiswüste; der Vorgang ist klar und malerisch geschildert. Die Gegenüberstellung des Tierlebens am Nordpol und des Lebens am Südpol, das Fjodor Fjodorowitsch malte, ist genau nach einem guten Bild aus einem wissenschaftlichen Werk vergrößert. Man muß als Künstler die Treue der Wiedergabe bewundern: wie leicht könnten die Eisbären oder wie leicht könnte der charakteristische Flug der Möwen die Glaubwürdigkeit einbüßen, wenn der Kopist die Zeichnung, die Form nicht beherrschte oder selbstherrliche Änderungen vornähme. Für Fjodor Fjodorowitsch hatten die astronomischen Forschungen noch eine praktische Bedeutung. In seinen Mappen fand ich außerordentlich exakte zeichnerische Darstellungen der Bewegung und der Veränderung im Erscheinen der Sonnenflecken und ihrer Stellung zueinander. Das brachte den unermüdlichen Forscherdrang des Genossen zu neuen Erkenntnissen. Verschiedene Naturerscheinungen während des Minimums und Maximums der Sonnenflecken legte er in Vergleichstabellen fest, in denen er die Witterungsverhältnisse, die Ernteresultate, das Auftreten von Ungeziefern und die Bewegung des Grundwassers eintrug. Da unser Forscher die Vergleichstabellen schon viele Jahre lang zusammenstellte, haben die Beobachtungen einen Wert für die Landwirtschaft. Mit alledem blieb Fjodor Fjodorowitsch im täglichen Leben der Kollektivwirtschaft der Tischlermeister, der die Ackerwagen reparierte und die Bautischlerei leitete, also eine unentbehrliche Facharbeit leistete. Aber seine freien Stunden und seinen Erholungsurlaub füllte er mit jener grandiosen neuen Arbeit aus, die gerade beendet wurde, als ich ihn zum letztenmal besuchte. Da erhob sich gegen den Nachthimmel das mächtige dreizehn Meter lange Teleskop, an dem er mehr als ein Jahr gearbeitet hatte. Annähernd sechshundertfach vergrößern die von ihm geschliffenen Linsen das Bild der Gestirne, und wie ich die Gebirge des Monds anschaute, war es mir, als sähe ich vom Tal auf das Elbrusgebirge. Das technische Meisterwerk, das Fjodor Fjodorowitsch damit schuf, ist trotz seiner Größe so beweglich wie die Brille auf meiner Nase.

Eine weitere wichtige Aufgabe wird von den beiden Freunden und einem Kollektivbauern-Aktiv erfüllt: die Herstellung der Wandzeitung, deren jeweils neueste Nummer bei den Kollektivbauern das größte Interesse erweckt. Der offene Platz für die Zeitung an der Straße bei der Verwaltung ist sehr günstig, und die Leute drängen sich, um die neuesten kritischen Beobachtungen aus dem

Das große Teleskop des Tischlers Bek, 1940

Kolchosleben zu erfahren. Der Platz der Wandzeitung ist mit einem Dach versehen, und die Zeitung ist abends beleuchtet. Hier hat der Genosse Ambrosius mit Hilfe seines „redaktionellen" Freunds Fjodor Fjodorowitsch, aber vor allem durch seine enge Verbundenheit mit dem Arbeitsbetrieb eine witzige, zwar primitive, doch überzeugend anschauliche Darstellungsart gefunden, mit der er die Unzulänglichkeiten, die den Arbeitsprozeß und das gesellschaftliche Leben des Kollektivbauern hemmen, zugleich jedoch die besonders guten Leistungen vorwärtsstrebender Kräfte so sichtbar macht, wie nur ein revolutionärer Mensch es vermag, der erfüllt ist von heißer Liebe zur Sowjetheimat und von leidenschaftlichem Gestaltungswillen für den Aufbau des Sozialismus und der klassenlosen Gesellschaft.

BILDNACHWEIS

Sofern die Besitzerangabe fehlt,
ist der Verbleib des Originals unbekannt.

8
Bildnis Sonja Marchlewska
Öl/Holz, 55 × 41 cm, 1923
bez. u. r.: 23 H. Vogeler
Staatliche Museen der DDR,
Nationalgalerie Berlin

13
Kultur- und Erholungspark
Öl/Lwd.. 55 × 65 cm, 1933
nicht bez.
Nationalgalerie Berlin/DDR

15
Moskau mit Kreml
Öl/Holz, 47,5 × 73 cm, 1939
bez. u. l.: Vogeler (kyr.) 1939
Nationalgalerie Berlin/DDR

19
Jan als Pionier
Öl/Holz, 52 × 42 cm, um 1930
nicht bez.
Privatbesitz

20
Teleskop, gebaut von dem
Dorftischler Fjodor Fjodorowitsch Bek
Federzeichnung aus: Internationale
Literatur, 1941 (vgl. Seite 235)

23
Deutscher Stachanowarbeiter
im Erholungsheim in Sotschi
Öl/Holz, 104 × 90 cm, 1936
bez. u. r.: Vogeler (kyr.) 36
Nationalgalerie Berlin/DDR

26
Die Geburt des Neuen Menschen
Öl/Holz, 120 × 98 cm, 1923
bez. u. l.: H. Vogeler 23
Privatbesitz

28
Initial „D"
aus: Reise durch Rußland

31
Reval, 1923
Federzeichnung aus: Reise durch Rußland

33
Der Kreml
Öl/Pappe, 54 × 41,5 cm, 1923
bez. u. l.: H. Vogeler
Yale University/USA, Art Gallery

34
Ansicht auf den Kreml, 1923
Federzeichnung aus: Reise durch Rußland

35
Palast der III. Internationale, 1923
Federzeichnung aus: Reise durch Rußland

37
Arbeiterklub in einer Moskauer Fabrik
Farbstift, 24 × 30,8 cm, 1923
bez. u. l.: HVogeler,
u. r.: außerhalb der Darstellung:
Arbeiterklub in einer Moskauer Fabrik,
Rote Hilfe Ecke (MOPR)
Worpsweder Archiv

39
Straße im Kreml, 1923
Federzeichnung aus: Reise durch Rußland

40
Moskau
Farbstift, 25 × 19,9 cm, 1923
bez. u. r.: HVogeler
Worpsweder Archiv

41
Kreml-Rotunde, 1923
Federzeichnung aus: Reise durch Rußland

45
Im Kreml: Der Lange Iwan,
Öl/Holz, 61 × 42,5 cm, 1923
bez. u. r.: H. Vogeler 23
Yale University/USA, Art Gallery
(Federzeichnung vom gleichen Motiv
in: Reise durch Rußland)

47
Federzeichnung aus: Reise durch Rußland

49
Arbeitererholungsheim auf der Krim,
Parkweg, 1924
Federzeichnung aus: Reise durch Rußland

51
Tatarische Gebirgslandschaft
Öl/Holz, 37 × 49 cm, um 1924
Kunsthalle Bremen
(Federzeichnung vom gleichen Motiv
in: Reise durch Rußland)

52
„Unser kaukasischer Freund Ruben,
unser Reitlehrer in der Krim, Juni 1924"
Federzeichnung 13,2 × 8 cm,
Worpsweder Archiv

53
Park auf der Krim
Feder, 23,5 × 17,5 cm, 1924
bez. u. r.: HV
Worpsweder Archiv

54
Hütten am See
Öl/Lwd., 1923
Privatbesitz

55
Badehäuser am See
Öl/Holz, 39,5 × 51,5 cm, 1923
bez. u. r.: HVogeler 23
Privatbesitz
(Federzeichnung vom gleichen Motiv
in: Reise durch Rußland)

56
Federzeichnung aus: Reise durch Rußland

58
Moskauer Universitätshof, 1924
Federzeichnung aus: Reise durch Rußland

60
Federzeichnung aus: Reise durch Rußland

62
Federzeichnung aus: Reise durch Rußland

63
Torfrevier
Feder, 22,4 × 17,5 cm, 1923/24
bez. u. r.: HVogeler
Staatl. Kunstsammlungen Dresden

70
Besprisorniki
(herumstrolchende Jugendliche)
Feder, 12,5 × 15 cm, 1923/24
bez. u. r.: HVogeler Moskau.
Worpsweder Archiv
(vgl. Seite 98)

73
Federzeichnung
nicht bez.
Privatbesitz

74
Russisches Dorf am vereisten See, 1923/24
Federzeichnung aus: Reise durch Rußland

75
Russischer Winter, 1923/24
Federzeichnung aus: Reise durch Rußland

78
Kulturarbeit der Studenten,
Bauernversammlung
Feder, 17,7 × 24,2 cm, 1924
bez. u. r.: HVogeler 24
Staatl. Kunstsammlung Dresden
(abgebildet in: Reise durch Rußland)

79
Siedlung am See, 1923/24
Feder, 17,8 × 23,5 cm
bez. u. r.: H Vogeler
Worpsweder Archiv

80
Federzeichnung aus: Reise durch Rußland
(vgl. Seite 83)

81
Urbarmachung des Waldbodens,
Feder, 17 × 23,4 cm, 1924
bez. u. r.: HVogeler 24
Worpsweder Archiv
(abgebildet in: Reise durch Rußland)

82
Universitätsgut
Feder, 18 × 23,3 cm, 1924
bez. u. r.: HVogeler 24
Worpsweder Archiv
(vgl. Seite 83)

83
Kulturarbeit der Studenten im Sommer
Komplexbild 1924
Öl/Lwd., 126 × 90 cm
bez. u. r.: H. Vogeler Worpswede 1924
Nationalgalerie Berlin/DDR

85
Feldarbeit der Studenten, 1924
Federzeichnung aus: Reise durch Rußland

86
Bäurisches Badhaus
Öl/Holz, 40 × 51 cm, um 1924
bez. u. r.: H. Vogeler
Nationalgalerie Berlin/DDR
(Federzeichnung vom gleichen Motiv
in: Reise durch Rußland)

87
Aus einem russischen Dorf
Feder/aquarelliert,
montiert 24 × 20 cm, um 1927
Worpsweder Archiv

89
Moskauer Ausstellung 1923:
Landwirtschaftliche Abteilung
Federzeichnung aus: Reise durch Rußland

90
Moskauer Ausstellung 1923:
Kulturzelt der Roten Armee
Federzeichnung aus: Reise durch Rußland

92
Moskauer Ausstellung 1923: Ostabteilung
Feder, 17,5 × 23,5 cm, 1923
bez. u. r.: HVogeler
außerhalb der Darstellung: Ostabteilung
Worpsweder Archiv

93
Moskauer Ausstellung bei Nacht, 1923
Federzeichnung aus: Reise durch Rußland

94
Moskauer Ausstellung 1923: Turkestanabteilung
Federzeichnung aus: Reise durch Rußland

95
Moskauer Ausstellung 1923:
Kaukasus-Abteilung
Federzeichnung aus: Reise durch Rußland

96
Moskauer Ausstellung 1923:
Kirgisische Abteilung
Federzeichnung aus: Reise durch Rußland

97
Tscherkessenreiter
Feder, 22,4 × 17,5 cm, 1923/24
bez. u. r.: H. V.
Staatl. Kunstsammlungen Dresden

98
Moskauer Ausstellung 1923: Kinder-Abteilung
Federzeichnung aus: Reise durch Rußland

103
Russische Dorfkirche
Feder, 17,3 × 23,3 cm, 1924
bez. u. l.: H Vogeler. 24
Worpsweder Archiv
(abgebildet in: Reise durch Rußland)

104
Durchgang zum See, 1924
Federzeichnung aus: Reise durch Rußland

105
Jaroslaw
Feder, 17,3 × 22,4 cm, 1923
bez. u. l.: Jaroslaw (kyr.)
u. r.: H Vogeler. 23
Worpsweder Archiv

106
Steilufer
Feder, 23,6 × 17,6 cm, 1923/24
nicht bez.
Worpsweder Archiv

107
Moskwa-Ufer
Feder, 17,2 × 22,5 cm, 1923/24
bez. u. l.: H. Vogeler
Worpsweder Archiv

113
Padana
Farbstift, 19 × 26,7 cm, 1925
bez. u. r.: Padana H Vogeler 25
Worpsweder Archiv
(abgebildet in: Das neue Rußland, 1926)

117
Karelische Holzarchitektur und Kantele
Blei-/Farbstift, 27 × 18,2 cm, 1925
bez. u. l.: Kantele
außerhalb der Darstellung:
Karelische Holzarchitektur
Worpsweder Archiv

121
Kandalakscha
Öl/Holz, 40 × 51 cm, um 1925
bez. u. r.: H. Vogeler Kandelakscha
Nationalgalerie Berlin/DDR
(vgl. Seite 125)

123
Raddampfer „Maxim Gorki"
Feder, 16,3 × 21,8 cm, um 1925
bez. u. r.: H Vogeler
Worpsweder Archiv

124
Olenji, Hafen am nördlichen Eismeer
Farbstift, 13 × 19,5 cm, 1925
bez. u. r.: Olenji (kyr.) HVogeler
Worpsweder Archiv
(vgl. Seite 125)

125
Karelien, Komplexbild 1926
Plakat für die Produktionssteigerung
in der karelischen Republik
Öl/Lwd., 125 × 90 cm
bez. u. l.: H Vogeler 26
Nationalgalerie Berlin/DDR

131
Ruhende Feldarbeiterinnen
Öl/Lwd., 45 × 60 cm, 1928
bez. u. r.: HV 28
Privatbesitz

133
Alte Kugelulmen zeigen am Dorfbeginn
den schattigen Rastplatz für Wandernde
Farbstift, 18 × 23,5 cm, 1926
bez. u. r.: HVogeler
Worpsweder Archiv

137
Das Tal des Serafschan
Öl/Lwd., 101 × 90 cm, 1927
bez. u. r.: H. Vogeler 27
Worpsweder Kunsthalle
Friedrich Netzel
(vgl. Seite 143)

139
Mondnacht in der usbekischen Wüste
Öl/Hartfaser, 50,5 × 61,5 cm, 1940
bez. u. r.: Vogeler (kyr.) 1940
verso: So sind wir durch Zentralasien gereist!
Heinrich und Sonja Vogeler 1927 [sic]
Nationalgalerie Berlin/DDR

141
Rote Karawanserei in Turkmenien
Farbstift, 17,8 × 23,4 cm, 1926
bez. u. r.: H. Vogeler (und kyr. Bez.)
Worpsweder Archiv
(vgl. Seite 143)

143
Zentralasien, Komplexbild 1927
Öl/Lwd., 125 × 90 cm
bez. u. r.: H. Vogeler 27
Nationalgalerie Berlin/DDR

145
Baku, Komplexbild 1927
Öl/Ldw., 125 × 90 cm
nicht bez.
Nationalgalerie Berlin/DDR

149
Arbeitsplatz der Holzfäller, Siedlung Isku
Aquarell, 29 × 23 cm, 1934/36
Staatl. Landesmuseum Petrosawodsk/UdSSR

151
Holztransport in Karelien
Öl/Lwd., 25,5 × 35,5 cm, 1935
bez. u. l.: V (kyr.)
Nationalgalerie Berlin/DDR
(abgebildet in: Internationale Literatur, 1938)

153
Entladen der Schere beim Flößen
Aquarell, 29 × 31 cm, 1934/36
Staatl. Landesmuseum Petrosawodsk/UdSSR
(abgebildet in: Internationale Literatur, 1938)

155
Im Sägewerk
Öl/Holz, 23 × 34 cm, um 1936
bez. u. r.: H. Vogeler (kyr.)
Privatbesitz

157
Neue Wohnung eines Arbeiters
Aquarell, 22 × 27 cm, 1934/36
Staatl. Landesmuseum Petrosawodsk/UdSSR

159
Brigade beim Bau von Entwässerungsgräben
Öl/Holz, 33 × 42 cm, 1936
Privatbesitz
(abgebildet in: Internationale Literatur, 1938)

160
Neulandpflügen in der Kommune „Sjade"
Aquarell, 23 × 29 cm, 1934/36
Staatl. Landesmuseum Petrosawodsk/UdSSR

161
Das alte und das neue Soroka
Farbstift/Aquarell, 23 × 29 cm, 1934/36
Staatl. Landesmuseum Petrosawodsk/UdSSR

163
Holzsammelstelle
Farbstift/Aquarell, 23 × 29 cm, 1934/36
Staatl. Landesmuseum Petrosawodsk/UdSSR

164
Auf dem Elevator
Öl/Holz, 20 × 26,5 cm, 1936
nicht bez.
Nationalgalerie Berlin/DDR

165
Bildnis eines Flößers
Öl/Lwd., 39 × 23,5 cm, 1937
nicht bez.
Nationalgalerie Berlin/DDR

167
Karelisches Dorf im Winter
Farbstift/Aquarell, 1934/36
Staatl. Landesmuseum Petrosawodsk/UdSSR

169
Beratung in einem Betrieb
Öl/Lwd., 13 × 17,5 cm, um 1936
nicht bez.
Nationalgalerie Berlin/DDR

171
Elevator in Kondopoga
Farbstift/Aquarell, 19 × 27 cm, 1934/36
Staatl. Landesmuseum Petrosawodsk/UdSSR

173
Papierfabrik in Kondopoga, Hauptanlage
Aquarell, 29 × 23 cm, 1934/36
Staatl. Landesmuseum Petrosawodsk/UdSSR

174
Anlegestelle Tschupa
Farbstift/Aquarell, 22 × 29 cm, 1934/36
Staatl. Landesmuseum Petrosawodsk/UdSSR
(vgl. Seite 175)

175
Samoilow-Bergwerk, Komplexbild
Aquarell, 28 × 20 cm, 1934/36
Staatl. Landesmuseum Petrosawodsk/UdSSR

176
Zusammenstellen der Flöße
Farbstift/Aquarell, 1934/36
Staatl. Landesmuseum Petrosawodsk/UdSSR

180
Federzeichnung aus:
Internationale Literatur, 1940

183
Studien auf einem Baumwollfeld
Aquarell, 22 × 28,5 cm
bez. u. r.: Vogeler (kyr.)
Nationalgalerie Berlin/DDR

185
Baumwollpflückerinnen im Ruhehaus
Federzeichnung aus:
Internationale Literatur, 1940

186
Arbeiter beim Verpacken der Baumwolle
Farbstift/Aquarell, 24,1 × 29,8 cm,
bez. u. l.: Vogeler (kyr.)
Nationalgalerie Berlin/DDR

187
Maschine zum Säubern der Rohbaumwolle
Farbstift, 27,5 × 21,8 cm
Privatbesitz

188
Aserbaidshanische Textilarbeiterinnen
an der Maschine und beim Sport,
Federzeichnung aus:
Internationale Literatur, 1940

191
Jungvieh im karabachischen Bezirk
Federzeichnung aus:
Internationale Literatur, 1940

193
Sowchos Lissogorsk
Aquarell, 20,3 × 29,2 cm, 1939
bez. u. r.: Vogeler 39
Sowchos Lisogorsk Karabacha (kyr.)
Nationalgalerie Berlin/DDR

195
Verlassenes kurdisches Höhlendorf
Federzeichnung aus:
Internationale Literatur, 1940

197
Das neue Haus des Hassan Dschumschud
Aquarell, 20,8 × 29,7 cm, 1939
bez. u. r.: Vogeler 39
Nationalgalerie Berlin/DDR
(Federzeichnung vom gleichen Motiv in:
Internationale Literatur, 1940)

198
Kurdischer Wachhund über einer Erdwohnung
Federzeichnung aus:
Internationale Literatur, 1940

199
Kurdische Erdwohnung
Aquarell, 29,1 × 19,8 cm, 1939
bez. u. r.: Korakeschisch Vogeler 39 (kyr.)
Nationalgalerie Berlin/DDR
(Federzeichnung vom gleichen Motiv in:
Internationale Literatur, 1940)

200
Kurdische Hirten
Aquarell, 21,6 × 28,1 cm, 1939
bez. u. l.: Vogeler g. E. (kyr.)
Nationalgalerie Berlin/DDR

201
Hassan Dschumschud
Federzeichnung aus:
Internationale Literatur, 1940

202
Versammlung kurdischer Hirten
Öl/Hartfaser, 40,5 × 61,5 cm, 1940
Nationalgalerie Berlin/DDR

204
Festtag in Stepanakert
Aquarell, 28,8 × 39,7 cm, 1939
Privatbesitz

205
Federzeichnung aus:
Internationale Literatur, 1940

206
Im Bohrturm bei Baku
Federzeichnung aus:
Internationale Literatur, 1940

207
Karikaturentänzer
Federzeichnung aus:
Internationale Literatur, 1940

211
Federzeichnung aus:
Internationale Literatur, 1941

213
Ehemalige Moschee in Gundeleen,
jetzt Pionierklub
Federzeichnung aus:
Internationale Literatur, 1941

215
Balkarische Gebirgslandschaft mit Reiter
Öl/Holz, 52 × 37 cm, 1940
bez. u. r.: Vogeler (kyr.) 40
Nationalgalerie Berlin/DDR
(Federzeichnung vom gleichen Motiv in:
Internationale Literatur, 1941)

217
Alte Siedlung in Kabardino-Balkarien
Öl/Lwd., 37 × 54 cm, 1940
bez. u. l.: Vogeler (kyr.)
Nationalgalerie Berlin/DDR
(Federzeichnung vom gleichen Motiv in:
Internationale Literatur, 1941)

219
Eingang zur Schule der Alpinisten am Elbrus
Aquarell, 19,1 × 24 cm, 1940
bez. u. r.: Vogeler 40 Schkola Alpin Elbrus (kyr.)
Nationalgalerie Berlin/DDR

221
Speicher des Kolchos Dschulat
Aquarell, 24,6 × 32 cm
Nationalgalerie Berlin/DDR

222
Hanfernte
Aquarell, 24,5 × 32,5 cm
nicht bez.
Nationalgalerie Berlin/DDR

223
Balkarischer Hirt
Federzeichnung aus:
Internationale Literatur, 1941

224
Frauen bei der Weinlese im
Karl-Marx-Kolchos in Gnadenburg
Aquarell, 26,9 × 36,5 cm, 1940
bez. u. l.: Kolchos Karl Marx
u. r.: Vogeler g. E. 1940 Gnadenburg KKM (kyr.)
Nationalgalerie Berlin/DDR

227
Bäuerin im Weingarten des
Karl-Marx-Kolchos in Gnadenburg
Öl/Holz, 23,5 × 30,5 cm, um 1940
nicht bez.
Nationalgalerie Berlin/DDR

231
Mittagspause der Drescher
Öl/Ldw., 80 × 60 cm, 1940
bez. u. l.: Vogeler (kyr.) 1940
Nationalgalerie Berlin/DDR

232
Fjodor Fjodorowitsch Bek
Federzeichnung aus:
Internationale Literatur, 1941

235
Das große Teleskop des Tischlers Bek
Aquarell, 18,3 × 21,5 cm, 1940
bez. u. l.: Vogeler (kyr.) 1940
Nationalgalerie Berlin/DDR